LEO XIV.

-Tâches, objectifs et attentes.

LEO XIV.

- Tâches, objectifs et attentes.

Ce volume est également publié en anglais (ISBN 978-3-8192-4848-1).

La série de livres théologiques DEUS EX MACHINA a été publiée :
- DEUS EX MACHINA - Or : On questioning life (Part I). ISBN 978-3-7583-4022-2.
- Le retour du pape - Une quintessence de charité (Partie II). ISBN 978-3-7693-5795-0
- La foi est comme la danse - (Glauben ist wie Tanzen) - Motivé par la foi pour grandir en tant que chrétien. Livre de formation pour le développement des compétences religieuses (Partie III). ISBN 978-3-8192-9630-7.
- Je serai une femme évêque ! - L'essentiel des sermons sur le bonheur et autres analyses de terrain de la politique religieuse (Partie IV). ISBN 978-3-8192-2914-5.

Impression

Circé, Eureka :   **LEO XIV - Tâches, objectifs et attentes.**
                  Hambourg, 2025.
                  ISBN: 978-3-8192-9734-2

Édition : BoD · Books on Demand GmbH, Überseering 33, 22297 Hamburg, bod@bod.de
Impression : Libri Plureos GmbH, Friedensallee 273, 22763 Hamburg.
© 2025 Eureka Circe dans la documentation et la traduction avec l'IA.
Références bibliographiques à la Bibliothèque nationale allemande:
https://portal.dnb.de

Eureka Circe est l'éditeur et le conservateur de la série de livres "DEUS EX MACHINA.

La série comprend : "DEUS EX MACHINA - Ou : la remise en question de la vie (Partie I), Homecoming from the Pope - A quintessence of charity (Partie II), Glauben ist wie Tanzen - Vom Glauben bewegt als Christ:in wachsen. Livre de formation pour développer les compétences religieuses" (Partie III), et "Je serai une femme évêque ! - L'essentiel des sermons sur le bonheur et autres analyses de terrain de la politique religieuse (partie IV)".

Avec l'œuvre "DEUS EX MACHINA", la commissaire s'engage à documenter et, si nécessaire, à discuter les textes de l'intelligence artificielle dans un contexte religieux et théologique. Sa thèse : "L'intelligence artificielle (IA) représente un tournant profond car elle modifie fondamentalement la relation entre l'homme, le savoir et l'accès au monde - non seulement sur le plan technique, mais aussi sur le plan culturel, épistémologique et social. Elle ouvre un nouvel accès à la connaissance et conduit à sa multiplication et à sa démocratisation : Les systèmes d'IA rendent l'information disponible à un seuil bas - souvent sans lecture traditionnelle ou connaissances préalables approfondies. Cela modifie fondamentalement notre façon de penser, d'apprendre et de comprendre, tout en favorisant une nouvelle forme d'individualisation de la pensée - qui peut également être illustrée par les croyances spirituelles. De plus, les machines génèrent désormais du sens - textes, images, arguments - là où, auparavant, seule l'expertise humaine était requise. Cela a des conséquences à long terme pour l'éducation, la science, la politique et la religion".

"Dieu vous aime tous. Le mal ne gagnera pas".

Dès le début, Léon XIV a salué le monde avec "La paix soit avec vous tous" et a souligné que cette salutation de paix devrait atteindre "toutes les nations et tous les peuples". Faisant écho au pape François, Léon XIV a souligné que l'amour de Dieu est *"inconditionnel pour tous les peuples"*. Il a littéralement assuré : *"Dieu vous aime tous. Le mal ne gagnera pas"*. Ces mots *incluent* implicitement *toutes les* personnes - y compris les personnes *queer* - puisqu'aucune exception n'est faite devant Dieu et maintenant aussi devant le Vatican. La formulation universelle indique clairement que personne n'est exclu de l'amour divin.

Le fait d'être appelé "éveillé" dans un monde qui s'endort dans la souffrance n'est pas une insulte, c'est l'Évangile. n'est pas une insulte - c'est l'Évangile. ... Soyez éveillés. Soyez aimants. Soyez éveillés".

Enfin, dans les premiers jours du pontificat de Léon XIV, une citation attribuée au pape Léon XIV et qui a largement circulé sur les médias sociaux a également fait surface. Dans cette citation, il remercie d'abord tout le monde pour les prières et l'amour au début de son ministère et formule ensuite un appel passionné qui réinterprète le terme *"woke" de* manière positive dans un sens chrétien. Un extrait de cette citation qui circule se lit comme suit : *Le fait d'être appelé "éveillé" dans un monde qui s'endort dans la souffrance n'est pas une insulte, c'est l'Évangile. ... Soyez éveillés. Soyez aimants. Soyez éveillés".* Ces mots drastiques, dont *"Réveillé signifie être éveillé par la compassion... Nous ne construirons pas le royaume [de Dieu] avec des murs, mais avec de l'amour... Soyez éveillés. Soyez aimants. Soyez réveillés",* ont été partagés des milliers de fois sur Facebook, Instagram & Co. Bien que la prétendue citation "woke" - "woke" vient de "awake", qui signifie "être éveillé", "être attentif" à l'injustice sociale et à la discrimination - reflète le ton social et compatissant que beaucoup croient que Léon XIV avait, elle ne fait pas partie des déclarations confirmées du Pape. Le Vatican n'a donc pas encore publié de communication officielle concernant cette citation, et d'autres ont également précisé qu'il n'y avait aucune preuve de cette déclaration, mais qu'il ne pouvait s'agir que d'une attente du nouveau pontificat.

Contenu

Introduction : *Quod formandum esset*

"Ce qui doit être façonné... : Tâches, objectifs et attentes - Le nouveau pape LEO XIV.

En période de turbulences, l'orientation, la clarté et les visions courageuses sont nécessaires. Avec l'élection de Robert Francis Prevost comme pape Léon XIV en mai 2025, l'Église catholique se trouve à nouveau à un tournant important de son histoire. Le pape Léon XIV se voit confier un héritage difficile mais inspirant : Après l'ère de François, caractérisée par de fortes impulsions pastorales, une option claire pour les pauvres et la tentative de construire des ponts entre la tradition et la modernité, le nouveau pape est confronté à la tâche de sauvegarder ces réalisations et en même temps de tracer de nouvelles voies qui permettront à l'Église d'avoir un avenir durable.

Ce livre se veut plus qu'un simple portrait de Léon XIV. Il se veut plutôt un compagnon qui guide le lecteur à travers les défis, les potentiels et les attentes du nouveau pontificat. L'accent est mis sur les tâches, les objectifs et les attentes que Léon XIV a lui-même formulés et déjà rendus visibles dans ses premiers actes officiels, ainsi que sur les espoirs, les attentes et les demandes que la société, le public, les journalistes, les théologiens et, enfin et surtout, les fidèles ont formulés à son égard en tant que tâches et besoins. Il en ressort une image globale d'un pape qui n'a pas peur d'aborder des questions brûlantes et qui recherche toujours le dialogue, tant au sein de l'Église qu'avec la société dans son ensemble.

Léon XIV apporte à sa fonction un large éventail de qualités personnelles : Le dévouement missionnaire de ses longues années au Pérou, les compétences diplomatiques de son passage à la tête d'un ordre religieux mondial, la profondeur académique d'un avocat canoniste et un profond enracinement spirituel dans la tradition augustinienne. Tous ces aspects se conjuguent pour faire de lui un dirigeant à la fois visionnaire et pragmatique. Les présents chapitres couvrent un arc allant de sa biographie à ses accents théologiques et spirituels, en passant par des questions de réforme concrètes, nécessaires, urgentes et inévitables, où les attentes claires des fidèles ( ) et les réalités sociales pressantes exigent des réponses convaincantes.

Aucune des grandes questions n'est à écarter : comment Léon XIV traitera-t-il les questions centrales de la réforme, telles que l'ordination des femmes, le rôle des laïcs, l'inclusion des personnes LGBTQIA+, par exemple dans la célébration sacramentelle de leurs mariages, ou le célibat obligatoire ? Quelles mesures prend-il pour prévenir les abus sexuels et les abus de pouvoir ? Comment gère-t-il l'équilibre entre la tradition et la modernisation nécessaire - dans une Église de plus en plus diversifiée, numérique et mondialisée ?

Les questions de la responsabilité écologique, de l'éthique sexuelle inclusive, de la transparence financière et des structures décisionnelles synodales sont également traitées de manière approfondie et transparente. Dans la dernière partie de l'ouvrage, nous nous risquons également à envisager des scénarios possibles pour le développement à long terme de l'Église sous Léon XIV, avec des concepts tels que l'Église en réseau, le leadership participatif, la transformation numérique, la reconnaissance des partenariats entre personnes de même sexe et la protection contre les abus de pouvoir en tête de l'ordre du jour.

Ce volume vise à offrir à toutes les parties intéressées - catholiques et lecteurs socialement engagés - un aperçu bien fondé et passionnant du monde de la pensée catholique, des expériences et des objectifs ainsi que de la personnalité de Léon XIV. Il vise à informer, inspirer et encourager les lecteurs à jouer un rôle actif et critique dans le façonnement de l'avenir de l'Église.

Puisse la lecture de ce livre vous donner de nombreuses idées et perspectives et, en même temps, renforcer votre propre engagement en faveur d'une Église vivante, juste (du point de vue du genre), inclusive et authentique.

Nous espérons que vous prendrez plaisir à lire les différents chapitres et nous vous souhaitons beaucoup de réflexion et de perspicacité.

Eureka Circe, au début du mois de mai 2025.

🕊️ Chapitre 1:
Introduction et bases biographiques - LEO XIV.

Robert Francis Prevost, l'actuel pape Léon XIV, peut se targuer d'une vie exceptionnellement variée. Né à Chicago en 1955 dans une famille profondément catholique, il a développé un lien étroit avec sa foi dès son plus jeune âge. Adolescent, il a fréquenté un séminaire catholique et s'est senti appelé à la vie religieuse. À l'âge de 22 ans, il a rejoint l'ordre des Augustins (Ordre de Saint-Augustin). Il y trouve non seulement un foyer spirituel, mais aussi la base de sa vocation missionnaire. Les Augustins, influencés par l'esprit de leur père religieux Augustin, accordent une grande importance à la communauté et au service des autres - des valeurs que Prévost a également intériorisées dès le début. Après avoir terminé son noviciat et étudié la théologie, il a prononcé ses vœux solennels en 1981 et a été ordonné prêtre à Rome un an plus tard. Son intérêt pour une éducation solide s'est manifesté très tôt : À l'Université pontificale *Saint-Thomas d'Aquin* à Rome (l'Angelicum), M. Prevost a obtenu son doctorat en droit canonique en 1987. Sa thèse s'*intitulait "Le rôle du prieur local dans l'Ordre de Saint-Augustin"* - un sujet qui montre à quel point il s'intéressait aux questions de leadership communautaire et d'organisation de la vie religieuse. Cet examen académique de la vie quotidienne de l'ordre lui a été très utile par la suite dans ses fonctions de dirigeant.

Travail missionnaire au Pérou et engagement social

Après ses études, Robert Prevost a été attiré par l'Église mondiale : il a suivi son appel missionnaire et s'est rendu au Pérou au milieu des années 1980. Dans la prélature territoriale de Chulucanas, une région rurale pauvre du nord du Pérou, il a travaillé activement dans la pastorale en tant que jeune prêtre religieux de 1985 à 1987. Cette période l'a profondément marqué. Le Père Prévost a vécu dans des conditions simples avec la population locale et a partagé ses soucis et ses espoirs. Il s'est particulièrement engagé en faveur des communautés défavorisées : Il a fait campagne pour la justice sociale et s'est tenu aux côtés des gens dans les situations d'urgence ( ). Les compagnons du Pérou décrivent le pape actuel comme un homme *"pratique et énergique"*, qui n'hésite pas à donner un coup de main lorsque l'on a besoin d'aide. Lors des graves inondations de 2017, par exemple, il a organisé des opérations de secours et a personnellement veillé à ce que les victimes soient prises en charge. Lorsque de nombreuses personnes ont manqué d'oxygène pendant la pandémie de COVID-19, Mgr Prevost a lancé des campagnes de solidarité et a financé la construction d'une usine d'oxygène pour sauver des vies. Les migrants et les autres groupes marginalisés ont également trouvé en lui un défenseur engagé. Ces actions concrètes témoignent de la préoccupation sincère de Mgr Prévost : une Église qui **est là pour les pauvres** et qui répond aux besoins concrets des gens.

Les années qu'il a passées au Pérou - d'abord comme simple missionnaire, puis à un poste de direction - ont également façonné Robert Prevost sur le plan culturel et spirituel. Il ne s'y est jamais vu comme un Américain étranger, mais comme un *"frère dans la foi"* qui a adopté la langue et la culture du peuple. Cette humble proximité avec la population latino-américaine a créé une confiance mutuelle. M. Prevost a appris à parler couramment l'espagnol et s'est senti tellement lié au Pérou qu'il a même pris la nationalité péruvienne en 2015. Son séjour au Pérou l'a façonné spirituellement, théologiquement et culturellement, souligne un prêtre péruvien qui l'a connu sur place. Ce contexte explique pourquoi le pape Léon XIV est considéré aujourd'hui comme un bâtisseur de ponts entre différentes cultures et mentalités.

Carrière académique et avancement dans l'Ordre

Parallèlement à son travail pastoral pratique, Prévost a toujours poursuivi une carrière académique et organisationnelle au sein de l'Église. Après avoir terminé sa thèse de doctorat sur le rôle du supérieur religieux local, il a mis directement en pratique ce qu'il avait appris : À la fin des années 1980 et dans les années 1990, il a assumé des tâches liées à la formation des futurs prêtres et religieux au Pérou. Il a dirigé un centre de formation pour les jeunes prêtres augustins de différentes régions du pays et a enseigné des matières telles que le droit canon, la patristique et la théologie morale au séminaire de Trujillo. *La formation du clergé [...] et l'engagement en faveur de la justice sociale lui tenaient particulièrement à cœur"*. Très tôt, le Père Prévost a fait preuve de qualités de leader : Dès 1988, il est devenu prieur (supérieur) de son ordre au Pérou, puis supérieur provincial, c'est-à-dire chef des Augustins dans tout le Pérou. Dans ces fonctions, , il a promu une direction *synodale* et inclusive de l'Église dans laquelle les prêtres, les religieux et les laïcs délibèrent et prennent des décisions ensemble. Ce modèle de leadership coopératif allait devenir l'une des caractéristiques de son style de leadership.

Son travail fructueux au Pérou n'est pas passé inaperçu au sein de l'Ordre. En 1998, Robert Prevost est retourné dans sa province d'origine, Chicago, pour y occuper le poste de prieur provincial. Quelques années plus tard, les Augustins l'ont appelé à les diriger dans le monde entier : de 2001 à 2013, Robert Prevost a occupé le poste de **prieur général de l'Ordre des Augustins**. À Rome, il a dirigé l'un des ordres catholiques les plus traditionnels, qui compte des membres sur tous les continents. Pendant cette période, il a voyagé dans de nombreux pays, a visité des monastères augustiniens en Europe, en Afrique, en Asie et en Amérique et a appris à connaître la diversité mondiale de l'Église. Parlant couramment plusieurs langues (dont l'anglais, l'espagnol, l'italien et le portugais), M. Prévost a utilisé ses compétences linguistiques et son ouverture culturelle pour jeter des ponts entre les différentes communautés. Son style de leadership en tant que prieur général a été décrit comme équilibré et orienté vers le dialogue - des qualités qui étaient autant demandées dans l'ordre multiculturel qu'elles le sont aujourd'hui dans l'Église universelle.

Étapes de la carrière (sélection) :

Son CV comporte les principales étapes suivantes :

- 1977 : Il entre dans l'ordre des Augustins, ce qui marque le début de son engagement missionnaire tout au long de sa vie.

- 1985-1998 : Travail missionnaire au Pérou - pasteur, formateur et professeur dans des régions défavorisées.

- 1987 : Doctorat avec la thèse "Le rôle du prieur local dans l'ordre augustinien" - signe de son intérêt pour la structure de l'église et les questions de leadership.

- 2001-2013 : Prieur général de l'Ordre des Augustins - direction mondiale, réformes et renouvellement de l'Ordre.

- 2014-2023 : Évêque de Chiclayo (Pérou) - Engagement en faveur des programmes sociaux et de l'expansion de l'Église locale.

- 2023 : Préfet du Dicastère pour les évêques - il était responsable de la nomination des évêques et promouvait l'orientation synodale de l'Église.

- Septembre 2023 : Cardinal - Appréciation de son rôle clé dans la direction de l'Église.

- Mai 2025 : Élection du pape Léon XIV - poursuite de son action en faveur de la mission, de la justice et du renouveau.

Ces étapes de sa vie montrent à elles seules que Léon XIV a placé l'ensemble de son œuvre sous le signe **de la mission, de la justice et du renouveau**. Ses décennies d'activité en Amérique latine ont fait de lui un fervent défenseur des causes sociales. En même temps, il a été façonné par la tradition augustinienne, qui met l'accent sur la communauté, l'éducation et la vie spirituelle.

De l'évêque au pape : au service de l'Église universelle

Après plus d'une décennie à la tête de son ordre, un nouvel appel a suivi : en 2014, le pape François a nommé Robert Prevost administrateur apostolique - et peu après évêque - du diocèse de **Chiclayo**, dans le nord du Pérou. Mgr Prevost est ainsi retourné dans le pays qui était devenu sa seconde patrie, mais désormais en tant que pasteur principal d'un diocèse comptant environ trois millions de catholiques. À Chiclayo, il a pris en main un diocèse qui avait été dominé par des forces très conservatrices et l'a conduit d'une main douce vers une direction plus ouverte et orientée vers le dialogue. Ce qui est particulièrement remarquable, c'est la manière dont il a rassemblé les différents groupes ecclésiastiques - des communautés de base aux mouvements conservateurs. "*Il a jeté des ponts entre les différents mouvements ecclésiastiques*", rapporte un observateur à propos du travail de Mgr Prevost en tant qu'évêque. Les fidèles l'ont perçu comme un pasteur proche des gens, qui se rendait souvent dans les barrios (quartiers de la ville) pour parler aux gens et connaître la réalité de leur vie. **La justice sociale** est restée au cœur de son ministère épiscopal : M. Prevost a défendu les pauvres, les populations autochtones et les migrants et a renforcé le travail de Caritas dans son diocèse. Il a également assumé des responsabilités au sein de la Conférence des évêques du Pérou - dont il a parfois été le vice-président - où il a fait entendre sa voix en particulier pour les besoins des plus vulnérables.

Sa nature intégrative et son expérience font que Prévost attire de plus en plus l'attention du Vatican. En janvier 2023, le pape François l'a finalement fait venir à Rome et lui a confié la direction de l'une des plus importantes autorités de la Curie : Il devient préfet du **dicastère pour les évêques,** responsable de la nomination des évêques dans le monde entier. À ce poste, il démontre une fois de plus ses talents de diplomate. Par exemple, il a servi de médiateur entre les autorités du Vatican et les évêques allemands dans le conflit sur la "voie synodale" en Allemagne et a tenté de désamorcer les tensions par le dialogue. La presse internationale a salué en lui un diplomate pragmatique, aux principes clairs, mais aussi capable d'écouter. En septembre 2023, Robert Prévost est élevé au rang de cardinal par François. Il devient ainsi l'un des plus proches conseillers du pape et l'un des électeurs du pape lors du prochain conclave.

Le prochain conclave n'a pas tardé : Après le décès du pape François au début de l'année 2025, les cardinaux se sont réunis dans la chapelle Sixtine pour élire un nouveau chef de l'Église. Robert Prévost était considéré par beaucoup comme un *candidat moyen*. Grâce à son expérience internationale, à sa spiritualité religieuse et à sa capacité à séduire les différents camps au sein de l'Église, il était considéré comme un bâtisseur de ponts entre les forces conservatrices et progressistes. En fait, les cardinaux se sont mis d'accord sur lui étonnamment vite : le 8 mai 2025, ils ont élu Robert François Prévost **pape** au quatrième tour de scrutin. Il prend le nom de **Léon XIV,** un choix délibéré qui rappelle le pape Léon XIII et son engagement en faveur de la doctrine sociale de l'Église. Léon XIV est le premier Américain à monter sur la Chaire de Pierre, lui qui était devenu un *"Sud-Américain de cœur"* au fil des décennies passées en Amérique latine. Des centaines de milliers de personnes ont acclamé le pape sur la place Saint-Pierre lorsqu'il est apparu sur la loggia de la basilique Saint-Pierre ce soir-là et a donné la bénédiction *Urbi et Orbi*. Dans son premier discours en tant que pape, Léon XIV a appelé à la **construction de ponts et à l'établissement de la paix**, une devise qui a été le fil conducteur de toute sa vie.

Dans ce premier discours en tant que pape, Léon XIV a également mis l'accent sur l'unité, la paix et l'inclusion : "Tous appartiennent à l'Église", a-t-il lancé à la foule - ce qui n'aurait pas pu exclure les homosexuels et d'autres clients et groupes cibles de l'Église catholique, par exemple - et il a appelé à la miséricorde mondiale dans son ensemble. Cette attitude - l'ouverture à tous les peuples tout en maintenant une identité ecclésiale claire de charité - reflète les valeurs qui caractérisent la carrière de M. Prévost et son futur pontificat.

Dans l'ensemble, le pape Léon XIV peut apporter à sa nouvelle fonction toute l'expérience diversifiée qu'il a acquise en tant que Robert Prévost : **Ses racines biographiques** - de recteur d'église à Chicago à missionnaire augustinien au Pérou, de religieux général à Rome à évêque sur la côte nord du Pérou - lui donnent une large compréhension des besoins et des espoirs des peuples du monde entier. Léon XIV incarne une Église *"proche du peuple"*, qui connaît les préoccupations des pauvres. Il est à la fois un homme de tradition et un défenseur du renouveau dans l'esprit du Concile Vatican II. Sa passion missionnaire, son engagement en faveur de la justice sociale et son style de leadership axé sur le dialogue donnent une idée de l'accent qu'il aimerait mettre en tant que pape. Dans les chapitres suivants de ce livre, nous entrerons dans le détail de **ses tâches, de ses objectifs et de ses attentes**, mais la vie de LEO XIV est déjà un témoignage vivant des valeurs qu'il défend : la foi, la justice, l'inclusion et la communauté, ainsi que la volonté infatigable de construire des ponts entre les gens.

🕊️ *Chapitre 2:*
Orientation théologique et spirituelle

Après son élection rapide à la tête de l'Église catholique romaine en 2025, le pape Léon XIV a déjà fait connaître les accents théologiques et spirituels qu'il souhaitait imprimer à son pontificat. Premier Américain à s'asseoir sur la Chaire de Pierre et premier pape issu de l'Ordre des Augustins (OSA), Léon XIV apporte un caractère unique à son pontificat. De son charisme religieux et de ses nombreuses années de travail missionnaire en Amérique latine à sa proximité spirituelle avec le parcours de son prédécesseur François, les principes de base de Léon XIV sont clairs. Les observateurs le décrivent unanimement comme un **"homme du centre"**, un pape équilibré, spirituellement inspiré, qui évite les extrêmes idéologiques et construit plutôt des ponts entre les camps. Ses premières apparitions et ses premiers discours en tant que pape soulignent ce profil : la **salutation de la paix** et de l'**inclusion de tous** est venue en premier, suivie d'appels à la justice et à l'unité. Dans l'ensemble, l'image qui se dégage est celle d'un humble berger, doté d'une grande profondeur intellectuelle et d'un charisme chaleureux, fermement ancré dans la prière. Nous examinerons plus en détail les influences spirituelles et la vie de prière de Léon XIV, son engagement en faveur de la justice sociale, sa position théologique fondamentale entre tradition et réforme, ainsi que les principes directeurs de son pontificat.

Empreintes spirituelles et vie de prière

Les racines spirituelles de Léon XIV sont profondément ancrées dans la tradition de son ordre. **En tant qu'augustinien**, il suivait la règle de saint Augustin d'Hippone, l'une des plus anciennes de l'Église occidentale. Après avoir étudié les mathématiques, la philosophie et la théologie, il est entré très jeune dans l'ordre des Augustins et a passé des décennies dans la communauté des frères. Cette influence est encore perceptible aujourd'hui dans ses armoiries et sa devise : les **armoiries** papales **de Léon XIV** contiennent des symboles de l'emblème augustinien, qui rappellent la conversion dramatique du père de l'Église Augustin. Sous les armoiries figure la devise latine *"In Illo uno unum"* - **"En celui qui est un, nous sommes un"**, une citation inclusive de saint Augustin. Cette devise, que Léon XIV a gardée inchangée pendant des années, exprime sa vision d'une Église inclusive comme unité dans le Christ. Elle reflète une **conception de l'Église** profondément **communautaire, diverse et pluraliste** : les fidèles doivent être un dans l'Un - une référence à l'unité de tous en Dieu.

La spiritualité mariale du nouveau pape est également remarquable. Ses armoiries comportent des symboles mariaux, ce qui suggère une dévotion particulière à la Mère de Dieu. En tant que religieux, Léon XIV connaissait les rythmes fixes de la vie de prière : de la liturgie des heures au chapelet communautaire et à la célébration de l'eucharistie, sa journée avait toujours été structurée par la prière. Ses proches compagnons soulignent sa profonde piété et sa concentration intérieure. Le cardinal philippin Luis Tagle, qui connaît le pape depuis de nombreuses années, décrit Léon XIV **comme un homme de prière et de prudence** : il écoutait patiemment, réfléchissait et priait attentivement avant de prendre des décisions. Lors des rencontres, il dégageait une chaleur calme et cordiale, **"caractérisée par la prière et l'expérience missionnaire"**. Ce mélange de contemplation et de service actif a caractérisé les décennies de travail de Prévost en tant que pasteur et formateur au Pérou. Selon M. Tagle, il y a acquis une *"expérience missionnaire"* qui lui a appris à combiner la proximité avec les gens et une profonde confiance dans les conseils de Dieu.

En tant que **religieux,** Léon XIV a également apporté l'expérience spirituelle de la vie communautaire à la fonction de pape. La présidente du Comité central des catholiques allemands, Irme Stetter-Karp, y voit une grande richesse : "Aucun pape ne peut aujourd'hui gouverner seul - l'expérience de la vie communautaire chrétienne et de la responsabilité spirituelle partagée aide à diriger de manière collégiale. Léon XIV, qui a dirigé les Augustins dans le monde entier pendant de nombreuses années, a incarné cette *"vita communis"* au plus haut niveau. Son **humilité** et son **attitude de service en** sont caractéristiques. Même lorsqu'il était évêque, il a prévenu que les évêques ne devaient pas être des "petites princesses" sur leur propre trône, mais qu'ils devaient avant tout servir humblement le peuple et être proches de lui. Cette attitude de service simple est enracinée dans sa vie spirituelle : Comme son modèle Augustin, Léon XIV reconnaît que la véritable grandeur d'un chef d'Église consiste à servir Dieu et son prochain, et non à s'illustrer extérieurement.

Même si, lors de sa première apparition sur le site en tant que pape, Léon XIV a porté des vêtements traditionnels tels que la cape rouge (**mozetta**) et une étole brodée d'or, il s'agit moins d'un signe d'ostentation que d'un **enracinement dans la tradition**. En même temps, il menait personnellement un style de vie modeste. De sa spiritualité religieuse, il retient le principe de *"vivre simplement pour servir les autres"*. Il n'est donc pas surprenant que le pape Léon XIV - comme le soulignent les observateurs - ait allié formation intellectuelle et profondeur spirituelle sans s'en vanter. Il a su allier curiosité intellectuelle et esprit de prière, ce qui a donné à son pontificat un fondement spirituel solide.

Enfin, Léon XIV a suivi les traces spirituelles de son prédécesseur, mais à sa manière. Après un jésuite (François), c'est maintenant un augustinien qui est à la tête de l'Église, ce qui **n'est pas une coïncidence** pour le cardinal Tagle. *"Augustin et Ignace étaient tous deux des chercheurs [...] jusqu'à ce qu'ils trouvent en Jésus ce que leurs cœurs désiraient ardemment. Leurs écoles sont enracinées dans la grâce de Dieu. Léon XIV poursuivra l'esprit ignatien de son prédécesseur à sa manière augustinienne"*, a déclaré le cardinal Tagle. Cette belle comparaison est évidente : Léon XIV conçoit son ministère dans une profonde continuité avec le parcours spirituel précédent, mais façonné par la spiritualité de saint Augustin - en mettant l'accent sur la relation intérieure avec Dieu, la communauté des croyants et l'humble pèlerinage du peuple de Dieu. Dans son premier discours, Léon XIV a lui-même cité saint Augustin : *"Nous sommes des pèlerins en route vers une vraie maison"*. Ces mots suggèrent que le nouveau pape a à l'esprit une **Église pèlerine qui se rassemble** - une communauté qui est humblement en chemin, guidée par la prière, toujours à la recherche de sa maison finale avec Dieu.

Engagement en faveur de la justice sociale et de la charité

Peu après son élection, Léon XIV a clairement indiqué qu'il souhaitait poursuivre la voie tracée par le pape François en matière de **justice sociale** et de charité. Dans son tout premier discours prononcé depuis le balcon de la basilique Saint-Pierre, il a expressément souligné son engagement en faveur de la **paix et de la justice** dans le monde. En fait, il avait déjà la réputation d'être un bâtisseur de ponts entre les riches et les pauvres. Son général religieux Alejandro Moral Anton l'a loué comme quelqu'un qui *"aime tout le monde, les pauvres comme les riches"* et qui s'est immédiatement concentré sur des questions telles que la justice et la paix. Cet amour universel se retrouve dans la biographie de Léon XIV : Né aux États-Unis, il a passé de nombreuses années en tant que missionnaire puis évêque **au Pérou,** où il a surtout travaillé dans les régions les plus pauvres. C'est là qu'il a fait l'expérience directe des difficultés sociales de la population et qu'il s'est engagé à aider les plus vulnérables ( ). Il a par exemple aidé les réfugiés du Venezuela en crise et les a défendus. Ce cœur pour les migrants et les personnes dans le besoin caractérise également sa vision en tant que pape : les observateurs interprètent même son élection en tant que pape comme un signal en ces temps de mouvements migratoires mondiaux - l'engagement de Prévost en faveur des réfugiés pourrait être compris comme une critique discrète d'une politique d'isolement qui a la peau dure.

Un autre axe est la **défense de la justice sociale au sens de l'enseignement social catholique.** Nombreux sont ceux qui voient dans le fait que le nouveau pape s'est donné le nom de *Léon XIV* un programme délibéré. Irme Stetter-Karp, par exemple, souligne que **Léon XIII** est considéré **comme le père de l'éthique sociale catholique.** Léon XIII, qui a écrit la première encyclique sociale *Rerum Novarum* en 1891, a été le premier pape à défendre les droits des travailleurs et à exiger des salaires équitables. En choisissant ce nom, le nouveau pape s'inscrit clairement dans cette tradition : Léon XIV veut une Église qui soit clairement du côté des défavorisés, qui défende les **droits des travailleurs, l'équilibre social et la dignité de chaque être humain.** Son travail jusqu'à présent le confirme : il est considéré comme terre-à-terre et attentif aux doléances sociales. Son expérience internationale (non seulement aux États-Unis et en Europe, mais aussi dans le Sud de l'Amérique latine) l'a sensibilisé aux préoccupations du Nord et du Sud. Par son action, Léon XIV a tenté de **relier le Nord et le Sud** : en tant que premier pape originaire d'Amérique du Nord avec une influence latino-américaine, il a jeté un pont entre les continents, ce qui a également profité aux questions sociales mondiales.

Outre les questions sociales classiques, Léon XIV s'est fortement engagé en faveur de la **protection de la création** et de la justice écologique. Avec l'encyclique *Laudato Si'*, le pape François a posé des jalons en matière de climat et Léon XIV a clairement indiqué qu'il souhaitait poursuivre dans cette voie. En tant que cardinal en 2024, il a averti qu'il était temps de *"passer des paroles aux actes"* dans la lutte contre le changement climatique. Il a souligné que l'**autorité** donnée par Dieu **"sur la nature" ne devait pas être** exercée **de manière tyrannique**, mais qu'une *"relation de réciprocité"* avec l'environnement était nécessaire. Ces mots clairs montrent que Léon XIV a adopté une **approche holistique** : pour lui, la justice sociale et la responsabilité environnementale vont de pair, car les pauvres en particulier souffrent de la dégradation de l'environnement et du changement climatique. Il a donc appelé l'Église à prendre des mesures décisives contre la destruction de l'environnement et à promouvoir un mode de vie plus simple et plus durable. Il partage avec son prédécesseur ce souci de repenser l'écologie ( ) et - les observateurs de l'Église s'accordent sur ce point - il est probable qu'il en fera une marque de fabrique de son pontificat.

Léon XIV s'est également illustré dans le domaine de la **charité** concrète, c'est-à-dire de la charité organisée. Il est tenu en haute estime par les organisations humanitaires de l'Église, en particulier en Amérique latine. L'organisation d'aide catholique *Adveniat* a expressément salué son élection et l'a décrit comme un *"berger ouvert et populaire"* qui comprend les préoccupations des pauvres. En effet, pendant son séjour au Pérou, le nouveau pape a travaillé en étroite collaboration avec les communautés de base et les projets sociaux, qu'il s'agisse d'initiatives éducatives, de programmes de santé ou de soins pastoraux auprès des gens ordinaires. Sa capacité à tendre la main aux personnes en marge de la société le distingue. "**C'est une**

personne équilibrée, spirituelle et proche de tous", souligne avec approbation son confrère augustinien Alejandro Moral Anton. Cette proximité s'exprime, par exemple, dans le fait que Léon XIV est toujours resté accessible, même en tant qu'ecclésiastique de haut rang, et qu'il a pris le temps d'écouter les préoccupations des gens. On peut s'attendre à ce qu'en tant que pape, il mette de plus en plus à l'ordre du jour des questions telles que la **lutte contre la pauvreté, l'aide aux réfugiés et la promotion de la paix**. Le cardinal Reinhard Marx a exprimé l'espoir que Léon XIV donnerait de fortes impulsions sociales et éthiques en faveur de la paix qui auraient un impact au-delà de l'Église. Il indique déjà que l'Église, sous sa direction, sera une **Église de bâtisseurs de ponts**, présente pour les gens et œuvrant pour la justice et la paix dans le monde entier.

Attitude théologique de base : entre tradition et réforme

Théologiquement, le pape Léon XIV est considéré comme un esprit modéré et équilibré. Il incarne une attitude fondamentale qui ne considère pas la **tradition et la réforme** comme contradictoires, mais comme un champ d'action dans lequel il est important de naviguer avec sagesse. Sur certaines questions, il est progressiste et ouvert, tandis que sur d'autres, il met l'accent sur la continuité avec les enseignements de l'Église - une approche tout à fait conforme à celle des *"réformateurs modérés"*. Les observateurs américains l'ont déjà caractérisé de cette manière : *Prévost est considéré comme diplomatique et pragmatique. Comme François, il a des opinions plus progressistes sur certaines questions et plus conservatrices sur d'autres* . Ce **mélange d'ouverture d'esprit et d'adhésion aux principes** caractérise son profil théologique.

D'une part, Léon XIV s'est fermement appuyé sur la tradition et la dogmatique de l'Église. Il a clairement indiqué que certaines **lignes doctrinales** étaient **difficilement négociables** pour lui. Par exemple, **il refusait encore il y a une douzaine d'années l'ordination des femmes à la prêtrise,** car il estimait que les femmes exerçaient déjà des ministères centraux dans l'Église, même sans être ordonnées. Sur ce point, il suit la ligne de conduite de ses prédécesseurs Jean-Paul II et

Benoît XVI. Il fait également preuve de retenue lorsqu'il s'agit de changements profonds tels que le célibat obligatoire ou les questions de morale sexuelle de l'Église. Son élection a d'abord refroidi les attentes des groupes réformateurs progressistes : La théologienne Jacqueline Straub, par exemple, a exprimé sa déception et estimé que Léon XIV *"ne changerait malheureusement pas grand-chose au sein de l'Église"* en ce qui concerne, par exemple, le traitement des divorcés remariés ou des personnes LGBTQIA+. De telles évaluations indiquent que Léon XIV a agi **avec constance et prudence** sur des questions doctrinales controversées plutôt que d'oser faire quoi que ce soit de révolutionnaire ou peut-être de nécessaire et d'égal à égal. Sa formation de docteur en droit canonique suggère qu'il n'entreprendrait des réformes que dans le cadre de fondements théologiques et juridiques solides, mais qu'il souhaiterait également **les ancrer de manière permanente**. Les experts s'attendent par exemple à ce qu'il transforme le processus synodal lancé par François en structures concrètes et juridiquement sûres. Cela montre qu'il apprécie les réformes ordonnées qui s'appuient sur le magistère au lieu de le saper.

D'un autre côté, Léon XIV n'était en aucun cas un simple conservateur. Il est considéré comme un **"bâtisseur de ponts" entre les forces conservatrices et progressistes**, qui veut être mesuré à l'aune de ses résultats et qui, en tant que cardinal, a déjà réussi à maintenir la cohésion entre différents courants. En tant que cardinal à Rome, il a été apprécié par les représentants de l'Église de tous les camps pour son style diplomatique, pragmatique et en même temps modeste. Sa carrière personnelle reflète cette attitude médiane : de nombreuses années de collaboration étroite avec le pape François l'ont façonné à bien des égards, par exemple en termes d'ouverture pastorale. Dans le même temps, il reste clairement ancré théologiquement dans les enseignements de l'Église. Cet exercice d'équilibre - ouverture dans la pastorale, présence dans la doctrine - pourrait devenir une caractéristique de son pontificat . Léon XIV s'inscrit ainsi dans la ligne de ce que l'on appelle le "cours pastoral" : le message de l'Église doit être traduit dans l'actualité et appliqué *avec miséricorde* sans abandonner la substance de la foi.

Un mot-clé central de sa théologie est la **synodalité**. Léon XIV l'a souligné dès le début : *"Nous voulons être une Église synodale en* *marche"*. Ce faisant, il s'appuyait sur la vision de l'Église de son prédécesseur, qui reposait sur une plus grande participation, un dialogue et une écoute commune de l'Esprit Saint. Dans son premier message, il a clairement reconnu cette ouverture et envoyé le signal que l'Église catholique devrait être *un peuple de Dieu en pèlerinage ensemble*. Cette conviction théologique fondamentale - que l'Église trouve son chemin en **écoutant et en discernant** ensemble - combine la tradition (l'esprit du Concile des Apôtres et du Concile Vatican II) et le progrès (de nouvelles formes de participation des fidèles). Léon XIV semble déterminé non seulement à poursuivre poliment le processus synodal qui avait commencé, mais aussi à le remplir de vie et d'emphase et à mettre en œuvre les résultats. En même temps, il signale aux forces plus conservatrices que la synodalité n'est pas synonyme d'arbitraire : il indique clairement que l'unité dans les questions essentielles de la foi peut être maintenue - fidèle à sa devise *"En celui qui est un, nous sommes un"*. Cette devise peut être lue comme un programme théologique : La diversité et l'unité se rejoignent dans le Christ. Le pape veut ainsi jouer un rôle d'**intégration**, tant à l'intérieur de l'Église qu'à l'extérieur, afin de rassembler des cultures, des mentalités et des styles de piété différents. Sa biographie internationale et son multilinguisme le mettent en valeur ; on lui attribue une sensibilité interculturelle et une vision globale, mais pluraliste, de l'Église.

L'approche théologique de Léon XIV se caractérise également par sa **volonté d'écoute**. Sa capacité à écouter d'autres opinions et d'autres voix a déjà été soulignée dans les premières réactions. Paul Zulehner, théologien renommé, a fait l'éloge du nouveau pape comme étant un *homme* théologiquement profond et *"spirituellement inspiré"* qui n'était pas idéologiquement borné. Cet éloge montre que Léon XIV fondait ses décisions moins sur la politique de l'Église ou sur ses préférences personnelles, mais qu'il cherchait plutôt à sentir la volonté de Dieu par la prière et la conversation. Son approche dans son rôle important de préfet pour la nomination des évêques le démontrait déjà : il était considéré comme quelqu'un qui **pesait soigneusement** et prenait en compte les différentes voix avant de soumettre des propositions de personnel au pape. Il a même mis en œuvre une petite révolution dans cette fonction en nommant pour la première fois des femmes au comité consultatif pour la nomination des évêques - une mesure qui rompait avec les procédures traditionnelles, mais qui était conforme au mandat du pape François sans aucune rupture bruyante. Cet exemple est emblématique de l'approche de Leo : des étapes de réforme prudentes en accord avec la doctrine pour rendre l'église plus contemporaine et participative.

Dans l'ensemble, Léon XIV peut être considéré comme **un "pape du centre et de la coopération inclusive"**. Il n'a cherché ni à rompre brutalement avec la tradition, ni à faire *comme* si de rien n'était, mais plutôt à s'engager sur la voie d'un **renouveau continu**. Les changements doivent se développer organiquement et être théologiquement fondés. En même temps, il ne craint pas de **mettre des accents audacieux** là où il le juge nécessaire, par exemple dans la réforme de la curie ou le renforcement du laïcat. Sa position théologique de base pourrait donc être décrite comme *conservatrice dans ses principes et réformatrice dans son application*. L'objectif semble être de maintenir l'authenticité de l'Église tout en permettant un **"aggiornamento"**, c'est-à-dire un renouveau dans le présent.

Principes directeurs spirituels et éthiques de son pontificat

De tous ces aspects se dégagent des principes directeurs clairs sur lesquels le pape Léon XIV a fondé son pontificat. Un premier principe directeur est l'**unité dans le Christ** mentionnée plus haut. Sa devise *"In Illo uno unum"* le résume en quelques mots : En Christ, qui est un, tous doivent être un. Ce principe d'unité imprègne sa vision tant au niveau spirituel qu'éthique. Sur le plan spirituel, cela signifie que l'Église doit toujours revenir au centre, au Christ - dans la prière, dans l'enseignement, dans les sacrements. Sur le plan éthique, cela signifie que les divisions et les injustices doivent être surmontées afin de renforcer la **communauté de la famille humaine.** Léon XIV voyait l'Église comme un instrument d'unité dans un monde divisé : elle devait rassembler les gens, construire des ponts et agir comme un *"sacrement de l'unité"*.

Le principe des **bâtisseurs de ponts** y est étroitement lié. Dès son investiture, Léon XIV a promis une Église *"qui construit des ponts"* -

entre les nations, les cultures, les classes sociales, mais aussi dans ses propres rangs. Ce modèle de construction de ponts se reflète à la fois dans ses compétences diplomatiques et dans son approche personnelle. Il s'est engagé à **promouvoir le dialogue et la réconciliation** partout où il y a des conflits. Dans un monde marqué par les guerres, la polarisation, la séparation et l'inégalité, le pape veut renforcer le rôle réconciliateur de l'Église. Son premier message à la ville et au monde a été significatif : *"La paix soit avec vous tous !* - un appel qui a été compris comme un signal programmatique face aux guerres et aux crises en cours. Pour Léon XIV, l'action en faveur de la paix n'était donc pas un événement politique secondaire, mais une préoccupation spirituelle et éthique essentielle. Ce faisant, il s'est appuyé sur l'héritage de son homonyme Léon XIII, qui était déjà considéré comme le **"pape de la paix"** et qui a contribué à régler des conflits internationaux.

Un autre principe directeur est l'**option pour les pauvres** et les défavorisés. Léon XIV a clairement indiqué à plusieurs reprises que l'**Église des pauvres** devait rester au centre de ses préoccupations, dans la continuité de Jean XXIII, de François et de bien d'autres. Sa propre carrière - de simple missionnaire dans des communautés pauvres à la papauté - suggère qu'il considérait la papauté comme un service aux plus petits d'entre eux. Son frère John Prevost l'a résumé en quelques mots : Léon XIV poursuivrait la voie tracée par le pape François *"et défendrait les défavorisés et les pauvres"*. Cette éthique de la charité se reflète dans nombre de ses déclarations et gestes à ce jour : le nouveau pape cherche activement à se rapprocher des personnes marginalisées, que ce soit par des rencontres, par l'intercession dans les discours ou par des décisions structurelles (telles que l'implication susmentionnée des laïcs et des femmes dans les processus de responsabilité). Pour lui, la **charité** - entendue comme un amour actif - n'est pas seulement un champ d'action de l'Église, mais l'expression de son essence. Il insiste donc également sur le caractère sacré de toute vie humaine et sur le devoir de l'Église de défendre les plus faibles, des enfants à naître aux personnes âgées, en passant par les malades et les réfugiés.

L'un des principes directeurs de Léon XIV qu'il ne faut pas sous-estimer est l'**humilité et la volonté de servir en tant que dirigeant**. Après son élection, il s'est lui-même décrit humblement comme un *"pèlerin"* sur le chemin avec les fidèles. Cette image montre qu'il ne considérait pas la fonction de pape comme une position de pouvoir terrestre, mais comme un ministère spirituel. Sa conception de l'autorité est essentiellement définie par l'exemple du Christ, qui lavait les pieds de ses disciples. C'est pourquoi Léon XIV est souvent cité pour recommander aux évêques - et plus encore aux papes - de **s'approcher authentiquement et humblement des** gens et de *"souffrir avec eux"* au lieu d'agir comme des dirigeants. Cette attitude devrait caractériser son style de leadership : collégialité, écoute, service. Elle crée la confiance - à la fois parmi les évêques dans le monde entier (dont beaucoup le connaissent déjà en raison de son travail à la Congrégation des évêques) et parmi le peuple de Dieu, qui peut sentir si un berger partage vraiment ses joies et ses espoirs, ses chagrins et ses craintes.

Léon XIV montre également qu'il attache une grande importance à la **crédibilité** et à la **transparence**. Il appartient à une génération de responsables ecclésiastiques très conscients de la crise de crédibilité de l'Église, due par exemple à des scandales de violences sexuelles ou d'abus de pouvoir. Au Pérou, il n'a pas hésité à prendre des mesures contre des réseaux conservateurs influents tels que l'ordre scandaleux du *Sodalicio*, ce qui témoigne de son courage et de sa loyauté envers les principes. De telles expériences pourraient étayer sa maxime selon laquelle l'autorité spirituelle ne perdure que grâce à l'intégrité morale et à l'honnêteté face à l'échec. On peut donc s'attendre à ce que la **réévaluation et la prévention** restent importantes dans l'agenda de son pontificat, associées à un style de vie simple et crédible dans l'esprit de la *"pauvreté d'esprit"*, tel qu'illustré par François.

Après tout, l'un des principes directeurs de Léon XIV était l'**ouverture de sa foi au monde**. Comme l'a décrit Regina Polak, il se considérait *comme un "homme du monde"* : moins charismatique et extraverti que son prédécesseur, mais accessible à tous et durable dans sa mission. Son profil international (multilingue, compétent en matière d'interculturalité) est ici mis en évidence. Léon XIV souhaitait manifestement trouver une **approche universelle** qui puisse toucher des personnes d'horizons différents. Cela était déjà évident dans le fait que sa première bénédiction *Urbi et Orbi* ("à la ville et au monde") était introduite par un simple souhait général de paix - non pas un manifeste théologique extravagant, mais un message compréhensible pour toutes les personnes de bonne volonté. Il résonne avec le désir de présenter l'Église comme la *mère et l'éducatrice de tous les peuples*, qui parle aux cœurs dans un langage simple et se tient de manière crédible du côté de l'humanité.

En résumé, **Léon XIV** présente ainsi l'image holistique d'un pape spirituellement enraciné dans la tradition augustinienne, théologiquement à la recherche du centre et pastoralement tourné vers les marges. **Son orientation spirituelle** - caractérisée par la prière, le sens de la communauté et la confiance dans la grâce de Dieu - donne de la profondeur et de la direction à son travail. **Son orientation théologique** - caractérisée par la loyauté envers la doctrine et une volonté simultanée de réforme - le montre comme un gardien de la tradition qui veut la porter de manière créative vers l'avenir. Et son **orientation éthique** - visible dans sa défense de la justice, de l'intégration, de la paix et de l'intégrité de la création - indique la direction que son pontificat était susceptible de prendre : vers une Église qui défend les plus faibles, qui **construit des ponts** et pose des *signes d'espoir* dans le monde. Léon XIV réunit dans sa personne et dans son programme de nombreux fils de l'histoire récente de l'Église : les enseignements sociaux de Léon XIII, l'esprit pastoral du concile Vatican II, l'héritage spirituel des grands religieux et les nouveaux départs du présent. Avec sa **manière équilibrée, spirituelle et orientée vers les personnes**, il y a de bonnes raisons d'espérer qu'il peut - et doit - conduire l'Église catholique de manière crédible vers l'avenir et donner de nouvelles impulsions à la foi et à la société. L'Église universelle attend avec impatience de voir comment Léon XIV fera vivre ces orientations dans les années à venir et obtiendra des résultats concrets, tels que les modifications nécessaires du droit canonique - les signes d'un nouveau départ prometteur sont déjà clairement visibles.

🕊️ *Chapitre 3 :*
Continuité et différences
sur le pape François

Le pape Léon XIV assume un héritage difficile : son prédécesseur, le pape François, a façonné l'Église catholique pendant plus d'une décennie en adoptant un nouveau style et en mettant l'accent sur la miséricorde, la proximité et l'esprit de réforme. François, premier pape originaire d'Amérique latine et jésuite, a poursuivi **une théologie de la miséricorde** qui a souvent mis de côté la rigueur dogmatique au profit de la compassion pastorale. Il a insisté sur le fait que "*l'Église est un hôpital de campagne*", qui doit avant tout servir les blessés et les marginaux.

Comparaison des lignes théologiques et pastorales

Son approche pastorale était fortement caractérisée par une **proximité** personnelle **avec les fidèles** : François recherchait le contact direct, utilisait un langage simple et rompait avec de nombreux protocoles traditionnels afin d'être proche des gens. Cette attitude humaine et humble se reflète, par exemple, dans le fait qu'il prononce souvent des discours impromptus et envoie des signaux d'invitation à des groupes de catholiques (par exemple, dans des formulations telles que "*Qui suis-je pour juger ?*" à l'égard des personnes LGBTQIA+ queer). François a également mis l'accent sur l'ouverture dans sa théologie : il a souligné **l'importance du discernement de conscience et du discernement spirituel** - une approche qui découle de son héritage jésuite - et a placé des sujets tels que la justice sociale, la protection de l'environnement et les pauvres au centre de son enseignement (par exemple dans les encycliques *Laudato Si'* sur la responsabilité pour la création et *Fratelli Tutti* sur la fraternité). Dans l'ensemble, François a été perçu comme un pontife qui a innové afin de percevoir "*l'odeur des brebis*", c'est-à-dire les préoccupations des simples fidèles, même s'il a dû accepter des critiques conservatrices.

Quelle est la place du pape Léon XIV dans ce contexte ? Les premières indications suggèrent qu'il poursuivra la voie tracée par François à bien des égards, mais avec son propre accent. Léon XIV n'est pas seulement le **premier Américain sur le trône papal** et un religieux (augustinien) qui a longtemps travaillé en **Amérique latine**. Sa biographie internationale ( ) (États-Unis, Pérou, Vatican) a clairement façonné sa compréhension de l'Église universelle. Théologiquement et pastoralement, on le dit très proche de François - il est considéré comme un *"réformateur modéré"* qui partage de nombreuses préoccupations du souverain pontife défunt. Léon XIV a donc fait preuve d'une grande humilité et a posé des gestes proches du peuple. Ainsi, lors de son tout premier discours en tant que pape, il salue les fidèles de son ancien diocèse péruvien en **espagnol**, ce qui ne manque pas de faire réagir l'assistance : pour la première fois, on n'entend pas l'italien (et le latin) lors de cette traditionnelle cérémonie de bénédiction sur la loggia de la basilique Saint-Pierre. Ce détail montre que Léon XIV tient compte du **multilinguisme et de la diversité mondiale de** l'Église et que, comme François, il rompt délibérément avec les conventions pour privilégier la proximité avec le peuple. Georg Bätzing, président de la Conférence épiscopale allemande, décrit Léon XIV **comme "réservé et amical"**, mais en même temps prêt à parler franchement quand c'est important. On voit donc apparaître un pape qui partage la cordialité chaleureuse de François, mais qui pourrait être plus enclin à éviter les conflits et à faire preuve de plus de diplomatie. En effet, Prévost est décrit comme un **pragmatique et un diplomate** : Il a servi de médiateur en coulisses entre les évêques allemands réformateurs et le Vatican en 2023, par exemple, lorsque la *voie synodale* allemande s'est heurtée à la résistance de Rome. Ce rôle de médiateur correspond à son image d'*homme du juste milieu*, qui souhaite maintenir l'unité des différents camps ecclésiastiques. François, quant à lui, n'a pas hésité à prendre des décisions polarisantes - comme sa critique sévère des abus curiaux ou son initiative visant à restreindre la liturgie traditionnelle - qui lui ont valu beaucoup de soutien mais aussi une forte opposition. Léon XIV devait agir plus prudemment dans ce domaine : Son élection a été perçue comme un **compromis et un signe d'unité** au sein du Collège des cardinaux, qui était divisé. Dans l'ensemble, on peut dire que, **sur le plan théologique**, les deux papes restent en phase avec la doctrine catholique, mais qu'il existe de petites différences dans leur **style pastoral** : François est un "outsider" charismatique et un apôtre de la miséricorde, tandis que Léon XIV est un bâtisseur de ponts et un citoyen du monde orienté vers le consensus. Cependant, les véritables continuités et différences sont particulièrement évidentes dans leur approche des questions de réforme spécifiques.

Différences dans le traitement des questions clés de la réforme

François et Léon XIV sont/étaient tous deux confrontés à des questions de réforme urgentes similaires qui ont fait l'objet d'un débat controversé au sein de l'Église pendant des années - et qui n'ont pas progressé. Il s'agit notamment du **renforcement des structures synodales**, du **rôle des femmes dans les ministères ecclésiastiques tels que la fonction de pape**, du traitement des **personnes LGBTQIA+** (c'est-à-dire la question de la reconnaissance ecclésiale et sacramentelle et de l'inclusion des croyants homosexuels, bisexuels, trans* et queer) et du célibat obligatoire pour les prêtres. François a lancé des débats dans tous ces domaines - bien qu'à des degrés divers - et Léon XIV doit maintenant décider comment reprendre ces impulsions de renouveau ou, si nécessaire, les ajuster d'une manière nouvelle et meilleure. Un examen plus approfondi des positions de l'un et de l'autre montre à la fois **une continuité** et des **différences de nuances**.

Synodalité : participation des fidèles

La synodalité - c'est-à-dire une structure décisionnelle de l'Église plus synodale, consultative et incluant les fidèles - a été l'une des caractéristiques du pontificat de François. Le prédécesseur de Léon XIV a souligné à plusieurs reprises que l'Église devait devenir "une **Église de participation**", dans laquelle le clergé et les laïcs écoutent ensemble l'Esprit Saint. Concrètement, François a convoqué de nombreux synodes et a étendu leur influence : Tout récemment, par exemple, les femmes et les non-clercs ont été autorisés à voter pour la première fois lors du synode mondial de 2023 à Rome. François a même lancé un **processus synodal** mondial de plusieurs années, qui a impliqué l'ensemble de l'Église dans un dialogue sur des questions urgentes et qui devait aboutir à deux assemblées en 2023 et 2024. Peu avant sa mort, il a jeté les bases d'une autre grande assemblée ecclésiale en 2028 pour poursuivre ce chemin de participation. Léon XIV a clairement indiqué qu'il souhaitait poursuivre cette voie synodale. Il est considéré comme un fervent défenseur d'une Église plus transparente et à l'écoute : même en tant que cardinal, il a souligné la nécessité d'**inclure davantage les voix des fidèles et de changer le style hiérarchique de direction** en faveur d'une plus grande écoute. Immédiatement après son élection, Léon XIV a fait savoir qu'il poursuivrait la voie de la synodalité tracée par François. Des observateurs comme le père Mauritius Wilde s'attendent même à ce que Léon mène les consultations synodales dans l'esprit franciscain d'écoute, mais qu'il **agisse finalement de manière plus décisive** : En tant qu'Américain, il attache de l'importance aux résultats concrets. Cette approche pragmatique - *écouter, inclure, puis décider* - pourrait marquer une légère différence de style. En principe, cependant, Léon XIV s'**inscrit dans la continuité** : l'ouverture vers des consultations régulières avec l'Église universelle et une plus grande codétermination des laïcs devrait progresser sous sa direction. Le défi consistera à mettre en œuvre la synodalité de manière à ce qu'elle unisse l'Église mondiale au lieu de créer de nouvelles divisions. C'est là qu'entrent en jeu les talents diplomatiques de Leo, dont il a déjà fait preuve. Il devra trouver un équilibre **entre l'**appel à une véritable participation - par exemple de la base de l'Église et des cercles progressistes - **et la** crainte de certains traditionalistes que les processus synodaux ne mettent en péril l'ordre hiérarchique et l'unité de la foi.

Les femmes dans les fonctions ecclésiastiques : entre égalité et dogme

Il n'y a guère d'autre sujet qui symbolise autant le retard des réformes que la question de l'**égalité des droits pour les femmes** dans l'Église et dans la fonction de pape. Sous François, des changements prudents ont eu lieu à cet égard : Il est vrai que François a également maintenu la **non-admission des femmes aux** ministères **ordonnés** (prêtrise et épiscopat), comme ses prédécesseurs l'avaient défini de manière magistérielle. Il a toutefois encouragé **la promotion des femmes aux**

postes de direction de l'Église - il a nommé des femmes à des postes de direction au sein de la Curie romaine et d'organes consultatifs et a ouvert pour la première fois aux femmes des ministères officiels (bien que non ordonnés) tels que ceux de lecteur *et d'acolyte*. François a également créé des commissions chargées d'étudier, par exemple, la question historique du diaconat des femmes (diacres dans l'Église primitive). Ces mesures prudentes témoignent de sa volonté d'**impliquer davantage les** femmes, mais sans toucher à l'interdiction d'ordonner des femmes. Léon XIV a suivi cette ligne de réforme prudente - peut-être avec un peu plus de retenue. **Jusqu'à présent, Robert Prévost, devenu Léon XIV, a rejeté l'ordination des femmes** et y a même fait allusion : lors du synode mondial de 2023, il a mis en garde contre la *"cléricalisation des femmes"*, c'est-à-dire contre le fait de vouloir donner plus d'influence aux femmes en leur confiant simplement la prêtrise. Ce n'est pas une solution et cela créerait plutôt de nouveaux problèmes, a-t-il souligné - les femmes ont déjà une variété de rôles centraux dans l'Église. Il a toutefois laissé ouverte la question de savoir quelles solutions pourraient être envisagées en cas de pénurie de personnel clérical et quelles voies pourraient être empruntées pour mettre en œuvre l'égalité des droits, par exemple conformément à la Loi fondamentale allemande. Cette déclaration suggère que Léon XIV **ne** cherchait **pas** à **modifier à court terme** l'admission des femmes au diaconat ou à la prêtrise ( ). Au contraire, comme l'avaient prédit les experts, il était susceptible de poursuivre des **améliorations pragmatiques** : Par exemple, il pourrait nommer davantage de femmes à des postes de responsabilité et consolider les ouvertures déjà amorcées (droit de vote des femmes dans les synodes, direction des autorités par des laïques, etc.) Il s'agirait d'une modification du **Definiendum** sans que le **Definiens** soit adapté en conséquence : Introduction dans la pratique, sans adaptation de la doctrine définitoire écrite - cela correspondrait donc à la possibilité d'être simultanément croyant (**credens**) sans participer activement à la vie dominicale de l'Église (**practicans**) - une séparation qui est de plus en plus la réalité de la vie de nombreuses personnes, comme le défaut de clergé supposé hétérosexuel qui, cependant, sait qu'il a des sentiments homosexuels. Georg Essen, professeur de théologie à l'Université de Berlin, par exemple, attend de Leo qu'il "renforce de manière pragmatique" le rôle des femmes sans modifier l'interdiction fondamentale de l'ordination. Un exercice d'équilibre dans lequel le contenu ne suit pas la forme. Selon toute vraisemblance, ce pape ne fera donc pas de grands pas en avant, comme l'ordination de femmes à la prêtrise, s'il reste dans l'état d'esprit de son poste de cardinal et ne respecte pas sa propre vision du Père pour tous, avec des restrictions.

D'autre part, la pression exercée par les mouvements de base s'accroît, en particulier en Europe : Des groupes tels que la Katholische Frauengemeinschaft Deutschlands (kfd) et des initiatives telles que *Maria 2.0* demandent depuis longtemps que **les femmes** soient **admises dans tous les ministères ordonnés**. Ils espèrent que Léon XIV "ouvrira grand les portes de l'église - pour tous". Par exemple, l'initiative *Maria 1.0* - qui attend du nouveau pape qu'il **s'oppose aux faux espoirs des conservateurs irréalistes**. Léon XIV doit donc trouver une voie médiane entre les réformateurs et les traditionalistes. Il y a une **continuité dans** la mesure où François a également dû jouer ce rôle d'équilibriste et s'en est finalement tenu au non à l'ordination des femmes - mais l'accent est peut-être **différent** : François a au moins laissé ouvert le débat théologique (par exemple sur les diacres), alors que Léon XIV était déjà plus sceptique à cet égard. En fin de compte, le facteur décisif sera de savoir si Léon XIV peut faire comprendre de manière crédible aux nombreuses femmes engagées dans l'Église que leur contribution est superflue si les **sacrements** et la fonction de pape sont réservés aux hommes.

Inclusion des LGBTQ : accueillir sans changer l'enseignement ?

Aujourd'hui, on s'intéresse beaucoup à l'ouverture de l'Église à l'égard des **personnes queer**, c'est-à-dire des personnes ayant des orientations sexuelles et des identités de genre différentes. Le pape François s'est distingué par **un ton** beaucoup **plus dialogique et compatissant** dans ce domaine, mais sans réviser fondamentalement la doctrine traditionnelle (qui classe les actes homosexuels comme "désordonnés", par exemple). Sa déclaration *"Qui suis-je pour juger ?"* à l'égard d'un croyant ayant des sentiments homosexuels est devenue célèbre. Sous François, il y a eu des tendances isolées à l'ouverture : il a encouragé les pasteurs à ne pas fermer la porte aux personnes aimant le même sexe et s'est prononcé en faveur d'une protection juridique des partenariats entre personnes de même sexe. En 2023, François a laissé entendre que **la bénédiction des couples homosexuels** pourrait être possible dans certaines circonstances - même si d'autres mettent le **mariage sacramentel des couples homosexuels** à l'ordre du jour de la pleine égalité et de l'inclusion. Cette flexibilité au moins pastorale a été perçue par beaucoup comme un pas vers plus d'inclusion, bien que l'enseignement moral catholique soit resté formellement inchangé.

Les déclarations antérieures de Robert Prevost indiquent que Léon XIV **doit être plus impliqué dans le sujet** que François. Les catholiques LGBTQIA+ ont exprimé leur inquiétude après l'élection de François et se sont référés à des déclarations antérieures du nouveau pape. En effet, Mgr Prevost avait polémiqué contre l'introduction des questions de genre dans les cours scolaires lorsqu'il était évêque de Chiclayo (Pérou), il y a de nombreuses années : "*La promotion de l'idéologie du genre est déroutante parce qu'elle tente de créer des genres qui n'existent pas*", avait-il déclaré à l'époque. En 2012, lors d'un synode des évêques à Rome, Mgr Prevost a été encore plus clair : les médias occidentaux, a-t-il déclaré, *"suscitent une énorme sympathie pour des croyances et des pratiques qui contredisent l'Évangile - par exemple l'avortement, les modes de vie homosexuels, l'euthanasie"*.

L'assimilation antérieure de l'amour homosexuel à l'euthanasie apparaît aujourd'hui comme une voie erronée difficile à comprendre et comme une erreur commise par un jeune homme à l'époque. On peut lui attribuer le fait qu'il était socialisé à l'époque dans le contexte d'une province du Pérou et qu'il n'avait pas les perspectives et les expériences correspondantes. Aujourd'hui, en tant que **pape**, il est confronté **à la tâche de dépasser les attitudes personnelles pour avoir un impact institutionnel et intégratif**, négocier des positions en dialogue avec les groupes d'intérêt concernés, les associations liées à l'Église et les fidèles, et faire face à leurs questions critiques. Rétrospectivement, ces premières formulations, qui qualifient certains modes de vie d'immoraux de manière générale, semblent beaucoup moins expérimentées que le ton conciliant d'un responsable expérimenté tel que le pape François. Il est clair que ces citations ont été faites il y a plusieurs années.

Il reste à voir si Léon XIV peut et veut nuancer sa position en tant que pape - ses premiers discours indiquaient qu'il voulait commencer son pontificat sous la bannière de la réconciliation, de l'inclusion et de la paix, ce qui nous donne l'espoir que ces groupes de fidèles seront également inclus. Quiconque entame son pontificat de cette manière doit le faire suivre de résultats ou, comme nous le disons dans la langue vernaculaire : quiconque dit A doit aussi agir avec et selon B. La cérémonie du mariage sacramentel est le symbole de la **pleine égalité pour les personnes homosexuelles dans l'Église catholique.**

Mais pour l'instant, la **continuité** est surtout reconnaissable dans le fait que Léon XIV - comme François avant lui - ne cherche pas à modifier l'enseignement de l'Église sur la morale sexuelle - y compris pour les hétérosexuels, les contraceptifs ou les divorcés : après tout, il lui reste encore quelques jours pour un premier bilan de 100 jours ou plus. Il restera probablement que le mariage est défini par l'Église comme une union entre un homme et une femme et qu'une cérémonie sacramentelle de mariage pour les couples de même sexe reste exclue : on peut donc se demander pourquoi l'amour devrait être différent ou discriminatoire à l'égard de l'orientation sexuelle. Cependant, Léon XIV, comme François, est confronté à la tâche de trouver des **moyens pastoraux pour** que **les croyants LGBTQIA+ et les partenaires de mariage homosexuels** soient accueillis dans l'Église sur un pied d'égalité. Il ne rejette pas fondamentalement la tension entre un accueil appréciatif et la préservation de la morale traditionnelle, mais il faut faire preuve de sensibilité. Léon XIV pourrait poursuivre le dialogue avec les groupes LGBTQIA+ entamé par François et préciser que toute personne - quelle que soit son orientation sexuelle - est aimée et respectée dans l'Église, c'est-à-dire qu'elle n'est pas exclue sur le plan sacramentel. La question reste donc ouverte de savoir comment Léon XIV répondra clairement à la question pressante de la reconnaissance par l'Église des couples homosexuels dans certains pays, ou s'il laissera une certaine **zone grise** pastorale comme son prédécesseur.

Célibat obligatoire : le célibat mis à l'épreuve

Le célibat **sacerdotal**, c'est-à-dire le célibat obligatoire des prêtres catholiques dans l'Église latine, fait l'objet de débats depuis des décennies. François a maintenu la réglementation existante et n'a généralement pas aboli le célibat obligatoire. Il s'est toutefois montré ouvert à la discussion : Lors du synode amazonien de 2019, il a par exemple fait discuter l'ordination d'hommes mariés ayant fait leurs preuves (les *"viri probati"*) afin de remédier à l'extrême pénurie de prêtres dans les régions reculées. Ce concept a récemment été élargi aux *"homines probati"* et aux *"laici probati"* en recrutant des membres de l'Église catholique auparavant marginalisés, comme les femmes laïques.

En fin de compte, François a décidé de ne pas autoriser une telle exception dans sa lettre post-synodale *Querida Amazonia*, à la grande déception de ceux qui espéraient une évolution sur cette question. Néanmoins, François a souligné à plusieurs reprises que le célibat **n'est "pas un dogme"**, mais une discipline ecclésiastique. Il a ainsi précisé que la règle du célibat pouvait être modifiée en principe, mais pas à la légère. Sous le pape Léon XIV, la question se pose à nouveau : maintiendra-t-il le statu quo sur le célibat comme ses prédécesseurs, ou y a-t-il des signes de changement ?

En tant que religieux, Léon XIV était personnellement attaché à l'idéal du célibat, mais dans son travail pastoral pratique, il était conscient de la nécessité d'une pénurie de prêtres, en particulier en Amérique latine. Certains ecclésiastiques **considèrent qu'il est concevable** que des ouvertures prudentes aient été envisagées sous Léon XIV. Le théologien Thomas Söding, lui-même membre du Comité central des catholiques allemands, a déclaré qu'il *n'était "pas impossible"* que Léon XIV fasse évoluer la question du célibat - précisément parce qu'il connaissait la réalité pastorale et, en tant que juriste canonique, savait que le célibat n'était pas un dogme irrévocable. Bien entendu, une telle intention n'a pas été confirmée. Il convient plutôt de noter que Léon XIV était issu d'un spectre ecclésiastique américain plutôt conservateur, où le célibat est moins remis en question qu'en Europe, par exemple. Or, l'idée occidentale et américaine de l'égalité entre les femmes et les hommes frappe d'autant plus un pape aujourd'hui.

Comme François, Léon XIV **devra** probablement **peser le pour et** le **contre** : D'une part, des voix s'élèvent - même de la part d'éminents représentants de l'Église tels que le cardinal Reinhard Marx - pour réclamer l'abolition du célibat afin de permettre aux prêtres de mener une vie plus "normale" et, peut-être, d'attirer davantage de vocations. D'un autre côté, le célibat représente une tradition spirituelle vieille de plusieurs siècles, étroitement liée à l'identité du sacerdoce catholique. François a finalement décidé de ne pas relâcher cette tradition, et Léon XIV a pu agir de la même manière par sens de l'unité et en raison de sa socialisation formative. L'historien de l'Église Hubert Wolf, par exemple, **ne** s'attend **pas** à ce que Léon XIV **procède à des réformes radicales** en ce qui concerne les prêtres mariés. La continuité voudrait donc que le célibat obligatoire soit maintenu pour l'instant. Cependant, Léon XIV doit prendre la réalité au sérieux : De nombreuses paroisses manquent de prêtres et le scandale des abus sexuels commis par des prêtres masculins à l'encontre d'enfants et d'adolescents a relancé le débat sur le célibat (sans qu'un lien de cause à effet puisse être prouvé de manière concluante, mais une proximité avec la violence sexuelle dans d'autres conditions doit et peut être établie). **Une solution de compromis** possible consisterait à donner plus de place aux exceptions déjà existantes - par exemple, utiliser davantage les diacres permanents mariés dans le domaine pastoral ou, dans des cas particuliers, ordonner prêtres des personnes mariées expérimentées, comme c'est la coutume dans les Églises orientales unies à Rome. Il reste à voir si Léon XIV osera faire un tel pas, mais il est certain que la question restera à l'ordre du jour et devra au moins être **examinée plus avant** par le nouveau pape - ce à quoi toutes les femmes ont déjà réfléchi depuis longtemps.

Les impulsions réformatrices de François et leur développement sous Léon XIV.

Si l'on examine l'ensemble du programme du pape François, il apparaît clairement qu'il s'est engagé dans un vaste processus de réforme - de la réforme de la Curie à la définition de nouvelles priorités en matière de doctrine et à la modification de l'image de l'Église. Le pape Léon XIV **a** largement **hérité** d'un **héritage de renouveau** et a signalé son intention d'en poursuivre une grande partie, mais aussi de mettre ses propres accents dans le programme de réforme. Quelques impulsions centrales de la réforme *franciscaine* et la manière dont Léon XIV les a traitées :

- **Réforme de la Curie et décentralisation du pouvoir :** François a fondamentalement restructuré la Curie romaine avec la Constitution apostolique *Praedicate Evangelium* ( ) (2022) - les autorités ont été fusionnées, les laïcs (hommes et femmes) peuvent désormais occuper des postes de direction et la mission de la Curie devrait être davantage axée sur le service de l'Église universelle. Léon XIV adopte cette structure administrative réformée et doit maintenant la **remplir de vie**. En tant qu'ancien chef de la Congrégation des évêques, il connaît parfaitement le travail de la Curie et est considéré comme un organisateur compétent. On s'attend à ce qu'il poursuive la voie tracée par François, notamment en continuant à nommer des **laïcs compétents à des postes de direction** et en renforçant la coopération entre le Vatican et les conférences épiscopales locales. Sa nature diplomatique pourrait aider à poursuivre la **décentralisation** entamée par François de manière équilibrée, c'est-à-dire en accordant plus d'autonomie aux églises locales sans mettre en péril l'unité.

- **Engagement social et environnemental :** L'une des caractéristiques du pontificat de François a été l'attention qu'il a portée aux **questions sociales et environnementales** urgentes de notre époque. Il a publié la première encyclique papale entièrement consacrée au changement climatique et à la protection de l'environnement (*Laudato Si'*) et a pris parti pour les pauvres, les migrants et d'autres groupes. Léon XIV a explicitement fait preuve de **continuité dans** ce domaine. Même en tant que cardinal, il a, comme François, exprimé à plusieurs reprises la nécessité d'une action décisive contre le changement climatique. Le choix de son nom est également remarquable : **Léon XIV** fait délibérément référence au pape **Léon XIII** (pontificat 1878-1903), qui a publié la première encyclique sociale de l'Église, *Rerum Novarum*, en 1891. Cette lettre a jeté les bases de l'enseignement social catholique et était consacrée à la situation de la classe ouvrière appauvrie. En se nommant lui-même d'après ce

Léon XIII, Robert Prevost signale au moins une **continuité de programme dans la doctrine sociale** - à savoir l'engagement pour la justice sociale, les droits des travailleurs et l'option pour les pauvres. S'il n'y a pas d'autre nouveau Novarum - nomen est omen : et s'il choisit le nom de Léon dans cette tradition et avec la connaissance et les questions urgentes de réforme, cela ne devrait pas rester une coquille vide comme un service sans surveillance dans l'église paroissiale locale. En fait, Leo XIV est déjà décrit comme **le "pape le plus international"**, qui connaît les préoccupations des gens ordinaires ("le cœur des petites gens") ainsi que le monde de la diplomatie. On peut donc s'attendre à ce qu'il poursuive et renouvelle l'engagement de François en faveur de la paix, de la justice et de la préservation de la création - plus que le minimum. Dès ses premiers mots en tant que pape, Léon XIV a placé la **paix de tous** au centre de ses préoccupations. Au vu des guerres et des conflits dans le monde, de nombreux croyants voient en lui un possible *"pape de l'inclusion" et "pape de la paix"*, qui poursuit les appels à la paix et les tentatives d'intégration de son prédécesseur. Il n'y a là aucune différence, mais plutôt un resserrement des rangs : Les deux papes reconnaissent que la crédibilité d'aujourd'hui se mesure également à l'aune de la position de l'Église face aux défis humanitaires mondiaux, qu'il s'agisse de la crise climatique, des inégalités sociales, de l'égalité des droits, des femmes et des hommes ou de la guerre et de la paix.

- **Abus sexuels et transparence : Le scandale des abus sexuels** dans l'**Église** mondiale est un sujet triste et actuel qui a déjà beaucoup préoccupé François. François a pris un certain nombre de mesures importantes pour améliorer l'enquête - par exemple, il a levé le secret papal dans les procédures d'abus afin que les dossiers internes de l'Église puissent être transmis à la justice nationale et il a obligé le clergé du monde entier à signaler les cas suspects. Néanmoins, il reste beaucoup à faire sous François : les associations de victimes ont critiqué son approche hésitante et, dans de nombreux pays, une enquête indépendante sur les délits commis par des clercs est toujours en suspens. Léon XIV devra **agir de toute urgence** pour restaurer la confiance perdue. Il dispose d'une certaine expérience : pendant son mandat au Pérou, M. Prévost a soutenu les victimes d'abus et a été perçu comme quelqu'un qui prenait leurs préoccupations au sérieux. Mais il y a aussi des critiques : On lui reproche de ne pas avoir agi de manière cohérente dans tous les cas lorsqu'il était évêque à Chicago et à Chiclayo, ce qu'il nie. Le fait est que Léon XIV peut s'appuyer sur les structures créées par François (comme les nouvelles normes pénales ecclésiastiques et les commissions). Le nouveau pape a la possibilité de s'attaquer encore plus résolument à la **"patate chaude" des** abus - par exemple en demandant des comptes aux évêques masculins qui les ont couverts et en promouvant des enquêtes transparentes dans le monde entier. Il reste à voir dans quelle mesure il poursuivra, voire renforcera, l'élan réformateur de son prédécesseur : François a jeté les bases, mais la **culture de la tolérance zéro** doit être mise en œuvre de manière cohérente pour être crédible. Léon XIV a déjà indiqué que l'Église devrait suivre les traces de François ; cela est particulièrement vrai dans ce domaine, qui détermine l'intégrité morale de l'Église.

En résumé, on peut dire que Léon XIV se tient clairement sur les épaules de François en ce qui concerne de nombreuses réformes - il **reprend** ses préoccupations centrales telles que la synodalité, la justice sociale, la protection du climat et une église pastorale de proximité. En même temps, il fixera ses propres **priorités** - et devra le faire avec des résultats concrets, efficaces et durables - en termes de mise en œuvre : peut-être d'une manière plus sobre, plus médiatrice et avec l'œil d'un administrateur expérimenté. C'est précisément parce que François a esquissé de si grandes visions qu'il appartient maintenant à Léon XIV de traduire ces visions dans la réalité administrative et quotidienne de l'Église. Les enjeux sont importants - tout comme les problèmes : agir peut signifier faire moins de gestes médiatiques, mais assurer des réformes administratives en arrière-plan et modérer les processus de dialogue de manière orientée vers les résultats. Comme dans un parlement national : Seuls les amendements écrits aux lois créent une nouvelle réalité...

Nouveaux défis et réponses nécessaires

Même s'il y a beaucoup d'éléments qui suggèrent **une continuité** ennuyeuse, Léon XIV est confronté à une série de défis nouveaux ou intensifiés, dont certains étaient déjà virulents sous François, mais qui exigent désormais des réponses de manière encore plus urgente. Les groupes proches de l'Église posent des questions très claires. Ce qui suit est une vue d'ensemble des problèmes clés dans lesquels le nouveau pape devra trouver des solutions - sans anticiper la façon dont *il* décidera, il est possible d'esquisser les **options** sur la table et les **défis qui** nous attendent :

- **Une Église divisée :** L'Église catholique universelle est fragmentée en différents camps - les forces **progressistes** exigent des réformes (ministères des femmes, reconnaissance des LGBTQIA+ , démocratie dans l'Église), tandis que les cercles **conservateurs** appellent à un retour à l'enseignement traditionnel sans interprétation transformatrice et sans reconnaissance d'une réalité plus récente. En particulier dans la patrie de Léon XIV, les États-Unis, l'Église est *"profondément divisée"* en raison de la polarisation politique. Le nouveau pape doit contrecarrer cette division. L'option est un **style de leadership inclusif** qui écoute les deux parties et tente de mettre l'accent sur les préoccupations communes (par exemple, l'engagement pour la vie, la justice). Le défi reste que les compromis en matière de foi sont difficiles à atteindre - Léon XIV doit donc avant tout créer la confiance que la réforme et la fidélité au cœur de la foi ne sont pas mutuellement exclusives.
- **Les femmes et l'égalité des droits :** La question de l'**égalité entre les hommes et les femmes** continue de se poser avec acuité. La société ne comprend guère que les femmes soient exclues des fonctions importantes, ce qui contribue à l'aliénation de nombreux croyants en Europe occidentale.

Léon XIV doit trouver de nouvelles réponses à la question de savoir comment les femmes peuvent bénéficier d'une participation et d'une reconnaissance égales. Une option (en plus des rôles de leadership déjà mentionnés) serait la **revalorisation théologique de leurs ministères** : Les femmes pourraient, par exemple, devenir officiellement des baptiseuses, des prédicatrices ou des responsables d'église, même sans être ordonnées à la prêtrise. Pour franchir la deuxième étape, il faut répondre à la question de savoir pourquoi les femmes ne deviennent pas papes mais se voient confier des ministères à la base. Il serait également concevable de réexaminer la question du **diaconat pour les femmes** - une décision que François a laissée en suspens. Le défi consiste à apporter des changements sans rompre avec la tradition doctrinale antérieure. Léon XIV devra procéder avec prudence, mais rapidement, afin de prendre au sérieux l'appel à l'égalité et d'éviter une **rupture** avec la **conception du sacerdoce de** l'Église catholique.

- **Traiter avec les personnes LGBTQIA+ :** À une époque où de nombreux États reconnaissent le mariage et les droits des couples de même sexe et où la diversité des identités est socialement acceptée, l'Église est contrainte de communiquer sa position de manière convaincante. Léon XIV doit décider si et comment il façonnera les **ouvertures pastorales** pour les personnes LGBTQIA+. Les options seraient, par exemple, un document officiel permettant des **célébrations sacramentelles** pastorales pour des partenariats homosexuels aimants et engagés (comme les évêques individuels voudraient le pratiquer), - Peut-il s'agir d'un commandement de charité de ne pas définir cela comme une cérémonie de mariage à l'église alors que même Dieu aime tous les êtres humains tels qu'il les a créés ? Un autre ajout est la rédaction d'une lettre pastorale sur l'appréciation des personnes ayant une orientation homosexuelle afin de réduire la discrimination au sein de l'Église. Le défi consiste à maintenir l'**harmonie entre**

l'Église universelle, la réalité sociale et le magistère : Dans certaines cultures (surtout dans le Nord), la pression pour la reconnaissance augmente, alors que dans d'autres (Afrique, Asie), même une légère ouverture pourrait incorporer des réflexions. Léon XIV doit trouver une voie qui entraîne l'Église universelle avec lui - éventuellement en résolvant cette question plus fortement au niveau des régions respectives (mot-clé : **différenciation selon les groupes culturels**). Indépendamment des solutions structurelles, on attend de lui - comme de François - qu'il fasse au moins comprendre dans son ton que **chaque personne, chaque couple marié est aimé de Dieu** et que l'Église n'exclut personne. Telle est sa vision de l'Église inclusive.

- **Manque de prêtres et célibat :** Le **déclin** mondial **des vocations sacerdotales** - en particulier en Europe et en Amérique, mais aussi dans certaines parties de l'Amérique latine - atteint son paroxysme. Des paroisses sont fusionnées et les célébrations eucharistiques ne peuvent avoir lieu que rarement dans certains endroits. La question se pose donc de savoir si le célibat obligatoire est toujours d'actualité ou si l'Église doit emprunter d'autres voies et l'abolir. Léon XIV devra trouver des solutions à la pénurie de prêtres, selon de nombreux appels. Outre le renforcement de la pastorale des vocations, il est possible d'**élargir les conditions d'admission** au sacerdoce : par exemple, ordonner prêtres, dans des cas exceptionnels, des diacres mariés sélectionnés ou des parents ayant fait leurs preuves. Cette option a été ouvertement défendue sur le chemin synodal allemand et ailleurs. Le problème est qu'un assouplissement de l'exigence de célibat serait perçu par les milieux conservateurs comme une transformation d'une tradition sacrée, qu'ils devraient accepter en fonction de leur vision du monde. Il n'est pas non plus certain que le fait d'autoriser les prêtres mariés augmenterait de manière significative le nombre de vocations. Léon XIV a dû peser le pour et le contre entre la **préservation d'un mode de vie**

spirituel et imposé et le besoin pragmatique de soins pastoraux. D'autres approches - par exemple une plus grande implication des pasteurs laïcs ou de nouveaux modèles de direction paroissiale dans lesquels les prêtres sont relevés - pourraient également faire partie de la réponse. Cependant, s'engager dans cette voie montre que les gens sont sur la brèche et ne sont pas prêts à changer dans l'espoir que les plus âgés ou les plus conservateurs puissent répondre aux attentes des plus jeunes ou des plus progressistes - bien que cela ne doive pas nécessairement coïncider.

- **Crise de confiance due au scandale des abus sexuels :** L'une des principales raisons de la perte massive de crédibilité de l'Église est le scandale des abus sexuels et sa gestion inadéquate du passé. La société attend du pape qu'il agisse avec une **tolérance zéro** et une transparence maximale. Léon XIV est confronté à la tâche d'établir des normes contraignantes à l'échelle mondiale pour le traitement du passé. Les mesures nécessaires pourraient inclure : l'établissement de commissions d'enquête indépendantes dans chaque conférence épiscopale, des mesures plus décisives contre les évêques dissimulateurs (pouvant aller jusqu'à la révocation) et une coopération plus étroite avec les autorités de l'État. François a ouvert des portes importantes (abolition du secret papal, nouvelles normes canoniques), mais la mise en œuvre est maintenant entre les mains de Léon XIV. Le défi consistera à amener l'**Église mondiale** - dont les systèmes juridiques et les mentalités sont très différents - à suivre une voie cohérente et à montrer aux victimes que l'Église a appris de ses erreurs. Le pontificat de Léon XIV devra être mesuré à l'aune des mesures prises pour regagner petit à petit la confiance perdue.

- **Attentes sociales et politiques mondiales :** Outre les questions de réforme au sein de l'Église, Léon XIV est confronté à de grandes **attentes politiques et sociales au niveau mondial.** De nombreuses personnes, y compris en dehors de l'Église, espéraient une boussole morale forte dans un monde en crise. La paix, comme nous l'avons mentionné, est un thème central : Léon XIV devrait se faire un nom en tant qu'**artisan de la paix** et poursuivre ses efforts de médiation, par exemple dans le conflit ukrainien ou dans d'autres guerres. Sa voix pourrait également peser dans l'**économie mondiale et la politique sociale** lorsqu'il s'agit de lutter contre la pauvreté, les migrations ou la justice mondiale. Le défi pour le nouveau pape est d'introduire la **foi et l'éthique dans le discours public** sans se laisser dominer par les acteurs politiques. En tant que premier pape originaire des États-Unis, Léon XIV a un rôle particulier à jouer à cet égard : Il connaît la puissance du monde occidental de par sa propre expérience et pourrait - selon certaines hypothèses - représenter un contrepoint aux tendances à l'isolement et à la division. En même temps, il doit veiller à maintenir une perspective globale et à ne pas être perçu uniquement comme le "pape américain". Léon XIV a la possibilité de poursuivre l'**ouverture franciscaine au monde** (François a tendu la main aux puissants comme aux marginaux) et de construire de nouveaux ponts grâce à sa biographie cosmopolite.

En résumé, le pape Léon XIV est confronté à un exercice d'équilibre consistant à incarner à parts égales **la continuité et le renouveau**. À bien des égards, il suit les traces de François : tous deux sont unis par un cœur pour les personnes marginalisées, un sens de la justice et la volonté de rapprocher l'Église des fidèles. Les différences sont plus évidentes au niveau du style et de l'accent : Léon XIV agit de manière plus diplomatique et modérée - un *"réformateur modéré"* qui veut des réformes, mais sans publicité médiatique et sans rompre avec la tradition. Les années à venir montreront s'il réussit à s'attaquer résolument aux problèmes non résolus de l'Église, de la question des femmes à celle des abus. Ce qui est certain, c'est que **les réalités sociales** exigent des réponses - parce que tout le monde se pose des questions. Léon XIV ne pourra pas s'appuyer sur ses préférences personnelles, mais sur le bien de l'Église tout entière et de ses fidèles. L'histoire nous enseigne que chaque pape est différent. Mais la tension entre la continuité et le changement déterminera si Léon XIV peut mener l'Église de manière crédible vers l'avenir. Le monde attend beaucoup de ce nouveau pontife - *réformateur, cosmopolite et pragmatique* - et dans son travail, les **lignes de François** devront être poursuivies et développées de manière nouvelle.

🕊 *Chapitre 4 :*
Qualités personnelles et style de leadership

Lorsque Léon XIV donne la bénédiction "Urbi et Orbi" sur la loggia de la basilique Saint-Pierre, le soir de son élection, et adresse même quelques mots en espagnol à son ancien diocèse, quelques religieuses, à des milliers de kilomètres de là, éclatent en sanglots. Ces sœurs de Chiclayo au Pérou avaient reconnu leur ancien évêque, **un pasteur "proche des gens"**, comme l'a rapporté Sœur Karina Gonzales Risco. En fait, le nouveau pape était déjà considéré comme **proche des bergers et des humbles** du Pérou : il passait des heures à dos de mule sur des chemins de terre pour atteindre des villages reculés, **"il utilisait les moyens de transport du peuple"**, comme l'a raconté la religieuse - c'est ainsi qu'il voulait *"être l'un d'entre nous"*. Sa proximité avec les gens simples et les pauvres lui a même valu le surnom **de "Saint du Nord"**, comme on l'appelait au Pérou. *"Il avait du temps pour tout le monde"*, se souvient un prêtre augustinien du Pérou, *"c'était quelqu'un qui vous prenait sur le chemin"*. Cet esprit de **proximité et d'humanité** caractérise encore aujourd'hui Léon XIV.

Caractère et valeurs personnelles

Robert Francis Prevost est originaire de Chicago, mais le Pérou est devenu sa seconde patrie. Le jeune prêtre augustinien est arrivé en Amérique latine en tant que missionnaire en 1985 et est tombé amoureux du pays et de ses habitants. **Son ouverture d'esprit et son charisme** lui ont rapidement permis de se faire connaître : *"Il avait une aura qui parlait aux gens. Les gens affluaient vers lui"*, se souvient un ancien enfant de chœur du jeune Padre Prevost. Malgré les barrières linguistiques initiales, Prévost s'est efforcé de vivre, d'apprendre et même de jouer avec les habitants - il a organisé des sports et des excursions pour les jeunes afin de les éloigner de la criminalité. Il a fait preuve de **courage et de loyauté** dans les moments dangereux :

Lorsque la terreur du Sendero *Luminoso* (Sentier lumineux) a secoué le Pérou dans les années 1980 et que les missionnaires ont été menacés de mort, le **Père Prévost est resté avec les gens au** lieu de fuir pour se mettre à l'abri. "*Ce qui les a fait rester, ce sont les gens*", dit un prêtre à propos de Prevost et de ses confrères et consœurs de . Cette **solidarité profondément ressentie** avec les fidèles locaux traverse la vie de Prévost.

La modestie, le dévouement et le sens de la justice étaient parmi les valeurs qui définissaient Léon XIV. En tant qu'évêque de Chiclayo, il a vécu l'*option pour les pauvres* dans l'esprit du pape François : "*Beaucoup de gens sont pauvres. Mgr Prevost a vécu l'option pour les pauvres dans l'esprit du pape François et a toujours été là pour tout le monde, même pour les plus pauvres*", rapporte Jürgen Huber, un expert allemand de l'Église péruvienne. *Mgr* Prevost n'a pas hésité à élever la voix contre les revendications sociales - "*à plusieurs reprises, l'évêque s'est adressé aux hommes politiques avec des mots d'admonestation*", explique M. Huber. **La protection de l'environnement et du climat lui** tenait également à cœur : son diocèse a souffert de conditions météorologiques extrêmes et d'inondations causées *par El Niño*, et Mgr Prevost a organisé l'aide aux victimes et dénoncé la négligence des infrastructures publiques. Cette approche pratique lui a valu une grande estime - "*tout le monde l'aimait*", se souvient Sœur Gonzales Risco. Même lorsqu'il a été nommé haut fonctionnaire de la curie à Rome en 2023, **M. Prévost est resté avec son peuple au Pérou jusqu'à la fin** pour faire face aux conséquences des pluies diluviennes. "*Il voulait aider jusqu'à la fin, même s'il avait déjà été nommé à Rome*", raconte la religieuse à propos de cette époque. Ce sens du devoir et cette **empathie pour les souffrants** sont des qualités qui caractérisent désormais également Léon XIV dans sa fonction de pape.

Style de gestion et compétences en matière de leadership

Léon XIV a apporté avec lui une expérience impressionnante à des postes de direction - de la direction de l'ordre à l'administration de la Curie. Prévost a été élu à deux reprises **prieur général de l'ordre des Augustins** et s'est ainsi trouvé à la tête d'un ordre mondial à la tradition séculaire. Dans ce rôle, il a appris à **diriger de manière internationale et collégiale**, en échangeant constamment avec des frères et des sœurs de différentes cultures. Les Augustins - tout comme les Jésuites, dont son prédécesseur François est issu - cultivent un esprit communautaire : la foi est partagée et décidée ensemble. Cette empreinte se retrouve chez Léon XIV. Il est considéré comme un **homme d'équipe** qui sait écouter et privilégie l'équilibre plutôt que l'intervention autoritaire. **Sa manière de gagner** crée la confiance, des qualités qui se sont également manifestées au cours du conclave : Les observateurs considèrent que le fait que les cardinaux se soient mis d'accord sur le choix de Prévost comme nouveau pape avec une rapidité inhabituelle est un signe du grand soutien et de la confiance dont il jouit parmi les dirigeants de l'Église.

M. Prévost a fait ses preuves non seulement dans la communauté spirituelle, mais aussi en tant qu'**administrateur et gestionnaire**. *"C'est un homme religieux... et en fin de compte, c'est un gestionnaire"*, a commenté le vaticaniste Tilmann Kleinjung après l'élection, car le pape François avait amené Prévost à Rome en 2023 et lui *avait confié l'un des bureaux les plus importants du Vatican : le département des évêques - le département du personnel de* l'Église universelle. En tant que préfet du dicastère pour les évêques, le cardinal Prevost était responsable de la sélection des nouveaux évêques dans le monde entier - une tâche d'une énorme responsabilité qui exige des compétences diplomatiques, une connaissance de la nature humaine et un esprit de décision. Ses collègues témoignent de sa grande sensibilité dans ce domaine : *"En tant que chef de l'autorité épiscopale au Vatican, le cardinal Prevost jouit d'une grande confiance au sein de l'Église catholique"*, a déclaré un évêque autrichien. Le cardinal Prévost est considéré comme quelqu'un qui peut **réformer les structures de manière réfléchie** tout en recherchant les rencontres personnelles. En tant que préfet, il a par exemple mené une petite révolution en accordant pour la première fois aux femmes le droit de vote dans la sélection des évêques - une initiative du pape François que le cardinal Prevost a mise en œuvre.

Le style de leadership dynamique de M. Prevost s'est également manifesté au niveau diocésain. À Chiclayo, où il est devenu évêque en 2015, **il a apporté une bouffée d'air frais à une église locale rigide.**

"*Chiclayo était un diocèse de l'Opus Dei, très conservateur et clérical*", explique Jürgen Huber. Mais sous la direction de Prévost, **l'église locale s'est ouverte** : "*Aujourd'hui, il y a beaucoup de laïcs actifs et engagés...*" *Ce sont toutes ces choses que l'évêque Prévost a semées sur place*. Il a notamment mis de nouveaux accents dans la formation des prêtres. Beaucoup de jeunes prêtres formés à son époque étaient **ouverts et synodaux** - ce que M. Huber attribue explicitement à l'influence de Mgr Prévost : "*Cela est dû à la manière dont Mgr Prévost a conçu son séminaire et l'a organisé* ". Au lieu de promouvoir l'élitisme clérical, les Augustins de Prévost mettaient l'accent sur l'**éducation et l'humilité**, poursuit Huber. Mgr Prevost a mis en pratique avec succès cette conception coopérative du leadership basée sur l'Évangile et le monde d'aujourd'hui au Pérou - et il semble que cela se soit poursuivi sans heurts pendant son pontificat. De nombreux observateurs considèrent son élection comme un **signal d'équilibre et d'unité** dans l'Église : "*Son élection est perçue comme un compromis - et en même temps comme un signal d'unité*", écrit un magazine à propos de Léon XIV, "*Prévost combine les origines américaines, l'influence latino-américaine et l'expérience romaine*". Il n'entre dans aucune case et sait construire des ponts. Ou, comme l'a souligné *Stern*, "il n'est pas un libéral" : "*Il n'est pas un libéral. Mais il n'est pas non plus une tête de béton... Le pape Léon XIV n'entre dans aucune case*". C'est précisément cette **capacité à trouver un équilibre** - à n'agir ni de manière rigoureusement dure ni de manière ultra-libérale - qui définit son style de leadership et donne à beaucoup l'espoir qu'il sera capable de guider l'Église à travers les périodes de turbulences.

Compétences en matière de communication et impact externe

Dès les premiers jours de son pontificat, Léon XIV a montré qu'il était un **maître de la communication**, non pas avec des mots pompeux, mais avec des gestes et des dialogues simples. Le nouveau pape **parle** couramment **plusieurs langues** : Outre l'anglais et l'espagnol, ses deux "langues maternelles", il parle également l'italien et probablement un peu le français. Ses manières sont à la fois urbaines et proches des gens. Lors de la première bénédiction à la basilique Saint-Pierre, il a salué la foule en plusieurs langues et s'est concentré sur un élément simple mais central du message : "*Dieu nous aime, Dieu aime tout le monde*", a-t-il lancé aux personnes présentes sur la place. Il a ainsi fait écho à l'héritage de son prédécesseur François, qui a toujours placé la **miséricorde de Dieu** au centre de ses préoccupations. Léon XIV a également rendu hommage à François sur le plan du contenu, mais il l'a fait à **sa manière, avec beaucoup de cœur.**

Peu après son élection, il a fait preuve d'**humour et d'humanité dans ses relations avec les médias.** Lors de sa toute première audience devant les quelque 3 000 journalistes présents au Vatican, il a suscité des rires et des applaudissements lorsqu'il a fait une remarque plaisante en anglais : "On dit que ce n'est pas grave si les gens applaudissent au début : *"On dit que ce n'est pas grave si les gens applaudissent au début. Si vous êtes encore éveillés à la fin de mon discours et que vous voulez applaudir, merci beaucoup".* Avec ces mots spontanés, il a conquis le cœur des représentants des médias. Mais Léon XIV n'avait pas seulement une blague dans ses bagages, il avait aussi un **message important sur la responsabilité des médias.** *"Nous devons dire non à la guerre des mots et des images. Nous devons rejeter le paradigme de la guerre"*, a-t-il averti, appelant à ce que la communication soit toujours orientée **vers la recherche de la vérité, du dialogue et de la paix.** Les médias et le public ne doivent pas se laisser guider par un langage agressif et par le pur sensationnalisme, a déclaré le pape. "*La paix commence avec chacun d'entre nous , dans la façon dont nous regardons, écoutons et parlons de nos semblables*", a déclaré Léon XIV avec insistance. Ces paroles ont eu un écho considérable et soulignent sa réputation de **bâtisseur de ponts et d'artisan de la paix**, désireux de donner un ton conciliant à une époque marquée par la polarisation.

L'image publique du nouveau pape se caractérise jusqu'à présent par une grande ouverture d'esprit. Même les médias laïques s'étonnent de l'équilibre et de l'impartialité de Léon XIV. *"Né aux États-Unis, il est chez lui en Amérique latine. Il n'entre dans aucune case*", a déclaré *Stern*, soulignant que Prévost n'était pas un dogmatique intransigeant, mais pas non plus un progressiste déclaré. Ce juste milieu, difficile à classer, semble être sa force : il envoie des signaux à **toutes les parties de l'Église.** Par exemple, il a été souligné qu'en tant que Nord-Américain, il fait également *"partie d'une communauté religieuse mondiale"* - ses racines et ses expériences s'étendent bien au-delà des États-Unis. De nombreux catholiques d'Amérique latine se sentent véritablement représentés par lui dans la fonction papale pour la première fois ; après tout, Léon XIV a même la citoyenneté péruvienne. **Au Pérou**, son élection a suscité une immense **joie** : à Chiclayo, son ancien diocèse, des milliers de personnes ont fêté leur "fils adoptif" dans les rues et ont loué son *"grand cœur"* pour le peuple. L'élection a également été accueillie avec intérêt aux États-Unis, où beaucoup espèrent qu'un pape originaire de Chicago sera en mesure de jeter des ponts entre les ailes conflictuelles de l'Église américaine.

Au sein de la Curie vaticane et parmi les évêques du monde entier, Léon XIV est déjà considéré comme un **grand communicateur et un homme accessible**. De nombreux ecclésiastiques affirment que M. Prévost est *"très compétent, qu'il écoute bien et qu'il comprend rapidement les situations"*. Cet éloge vient de quelqu'un qui devrait le savoir : Jürgen Huber a fait la connaissance de la Prévôté en tant que représentant du pape dans une situation ecclésiastique complexe et a été impressionné par le calme et la compréhension avec lesquels le pape actuel aborde les problèmes les plus complexes. **La capacité d'écoute de** Léon XIV - une vertu souvent invoquée du pape François - se poursuit. À Rome, comme au Pérou, il a acquis la réputation d'être accessible : ce n'est pas un hiérarque distant, mais un **défenseur de la dignité humaine** qui préfère engager la conversation, même en posant des questions. Cette ouverture est ressentie aussi bien par les croyants ordinaires que par les journalistes et les dignitaires. Un évêque autrichien a fait l'éloge de Léon XIV comme *bâtisseur de ponts, pacificateur et défenseur de la dignité humaine et de la justice*, convaincu qu'il poursuivrait la voie du dialogue et de la réconciliation ( ) tracée par François. Ces voix montrent que le nouveau pape a déjà gagné la **confiance et la sympathie** de nombreux camps différents au cours des premiers jours.

Faire face aux défis et aux crises

Malgré sa popularité, des tâches énormes attendent Léon XIV, *"des tâches presque surhumaines"*, selon les commentateurs. L'Église catholique est confrontée à des défis qui requièrent de la part du nouveau pape une **volonté** totale **de diriger et une capacité de résistance aux crises. Au sein de l'Église, les tensions menacent** de déchirer l'unité : *entre le Sud et le Nord, entre les réformateurs et les conservateurs, entre les femmes et les hommes.* Combler ces fossés est peut-être la plus grande épreuve pour Léon XIV, qui doit désormais être *"un pape pour tous"*. Cependant, ses stations précédentes l'ont pratiquement préparé à cette tâche. Au Pérou, il a fait l'expérience de ce que signifie **surmonter les différences culturelles** - en tant que Nord-Américain, il a gagné la confiance des gens sans renier son identité. Il connaît les préoccupations des jeunes Églises d'Amérique latine et d'Afrique ainsi que les problèmes des vieilles Églises d'Europe et d'Amérique du Nord. Cette perspective globale pourrait l'aider à modérer les conflits. Son élection elle-même est perçue par beaucoup comme un compromis entre différentes directions, ce qui laisse espérer que Léon XIV aura un **effet de réconciliation et de conciliation, mais pas de consolation.** Une première indication à ce sujet : après le conclave, le nouveau pape a expressément prié pour son prédécesseur François et son héritage missionnaire**, mais il a également apporté une note nouvelle,** par exemple en choisissant son nom papal Léo en référence délibérée à Léon XIII. Léon XIII est le pape qui a écrit la première encyclique sociale en 1891 et qui a sensibilisé l'Église aux droits des travailleurs. Le choix du nom de Léon XIV peut donc être compris comme **un programme :** Comme ses prédécesseurs, ce pape veut défendre la **justice sociale** - un message clair dans un monde plein d'inégalités - et pas seulement en termes financiers.

L'un des défis les plus pressants est de **traiter de** manière cohérente **le scandale des abus** dans l'Église - un *"chapitre le plus sombre"* qui n'a été que partiellement surmonté sous François. François a édicté des règles et des lois plus strictes contre la violence sexualisée ; il appartient maintenant à Léon XIV de veiller à ce qu'elles soient **appliquées de manière générale et sans compromis.** Comment le nouveau pape lui-même aborde-t-il cette question sensible ? Son bilan n'est pas exempt de critiques : trois religieuses lui ont notamment reproché de ne pas avoir suffisamment donné suite à un signalement d'abus contre un prêtre à Chiclayo en 2022. Cependant, des voix bien connues sur le terrain soutiennent le nouveau pape : Edinson Farfán, successeur de Mgr Prevost en tant qu'évêque de Chiclayo, a fermement rejeté les accusations. *"C'est un mensonge. Il a écouté, il a respecté les* *procédures*", a précisé M. Farfán. Au contraire, Mgr Prevost a *"réagi le plus rapidement de toute l'Eglise péruvienne à ces affaires"* et a rendu la justice possible. Un escargot n'en pique pas un autre ? - Ce point de vue est également soutenu par une source indépendante : Le père Hans Zollner, l'un des experts les plus connus en matière d'abus sexuels dans l'Église, considère les accusations portées à l'encontre de M. Prevost *comme "diffamatoires"* et souligne que M. Prevost a agi correctement dans les deux cas en question. L'origine de ces accusations est apparemment un conflit avec la secte Sodalitium Christi, un groupe péruvien à l'origine d'un scandale et que le pape François a dissous. M. Prévost avait joué un rôle clé dans l'assainissement de ce puissant réseau, entaché par de graves cas d'abus. Le fait qu'il soit aujourd'hui accusé de dissimulation est perçu par des experts tels que Huber comme une **réponse de la part de cercles déresponsabilisés**. Léon XIV ne sera donc probablement pas une figure naïve dans ce domaine en particulier, mais quelqu'un qui connaît les **luttes de pouvoir pour la transparence et la responsabilité de** par sa propre expérience. On s'attend à ce qu'il poursuive avec insistance la voie tracée par François : *"il ne suffit pas de renforcer les règles, il faut enfin les appliquer de manière cohérente"*. Les associations de victimes et les réformateurs espèrent que Léon XIV **ne** fera **preuve d'aucune indulgence à l'égard des auteurs ou des dissimulateurs**, mais qu'il appliquera systématiquement la *ligne de tolérance zéro*.

Un autre chantier majeur est la **réforme de la curie et la restructuration financière** du Vatican. C'est là que le *talent de gestionnaire de M.* Prévost entre en jeu. Le Vatican est aux prises avec des déficits financiers considérables - le dernier déficit annuel s'élevait à environ 80 millions d'euros. Il est attendu de Léon XIV qu'il poursuive les réformes administratives engagées, qu'il garantisse la **transparence et le professionnalisme** et qu'il stabilise les finances. En tant qu'ancien général d'un ordre religieux, il a l'expérience de la budgétisation et, en tant qu'évêque d'un diocèse missionnaire, il sait comment faire beaucoup avec peu de ressources. Il a également une bonne vue d'ensemble des **ressources humaines globales** de l'Église grâce au temps qu'il a passé au Dicastère des évêques - il connaît de nombreux diocèses et leurs défis du point de vue du personnel. Cette connaissance pourrait être utile pour placer les bonnes personnes aux bons endroits, que ce soit à la Curie ou dans les diocèses importants.

Enfin, Léon XIV a également dû faire face à des **tensions pastorales** qui nécessitaient une certaine sensibilité. L'égalité - et non le rôle - des femmes dans l'Église en est un exemple. François a nommé certaines femmes à des postes de direction au Vatican, mais elles n'ont toujours pas accès au ministère ordonné - *"Pour combien de temps encore ?"* demande le commentateur Kleinjung. **Les attentes de changement** - par exemple en ce qui concerne le diaconat des femmes ou l'inclusion de femmes laïques dans des rôles de direction - sont élevées, en particulier en Europe et en Amérique du Nord. Dans le même temps, toute extension des droits des laïcs ou toute réforme liturgique se heurte à une résistance farouche, en particulier de la part des cercles traditionalistes. Léon XIV devra agir avec prudence : **Poursuivre les réformes sans mettre en péril l'unité de l'Église**. Son CV suggère qu'il est **prêt pour un style synodal** - en d'autres termes, il veut travailler avec les évêques et les fidèles pour trouver des solutions. Au Pérou, il a mis l'accent sur la participation des laïcs et des jeunes. Le processus synodal mondial de l'Église (le "Synode mondial") est désormais entre ses mains. Beaucoup espèrent que Léon XIV défendra avec conviction la cause d'une *"Église synodale"*. *"J'espère qu'il fera progresser l'Église synodale dans le monde entier"*, déclare avec espoir le père Szeles. Il est normal que Mgr Prévost ait toujours recherché l'échange, même en tant qu'évêque - avec les protestants, par exemple : Lorsque l'anniversaire de la Réforme et Martin Luther, le moine augustin, ont été abordés lors de retraites en 2017, Prévost *"a souri largement, avec ce sourire accueillant que nous connaissons maintenant aussi grâce aux médias"*. Ce sourire symbolise peut-être sa **volonté de dialogue** : il ne recule pas devant les sujets difficiles, mais les aborde de plus en plus ouvertement - sans préjugés.

Léon XIV observe également le monde extérieur à l'Église avec beaucoup d'espoir. Il avait déjà laissé sa marque, en particulier sur les questions de **paix et de justice sociale**. Le fait qu'il ait commencé son pontificat par une longue salutation de paix - *"Que le Seigneur vous donne la paix"* furent ses premiers mots à la ville et au monde - est perçu par beaucoup comme un signe fort. *"Le monde a désespérément besoin d'un ardent défenseur de la paix"*, a commenté une chaîne de télévision, et Léon XIV semble déterminé à être ce défenseur. À une époque où la guerre fait rage en Europe et où les conflits couvent dans de nombreux endroits, **la voix du pape en faveur de la réconciliation** est nécessaire et urgente. Léon XIV a également indiqué qu'il souhaitait parler (et écrire) clairement sur la scène internationale. Même en tant que cardinal, il n'a pas hésité à prendre une position claire sur la question de la migration, par exemple. "*Trump sera surpris de ce que le pape a à lui dire*", prédit Jürgen Huber avec un clin d'œil, en référence à l'engagement de Prévost en faveur des migrants au Pérou. De fait, Léon XIV combine de manière unique le parcours d'un Américain et le cœur d'un Latino-Américain. Il connaît les **deux mondes** : la société d'abondance et la réalité des pauvres. Cela lui donne de la crédibilité lorsqu'il veut construire des ponts entre le Nord et le Sud.

En résumé, le pape Léon XIV se caractérise comme un **homme d'équilibre et d'action engagée.** Son parcours personnel - d'un jeune missionnaire dans les Andes péruviennes à un dirigeant d'évêques à Rome - lui a permis d'acquérir des compétences qui sont aujourd'hui recherchées : L'empathie et la détermination, l'humilité et le leadership, la capacité à dialoguer et l'adhésion aux principes avec une capacité de réforme réussie. Ses compagnons louent son humanité et sa proximité, les médias son ouverture d'esprit et sa volonté de compromis. Une chose est sûre : les années à venir montreront comment Léon XIV utilisera ces qualités pour maîtriser les différentes crises et tâches. **Les catholiques du monde entier prient et attendent avec espoir Léon XIV,** qui se prépare à conduire l'Église dans le présent en tant que *bâtisseur de ponts* et *berger bienveillant*.

🕊 *Chapitre 5 :*
Objectifs et priorités pastoraux

Lorsque le pape **Léon XIV** est apparu sur la loggia de la basilique Saint-Pierre le soir de son élection, il a salué le monde d'un mot simple et profond : *"La paix soit avec vous tous"*. Il a ainsi esquissé une vision pastorale de *réconciliation, d'inclusion, de justice et d'ouverture*. Son image missionnaire, son option pour les pauvres et la pastorale inclusive, c'est-à-dire aussi la pastorale queer, son dialogue avec la société et les cultures ainsi que son engagement en faveur de l'éducation et de la justice sociale s'entremêlent et façonnent la mission de ce pape.

Image de soi et vision missionnaire

Léon XIV est un pape au **cœur missionnaire**, façonné par des décennies de pastorat et de mission au Pérou, où il a *"espéré, pleuré et appris avec le peuple"*. Ces expériences ont fait mûrir en lui la vision d'une *"Église qui va de l'avant"* et qui est avec le peuple. Ce n'est pas un hasard s'il a choisi la devise *In illo Uno unum - "Dans l'Un, nous sommes un"*, une citation de saint Augustin. L'unité dans le Christ et le chemin commun caractérisent l'image qu'il se fait de lui-même en tant que berger. Dans son premier discours aux cardinaux, Léon XIV a réaffirmé son *"dévouement total"* à la voie tracée par le **concile Vatican II** et a loué la vision de François d'une Église renouvelée conformément au programme de la joie de l'Évangile (*Evangelii Gaudium*, 2013).

L'idéal d'une **Église synodale et missionnaire** était au cœur des préoccupations de Léon XIV. *"Nous voulons être une Église synodale pour vous tous, frères et sœurs (...), une Église en mouvement"*, proclame-t-il. Il insiste ainsi sur le fait que l'Église doit se mettre en route avec les fidèles et les écouter. Léon XIV se situe dans la lignée de l'*"Église en marche"*, telle que décrite par le Pape François : proclamer hardiment la Bonne Nouvelle, ouvrir les portes, sortir. Dans son premier message, il a d'ailleurs énuméré les leitmotivs qu'il avait à l'esprit : Le Christ comme *"lumière dont le monde a besoin"*, une Église **ouverte et**

prête à dialoguer avec les gens, la **fidélité à l'Évangile**, une *"avancée synodale"* commune, une Église unie qui œuvre pour la **paix et la justice**, la proximité avec ceux qui souffrent - et, encore et toujours, l'admonestation *de ne pas avoir peur*. Ce *"n'ayez pas peur"* fait écho à Jean-Paul II, mais Léon XIV l'imprègne de l'esprit de François : la confiance dans l'aide de Dieu pour *construire des ponts* afin que *"nous soyons tous un seul peuple, toujours en paix"*. La **vision pastorale de** Léon XIV est ainsi clairement esquissée : une Église missionnaire qui tend la main au monde dans l'unité et la miséricorde, enracinée dans l'Évangile et ouverte aux signes des temps.

Son nom indique son programme : comme Léon XIII, il veut promouvoir le dialogue de l'Église avec le monde moderne et traduire la foi en actes concrets de justice. L'intelligence artificielle, la **mondialisation**, les nouvelles ruptures sociales sont autant de défis que l'Église doit relever par son enseignement et son engagement en faveur de la dignité humaine. *"L'Église offre à tous le trésor de sa doctrine sociale en réponse à une nouvelle révolution industrielle et aux développements dans le domaine de l'intelligence artificielle, car ceux-ci posent de nouveaux défis pour la défense de la dignité humaine, de la justice et du travail"*, a déclaré Léon XIV dans son programme. Cela résonne déjà avec son option de poursuivre le cours *"que le pape François a commencé avec son option pour les pauvres"*. Son image missionnaire est donc inextricablement liée à son engagement pour la justice sociale - un point qui sera examiné plus en détail dans la section suivante.

Option pour les pauvres et pastorale inclusive

L'"option pour les pauvres", qui consiste à donner la priorité aux opprimés, aux marginaux et aux plus faibles, est une caractéristique du travail pastoral de Léon XIV. Même en tant qu'évêque au Pérou, il a donné l'exemple d'une église *"pour les pauvres"*. Les observateurs notent que Léon XIV a ainsi poursuivi l'*Église* propagée par François *en tant qu'"hôpital de campagne"* - une église de guérison aux côtés des blessés. Andreas Frick de Misereor a qualifié Léon XIV de *"pape de la paix"* qui, avec son programme *"La paix dans la justice et la liberté, pour tous, en particulier pour les pauvres"*, s'inscrit dans la lignée de François et de Léon XIII. En fait, Léon XIV *avait à l'esprit "tous les hommes de* *toutes les nations, qui forment un seul peuple*" - personne ne doit être négligé.

Cette attitude inclusive est évidente en paroles et en actes. Léon XIV a accordé une attention particulière aux **pauvres, aux marginaux et aux autres groupes de croyants**, qu'il s'agisse de sans-abri, de groupes individuels ou de **personnes handicapées**. En même temps, il a souligné que *tous les* membres de la société sont des enfants de Dieu qui sont proches du cœur de l'Église. Dans un premier discours, le pape a clairement indiqué que *"personne n'est dispensé d'œuvrer pour le respect de la dignité de chaque être humain, en particulier des plus fragiles"*. Il a énuméré les nombreux groupes souvent oubliés qui ont besoin d'être protégés et accompagnés : *des enfants à naître aux personnes âgées, des malades aux chômeurs, des citoyens aux migrants*. La **protection globale de la vie** et l'éthique sociale de l'Église trouvent ici un écho évident, qu'il s'agisse de défendre la dignité de l'enfant à naître ou de s'occuper des chômeurs ou des réfugiés laissés à eux-mêmes.

Le style pastoral de Léon XIV se caractérise par son **ouverture aux marginaux**. Cela incluait également des groupes qui avaient longtemps été en marge de l'Église, tels que les personnes **LGBTQIA+** . Le pape François a toujours souligné que les personnes homosexuelles étaient les bienvenues dans l'Église. Léon XIV a suivi la même ligne : il a **combiné une approche pastorale accueillante avec l'enseignement précédent**. Dès le début de son pontificat, il a réaffirmé la position traditionnelle de l'Église selon laquelle la famille est fondée sur *"l'union stable de l'homme et de la femme"*. Dans le même temps, il a également souligné que *personne ne* devrait être exclu de l'Église uniquement en raison de son mode de vie. Cette déclaration est remarquable si l'on considère que Robert Prevost (le vrai nom de Léon XIV) s'était montré encore plus critique en 2012 et qu'il avait probablement mieux accepté les partenariats entre personnes de même sexe entre-temps. Aujourd'hui, une dizaine d'années plus tard, influencé par l'attitude de François, il parle même d'**une culture d'accueil** et de ne pas condamner les gens, mais de les inclure sur le plan pastoral. Cette pastorale d'inclusion s'étend également à d'autres groupes autrefois marginalisés : Divorcés remariés, mères célibataires, personnes ayant eu des relations sexuelles avant le mariage ou prenant la pilule - Léon XIV veut *que tous* sentent que l'Église veut leur offrir une maison. Ce faisant, il a gardé un cap classique en termes de doctrine (comme le rejet de l'avortement et de l'euthanasie), mais le **ton** était celui de la miséricorde et du respect. "*Dieu se soucie de vous, Dieu vous aime tous*", a-t-il lancé au peuple, faisant écho à François - une phrase clé qui résume son programme pastoral : L'amour de Dieu est pour tout le monde, en particulier pour les personnes vulnérables et perdues, et l'Église doit le refléter dans ses actions et ses décrets.

Dialogue avec la société et dialogue interculturel

Léon XIV a clairement joué le rôle de **médiateur entre l'Église et le monde**. Son pontificat s'est déroulé à une époque de tensions mondiales - guerres, polarisation, conflits culturels - et le pape a considéré qu'il était de son devoir de construire des ponts et de promouvoir le dialogue. Quelques jours seulement après son élection, il a rencontré le corps diplomatique accrédité auprès du Saint-Siège et a appelé à revitaliser la coopération internationale et à intensifier le **dialogue entre les religions** afin de rechercher ensemble la paix. Ces paroles soulignent la conviction de Léon XIV : L'Église ne doit pas se refermer sur elle-même, mais doit activement se rapprocher de la **politique, de la société civile et des autres communautés de foi**. Il a annoncé que son premier voyage à l'étranger l'amènerait **en Turquie**, où il souhaite commémorer avec d'autres chrétiens le 1700e anniversaire du concile de Nicée. Cette démarche est hautement symbolique : un pape américain célébrant l'histoire chrétienne commune avec des frères et sœurs orthodoxes d'Asie mineure, signe de l'engagement de Léon XIV en faveur de l'**œcuménisme** et de la construction de ponts interculturels.

D'une manière générale, Léon XIV est prédestiné au **dialogue interculturel** en raison du parcours de sa vie. Il est le premier pape originaire des **États-Unis** et, en même temps, il connaît très bien l'hémisphère sud grâce à sa longue carrière en **Amérique latine**. Sa connaissance des langues est une évidence polyglotte, ce qui lui permet de s'adresser directement à des personnes d'origines les plus diverses. La *Neue Zürcher Zeitung* le décrit comme un "*homme du milieu pragmatique et médiateur entre les mondes du catholicisme américain*", voire comme un cosmopolite. En fait, la biographie de Léon

XIV combine les expériences culturelles les plus diverses : l'influence intellectuelle en Amérique du Nord, l'influence pastorale dans les villages andins du Pérou, l'expérience administrative à Rome. Ce mélange fait de lui un pape qui pense et agit en *termes d'Église universelle*. Pour lui, **l'Église universelle** signifie valoriser la diversité des cultures dans l'Église et en même temps préserver l'unité dans la foi. Il poursuit ainsi ce que le concile Vatican II avait commencé : l'ouverture de l'Église à une *culture du dialogue*. Léon XIV a souligné à plusieurs reprises l'importance des rencontres - rencontres avec les décideurs politiques, avec les autres religions, avec les organisations non gouvernementales et les mouvements populaires. Très tôt, il a rencontré des représentants des communautés juives et musulmanes pour des visites de courtoisie et a réaffirmé sa volonté d'échanges amicaux (dans la continuité du dialogue interreligieux de François, comme le *Document d'Abou Dhabi* de 2019).

Léon XIV est également intervenu dans la société avec une voix morale claire. **Les acteurs sociaux** tels que les politiciens, les associations et les ONG l'écoutaient attentivement lorsqu'il prenait position. Au cours des premières semaines de son pontificat, par exemple, Léon XIV a **condamné** la guerre d'agression russe contre l'Ukraine en la qualifiant d'*"'impérialiste"* et a lancé un appel urgent en faveur des efforts de paix en Ukraine et au Moyen-Orient. Ces paroles claires ont attiré l'attention du monde entier. Dans le même temps, il a prôné une culture de la non-violence : *Non seulement les armes, mais aussi les mots peuvent blesser et tuer*, a-t-il averti - la paix signifie plus que l'absence de guerre, c'est une tâche qui incombe à tout le monde. Son appel à *"construire des ponts et non des murs"* a une résonance à la fois politique et interpersonnelle. Léon XIV a cherché à joindre ses forces à celles de toutes les personnes de bonne volonté, qu'il s'agisse de chefs d'État ou de simples croyants, afin d'œuvrer à l'avènement d'un monde plus juste. Pour ce faire, il n'hésite pas à **dénoncer les griefs** : Les années précédentes, par exemple, il a critiqué à plusieurs reprises la politique du président américain **Donald Trump** sur son compte Twitter personnel (désormais **X**), manifestant au contraire de la **sympathie pour les réfugiés** et de la compassion dans l'affaire George Floyd - ce qui suggère qu'il n'est pas indifférent aux problèmes mondiaux liés aux réfugiés, ainsi qu'aux questions de racisme et de violence policière. De telles déclarations de la part d'un évêque curial et maintenant d'un pape sont un signal : L'Église sous Léon XIV veut être une **voix prophétique** dans la sphère publique politique, en intervenant, mais toujours dans le but de donner une voix aux faibles, d'intégrer et de promouvoir la paix et le bien commun.

Le fait que les **organisations d'aide de l'Église et les organisations sociales** le considèrent comme un allié a été évident immédiatement après son élection. L'alliance internationale des organisations catholiques de développement CIDSE a accueilli Léon XIV et a souligné que son nom de programme (en succession à Léon XIII) est à la fois un encouragement et un mandat pour continuer le travail pour la *justice, la paix, l'inclusion et la préservation de notre maison commune* avec une vigueur renouvelée. Josianne Gauthier, secrétaire générale de la CIDSE, a salué les premiers mots du pape, qui ont suscité l'espoir d'*un monde juste et partagé et d'une paix pour tous les peuples*, et a souligné la nécessité d'une *"église synodale qui accueille tout le monde et inclut les voix des plus éloignés"*. Misereor en Allemagne s'est également réjoui : Léon XIV a suivi la voie tracée par François, il avait *"à l'esprit les peuples de toutes les nations"* et son message de paix s'adressait *"à tous, en particulier aux pauvres"*. Ces voix d'observateurs et de compagnons montrent clairement que Léon XIV est perçu comme un *défenseur des pauvres* et un *admoniteur du dialogue* - quelqu'un qui construit des ponts entre l'Église et le monde, le Nord et le Sud, les riches et les pauvres, les croyants et les adeptes d'autres religions.

Programmes éducatifs et promotion de la justice sociale

L'**éducation** - entendue au sens large comme l'enseignement, la formation et la sensibilisation - et son lien avec la justice sociale constituent un autre axe du travail pastoral de Léon XIV. Le pape était convaincu que l'éducation était la *clé d'*un monde plus juste et que l'Église avait un rôle important à jouer à cet égard. Même lorsqu'il était jeune religieux, Robert Prevost (Léon XIV) a travaillé comme **professeur de séminaire** au Pérou et a ensuite dirigé un séminaire pour la formation du clergé - il connaît donc le travail éducatif à la base. Il encourage aujourd'hui les écoles catholiques, les universités et les paroisses à mettre en place des programmes éducatifs qui **associent foi et société**. Il parle d'*"'évangélisation par l'éducation et d'éducation par l'évangélisation"* - en d'autres termes, le transfert de connaissances et de valeurs doit aller de pair. De cette manière, les jeunes devraient être habilités à suivre leur **propre** voie de **manière indépendante et responsable**, en s'enracinant dans des principes éthiques.

Dans un discours adressé aux **frères et sœurs des écoles chrétiennes** - un ordre d'enseignement traditionnel - Léon XIV a clairement exposé les défis auxquels sont confrontés les jeunes d'aujourd'hui : *"Pensez à l'isolement provoqué par les modèles de relations superficielles, à l'individualisme et à l'instabilité émotionnelle ; aux modèles de pensée affaiblis par le relativisme ; au rythme de vie qui laisse peu de place à l'écoute et à la réflexion"*. Cette analyse sans complaisance *de la "culture de l'arbitraire"*, le pape l'associe toutefois à une confiance : ce sont précisément ces défis qui doivent devenir des *"tremplins"* pour innover en matière de pédagogie. Il a appelé les éducateurs chrétiens à être créatifs et à parler le langage des jeunes pour toucher réellement leur cœur. Léon XIV conçoit l'**éducation** comme un *service et une mission* : *"L'enseignement doit être compris comme un service et une mission pour aider les jeunes à donner le meilleur d'eux-mêmes selon le plan de Dieu"*, a-t-il lancé. Concrètement, cela signifie qu'il faut mettre l'accent sur l'**enseignement des valeurs et le développement du caractère**, parallèlement à l'éducation académique. Le pape a évoqué saint Jean-Baptiste de La Salle, qui a fondé des écoles gratuites pour les pauvres au XVIIIe siècle - un modèle pour aujourd'hui. Comme La Salle, Léon XIV a imaginé une *éducation inclusive, ouverte à tous*, en particulier aux enfants et aux jeunes défavorisés.

Pour Léon XIV, la **promotion de la justice sociale** est étroitement liée à l'éducation. Dans la tradition de l'enseignement social catholique, les programmes éducatifs doivent permettre aux gens de travailler pour le bien commun et de pratiquer la **solidarité**. Le pape encourage, par exemple, à mieux faire connaître l'enseignement social catholique, souvent décrit comme le "secret le mieux gardé de l'Église". Des thèmes tels que la **dignité humaine, les droits du travail, la paix, la diversité et l'inclusion, l'option pour les pauvres et l'intégrité de la création** devraient être enseignés dans le cadre de la catéchèse, des écoles et des activités de jeunesse, afin que la foi ne reste pas abstraite, mais qu'elle ait des conséquences sociales concrètes. Léon XIV considère les jeunes comme un partenaire important dans cette entreprise : *"Les jeunes d'aujourd'hui sont un volcan de vie, d'énergie, de sentiments et d'idées"*, a-t-il déclaré avec enthousiasme. Ce potentiel doit être nourri et en même temps accompagné afin qu'il se développe harmonieusement et pour le bien. C'est pourquoi il encourage les programmes de **la pastorale des jeunes** qui ne se contentent pas d'offrir aux jeunes un enseignement catéchétique, mais qui les impliquent aussi activement dans des projets sociaux - de la protection de l'environnement à l'alimentation des pauvres. **Les initiatives de formation professionnelle** dans les régions défavorisées ou les bourses d'études pour les étudiants pauvres lui tiennent également à cœur, car elles permettent de sortir de la pauvreté.

Léon XIV a accordé une attention particulière à l'**éducation environnementale et à la sensibilisation à l'écologie**. Fidèle au principe directeur de l'encyclique *Laudato si'* de François, il considérait la protection de la création comme une partie intégrante de la justice sociale. *"Il s'est exprimé à plusieurs reprises - alors qu'il était encore cardinal - en faveur d'une action décisive contre le changement climatique provoqué par l'homme"*, note la presse. À peine devenu pape, Léon XIV a averti que l'Église devait redoubler d'efforts pour lutter contre la *"destruction de la terre"*. Il met en garde contre la **domination tyrannique de la** création confiée par Dieu, comme si l'homme était au-dessus de tout. Il préconise au contraire une relation de *responsabilité et de "réciprocité"* avec la nature. Il souhaite que cette attitude soit ancrée dans l'éducation : Les enfants et les adultes doivent apprendre à respecter l'environnement comme une maison commune. Il a expressément reconnu et soutenu les initiatives de son prédécesseur, telles que le **plan d'action Laudato-si** et les projets écologiques du Vatican et de l'Église. Les experts s'attendent à ce que Léon XIV suive les traces de François - qui pourraient être assez larges à certains égards - et agisse en tant que *"gardien de la création"*. En tant que cardinal, il a déjà montré qu'il ne s'agissait pas d'une simple théorie : en novembre 2024, il a par exemple appelé à passer *"des paroles aux actes"* lors d'une conférence sur le climat à Rome et a fait l'éloge de mesures pratiques telles que les panneaux solaires au Vatican. De tels exemples devraient créer un précédent dans toute l'Église mondiale.

Léon XIV associe donc l'éducation à la **responsabilisation** : les personnes - en particulier les jeunes, les pauvres et les groupes marginalisés - devraient être dotées de connaissances, de valeurs et de compétences concrètes leur permettant de prendre leur destin en main et de contribuer à l'édification d'une société plus juste. Cette approche reflète la conviction profonde du pape que la véritable évangélisation est toujours synonyme de *libération* - libération de l'ignorance, de l'exploitation et de l'injustice. Lorsque l'Église éduque, guérit et réconcilie, elle remplit fidèlement sa mission. Léon XIV lui-même montre l'exemple : il est un enseignant et un berger humble qui écoute et montre l'exemple pour faire de la vision d'une Église inclusive, juste et philanthropique une réalité.

Dans le **zèle missionnaire** de ce pape, dans son **option pour les pauvres**, dans son **dialogue** avec le monde et dans son **engagement en faveur de l'éducation**, un fil conducteur se dessine : Léon XIV s'est toujours efforcé de rendre le message de l'Évangile concret - dans l'amour et le service aux autres. Ce faisant, il s'est appuyé sur l'héritage de son prédécesseur et l'a poursuivi à sa manière. Le défi de son mandat sera de mettre en œuvre ces grands idéaux par des actes concrets dans les structures de l'Église et dans la vie quotidienne des fidèles. Mais la direction a été fixée : une Église pastorale qui sort d'elle-même, *"accueille tout le monde"* et défend de manière crédible la foi, l'amour et l'espérance dans le monde du 21e siècle - il reste maintenant à la mettre en œuvre par écrit dans le droit canonique et le dogme, ainsi que dans la socialisation du clergé.

 *Chapitre 6 :*

Traiter les questions clés de la réforme : l'ordination des femmes et la justice de genre

La question **de l'ordination des femmes** - c'est-à-dire l'admission des femmes aux ministères ordonnés de l'Église catholique et en particulier à la fonction de pape - est l'un des sujets de réforme les plus controversés de notre époque. La question de la **justice entre les sexes** dans l'Église, c'est-à-dire la pleine reconnaissance de la dignité et de l'égalité des droits des femmes dans tous les domaines de la vie ecclésiale, est indissociable de cette question. Après l'élection du pape **Léon XIV**, de nombreuses personnes s'interrogent : Comment le nouveau pape va-t-il traiter ces questions centrales ? Quelle attitude a-t-il manifestée jusqu'à présent, quelles possibilités ouvre-t-il pour l'égalité juridique et pas seulement pour la participation des femmes - et que faudrait-il changer en termes de théologie et de droit canonique pour que des prêtres ou un jour une femme pape soient envisageables dans un avenir proche ?

La position antérieure de Léon XIV sur l'ordination des femmes

Le pape Léon XIV, de son vrai nom Robert François Prévost, est considéré à bien des égards comme une **figure centrale** de l'Église, orientée vers le consensus, mais pas comme un réformateur radical et révolutionnaire. Peu après son élection en mai 2025, il a fait savoir qu'il adopterait une approche prudente sur les questions sensibles. En particulier sur la question de l'**ordination des femmes à la prêtrise**, Léon XIV a jusqu'à présent adopté un **ton** plus réservé et **réfléchi** plutôt que d'offrir une perspective claire d'ouverture. C'est une chose qui n'est peut-être pas possible avant l'élection, mais qui relève du pouvoir de décision en fonction et qui devra peut-être faire l'objet d'une évaluation plus complète.

Au cours de ses premiers jours en tant que pape, il n'y a pas encore eu de lettre doctrinale officielle ou de discours officiel sur l'ordination des femmes - ce qui est compréhensible, si peu de temps après le conclave. Toutefois, des conclusions peuvent être tirées des déclarations antérieures du nouveau pape. **En tant que cardinal Prévost**, par exemple, il a commenté ce sujet lors du synode mondial d'octobre 2023. Lors d'une conférence de presse tenue pendant l'assemblée synodale, on lui a demandé quelle était sa position sur les femmes occupant des postes de direction dans l'Église et sur l'ordination en particulier. Sa réponse a été sans équivoque : "*La cléricalisation des femmes ne résoudra pas les problèmes actuels de l'Église*", a-t-il expliqué à l'époque. Cette phrase - traduite approximativement en allemand : "*Ordonner des femmes prêtres ne résoudra pas les problèmes actuels de l'Église*" - résume son point de vue sceptique. Le Père Prévost voulait dire que de simples **changements structurels** tels que l'ouverture de la prêtrise aux femmes n'élimineraient pas automatiquement tous les défis auxquels l'Église est confrontée. Au contraire, il a averti qu'une telle mesure pourrait "*peut-être créer un nouveau problème*". Il s'est ainsi positionné de manière critique par rapport à la demande de simplement rendre les femmes égales dans tous les ministères sans remettre en question la compréhension sous-jacente du pouvoir et du service dans l'Église. Il ne parlait pas contre les femmes, mais de l'absence persistante de solutions. La question de savoir si les femmes en tant que papes pourraient être une solution - cela ne dépendrait pas seulement d'un projet pilote, mais concernerait en tout cas la justice entre les sexes dans l'Église catholique. Car il n'y a pas non plus de solution à ce problème, il ne s'agit pas seulement d'un nouveau rôle ou d'un rôle revalorisé. Qui voudrait aujourd'hui se passer d'une égalité totale ? C'est ce point qu'il faut faire comprendre au clergé masculin.

Léon XIV a justifié sa position d'un point de **vue théologique**, notamment en se référant à la **tradition apostolique**. Il a souligné que l'Église catholique n'avait ordonné des hommes comme prêtres depuis 2000 ans que parce que Jésus-Christ lui-même avait appelé douze hommes comme apôtres - une conclusion que l'Église a toujours considérée comme normative. Prévost a déclaré textuellement lors de la réunion d'information du synode du 25 octobre 2023 : "*Nous sommes tous conscients de la longue et importante tradition de l'Église, et la tradition apostolique est quelque chose qui a été très clairement articulé, en particulier si vous voulez parler de la question de l'ordination des femmes à la prêtrise*". Il faisait implicitement référence à l'enseignement officiel de l'Église, établi par le pape Jean-Paul II dans les années 1990. En 1994, Jean-Paul II a déclaré dans la lettre *Ordinatio Sacerdotalis* **que l'Église n'avait pas le pouvoir d'**ordonner des femmes à la prêtrise et que cette décision devait être définitivement acceptée par tous les fidèles. Peu après ( ), la Congrégation vaticane pour la doctrine de la foi a confirmé qu'il s'agissait d'un "enseignement définitif" - en d'autres termes, pratiquement irrévocable. À l'époque, le cardinal Prévost était clairement en accord avec cet enseignement. Son propre choix des mots "tradition apostolique" indique qu'il poursuit la **ligne de ses prédécesseurs** : Selon cette tradition, les femmes ne peuvent être ordonnées prêtres en raison de l'autorité de la tradition, qui remonte au Christ et aux apôtres. Néanmoins, il y a eu des femmes dans le clergé au cours de l'histoire et les femmes ont eu un tel rôle, par exemple en tant que diacres, qui a été supprimé des livres d'histoire par le patriarcat. Afin de gagner du temps, le pape François a également commandé des études explicatives sur le sujet.

Il est toutefois intéressant de noter que Léon XIV a également fait allusion à une perspective plus large : il a suggéré que la compréhension du **leadership, du pouvoir, de l'autorité et du service** dans l'Église dans son ensemble devait peut-être être repensée - en incluant les dons et les perspectives des femmes et des hommes. En d'autres termes, au lieu d'insérer simplement les femmes dans un système existant, éventuellement **clérical,** il préconise de modifier la structure même de l'Église pour la rendre moins axée sur le pouvoir et plus ouverte aux divers charismes. Cette déclaration montre Léon XIV comme quelqu'un qui, tout en adhérant à la tradition sacramentelle, voyait néanmoins la **nécessité d'une réforme** dans la compréhension des rôles ecclésiastiques. Selon lui, les femmes devraient de plus en plus occuper des postes à responsabilité - pas nécessairement par le biais de l'ordination ou de la fonction de pape féminin, mais par le biais d'une interaction modifiée entre le clergé et les laïcs. Après tout, concède M. Prevost, "les femmes peuvent apporter une grande contribution à la vie de l'Église" : *"Les femmes peuvent apporter une grande contribution à la vie de l'Église à de nombreux niveaux différents"*. Cette confession "les femmes restent des laïques" souligne que Léon XIV a explicitement reconnu la valeur des femmes dans l'Église - même s'il voyait une limite à la **prêtrise** (du moins pour le moment).

Alors qu'il était encore évêque au Pérou, Mgr Prevost a constaté que les femmes prenaient souvent la direction des paroisses dans les communautés éloignées lorsque les prêtres étaient absents. Malgré cela, il ne s'est pas laissé convaincre d'appeler à l'ordination des femmes à la prêtrise. Les déclarations qu'il a faites jusqu'à présent sur le **rôle et l'égalité des femmes dans l'Église** sont généralement plutôt **prudentes et réservées**. Cela ne signifie pas pour autant qu'il était indifférent aux préoccupations des femmes. Au contraire, Léon XIV préférait probablement une approche graduelle, éventuellement approuvée par le synode. Un haut représentant de l'Église suisse ( ) a commenté l'élection de la Prevost en ces termes : *"Les attentes doivent être élevées, mais pas naïves. Le pape Léon XIV n'est pas un révolutionnaire. Il ne serait pas le premier à proclamer l'ordination des femmes. Mais c'est un homme de processus, pas de slogans rapides"*. Cette citation résume bien la situation : sous Léon XIV, il ne faut pas s'attendre à un coup d'éclat à court terme en ce qui concerne le sacerdoce des femmes. Toutefois, le nouveau pape pourrait créer un espace dans le cadre d'un processus plus long pour continuer à parler des questions difficiles - un **courrier sans interdiction de penser**, mais aussi sans actions irréfléchies. Sa capacité d'écoute est considérée comme une grande force.

En résumé, tout indique que Léon XIV **adhère personnellement au Oui - Non - Peut-être de l'Église concernant l'ordination des femmes à la prêtrise, avec un Non sans surprise ou en s'asseyant**, justifiant cela théologiquement par la tradition et l'Écriture et ne voulant pas le briser de sa propre autorité. En même temps, il fait preuve de respect pour les femmes dans l'Église et préfère l'**évolution à la révolution** : des changements oui, mais en harmonie avec l'unité de l'Église, le patriarcat et l'enseignement antérieur.

Perspectives pour les femmes dans l'Église sous Léon XIV.

Même si le pape Léon XIV n'a pas encore donné le signal d'une ouverture rapide du ministère ordonné aux femmes, de **nouvelles perspectives de participation des femmes** à la vie de l'Église ont vu le jour sous son pontificat - même si les perspectives d'une égalité entre tous les sexes font défaut. **Le pape François** a déjà posé un jalon décisif dans ce domaine, que Léon XIV poursuivra et élargira éventuellement. **L'intégration des femmes dans les postes de direction de** la Curie et de l'Église universelle en est un exemple. En tant que cardinal curial, Robert Prevost a lui-même participé à l'une des réformes les plus "révolutionnaires" initiées par François : il a **fait inclure des femmes dans la commission pour la nomination des évêques.** Jusqu'à récemment, seuls les cardinaux et les évêques masculins étaient autorisés à participer à la commission qui propose de nouveaux évêques pour tous les diocèses du monde - en d'autres termes, il s'agissait d'un domaine purement masculin. En 2022, cependant, François a nommé pour la première fois **trois femmes** au sein de cette commission influente, dont la religieuse et présidente de l'association des femmes Maria Lia Zervino. Le cardinal Prevost a pris la direction de ce dicastère (l'autorité du Vatican pour les évêques) au début de 2023 et a donc travaillé directement avec ces femmes. Selon Mme Zervino, M. Prevost les a traitées avec beaucoup d'**estime, d'ouverture et d'égalité.** Elle a rapporté que M. Prévost écoutait les femmes, prenait leurs opinions au sérieux et leur permettait de participer aux décisions comme s'il s'agissait d'une évidence, comme si c'était la chose la plus normale au monde. Cette expérience nourrit l'espoir que le pape Léon XIV continuera à l'avenir à promouvoir la **présence des** femmes **dans les instances dirigeantes de l'Église.** Mme Zervino en a été convaincue dès son élection : *"Je suis sûre qu'il n'a pas besoin d'apprendre à travailler avec les femmes et à les impliquer dans les décisions - il le fait déjà de toute façon".* De telles déclarations de la part d'initiées suggèrent que Léon XIV François maintiendra le cap d'un leadership ecclésiastique plus inclusif. Il continuera probablement à **nommer des femmes à des postes de responsabilité** chaque fois que cela sera possible sans ministère ordonné. François a déjà ouvert un certain nombre de postes clés aux femmes, par exemple en tant que sous-secrétaires, conseillères dans des conseils importants ou chefs de département au sein des autorités vaticanes. Léon XIV pourrait perpétuer, voire renforcer cette voie.

Un exemple concret : en 2021, le pape François a nommé la religieuse française **Nathalie Becquart** sous-secrétaire du Synode des évêques - la première femme dans l'histoire de l'Église à avoir le droit de vote lors d'un Synode des évêques. Sœur Becquart a travaillé en étroite collaboration avec le cardinal Prevost lors de l'Assemblée synodale de 2023 et le décrit comme un collègue coopératif. Elle et d'autres femmes de haut rang au Vatican attendaient de Léon XIV qu'il permette aux femmes non seulement de *"s'exprimer"*, mais aussi de *"codécider"*. La **participation synodale** est ici un concept clé : Léon XIV a une attitude positive à l'égard du mouvement synodal mondial (le "processus synodal" de 2021-2024). Le Synode de 2023, auquel la Prévôté a participé, a été caractérisé par le fait que les femmes - religieuses et laïques - y ont également participé pour la première fois en tant que membres votants à part entière. La Prevost a expressément salué cette ouverture et l'a qualifiée de *"work in progress"*, c'est-à-dire d'un processus qui se poursuivra. On peut supposer que le pape Léon XIV continuera à façonner les futurs synodes **en tenant compte de la voix et du droit de vote des femmes.** La participation des femmes aux consultations et aux processus décisionnels importants deviendra ainsi la **norme**.

Outre le niveau de la curie et du synode, le niveau local entre également en ligne de compte. Léon XIV est originaire des États-Unis et a longtemps travaillé comme évêque en Amérique latine ( ). Dans les deux contextes, les laïcs, et les femmes en particulier, assument déjà de nombreuses responsabilités dans la direction des paroisses. Pensez aux **agents pastoraux**, aux coordinateurs paroissiaux ou aux responsables de la catéchèse qui travaillent dans les paroisses. Dans les régions rurales du Pérou, par exemple, où Mgr Prévost était évêque, des femmes ont servi de *"catéchistes"*, supervisant des paroisses sur de longues distances, animant des célébrations de la Parole de Dieu et agissant en tant que personnes de contact centrales pour les fidèles. Ces **ministères non ordonnés** sont depuis longtemps devenus indispensables dans l'Église catholique. Le pape François l'a reconnu et a créé en 2021 la fonction de **catéchiste** en tant que nomination officielle, ouverte aux femmes comme aux hommes. En outre, François a déjà ouvert aux femmes les ministères inférieurs du **lectorat et de l'acolytat** (lecteur ou aide à l'autel), autrefois ordonnés. Cela signifie que les femmes peuvent désormais officiellement réciter des textes bibliques dans la liturgie, servir d'aides à la communion ou prendre en charge le service de l'église, qui était auparavant symboliquement réservé aux hommes. Léon XIV va certainement confirmer et poursuivre ces mesures. Il est même possible qu'il renforce d'autres **ministères laïcs pour les femmes**, tels que le *"leadership paroissial sous forme d'équipe"* dans les paroisses sans prêtres, qui est en cours d'expérimentation dans certains pays. De tels modèles donnent aux femmes une autorité de facto sans affecter le sacerdoce ordonné. Une chenille sans cocon, en quelque sorte.

L'**ordination de femmes diacres** est également un sujet très discuté. Le diaconat permanent est la fonction ordonnée la plus basse, après celle de prêtre, avec des tâches telles que le baptême, la célébration des mariages, la prédication et le travail dans le domaine social. Actuellement, dans l'Église catholique romaine, les **hommes mariés** peuvent devenir diacres, mais pas les **femmes.** Il est toutefois intéressant de noter qu'il y avait des *diacres dans l*'Église primitive : Dans le Nouveau Testament, par exemple, **Phoebé** est mentionnée comme *"diaconesse de l'Église de Cenchrée"* (Rm 16,1), et des sources historiques montrent que des femmes ont exercé la fonction de diacre jusqu'au début du Moyen-Âge. C'est précisément la raison pour laquelle le pape François a créé deux commissions (2016 et 2020) chargées d'étudier le rôle des femmes diacres dans l'histoire et d'examiner si cette fonction pourrait être réintroduite aujourd'hui. Les résultats de ces études n'ont pas été concluants et François lui-même - malgré son ouverture - n'a pas pris la décision d'admettre les femmes au diaconat avant sa démission. Le cardinal Prévost s'est montré plus prudent en 2023 : il a déclaré que la question des diacres était "toujours ouverte", mais a de nouveau mis en garde contre le fait que **la cléricalisation des femmes ne résoudrait pas automatiquement les problèmes**. Cependant, "ouverte" signifie également que la possibilité n'a pas été définitivement rejetée. Si l'actuel Synode mondial arrivait à la conclusion que l'**ordination de femmes au diaconat** est une option viable, Léon XIV devrait s'en occuper. Les observateurs s'attendent à ce qu'il **écoute et examine au** moins ce que le "peuple de Dieu" veut et attend sur ce point. En tant qu'"homme de processus", il pourrait également s'appuyer sur un large consensus : par exemple, un processus de consultation mondial ou un concile avant qu'une décision ne soit prise. À court terme, cependant, il est plus probable que Léon XIV se concentre sur la **revalorisation des rôles non consacrés** plutôt que sur l'introduction immédiate de l'ordination sacramentelle.

Sous Léon XIV, les femmes peuvent donc de plus en plus **assumer des rôles de direction** - dans les conseils, dans les postes administratifs, en tant que conseillères, théologiennes, juristes ecclésiastiques ou dans la prédication et la charité. Tout cela contribue à l'*égalité des sexes*, dans la mesure où la voix des femmes devient plus audible et où leur influence s'accroît. Néanmoins, le point sensible demeure : tant que la **prêtrise et toutes les ordinations supérieures seront réservées aux hommes - le patriarcat -,** de nombreuses catholiques engagées dans leur propre Église continueront à se sentir comme des *"femmes de seconde zone"*. Elles sont des personnes de seconde zone. Et cela ne fonctionne pas. Ce n'est pas compliqué - par exemple, en termes de droits de l'homme dans le monde. Ce sentiment a été exprimé de plus en plus fort ces dernières années - par des associations de femmes catholiques, des théologiens, mais aussi par de nombreux croyants à la base, en particulier en Europe occidentale et en Amérique du Nord. Elles réclament une véritable **égalité** qui, selon elles, reste incomplète sans l'accès à tous les ministères. Le pape Léon XIV est donc sur une **corde raide** : d'une part, il veut assurer une justice égale et non supérieure à la moitié féminine de l'Église, d'autre part, il est attaché à la tradition et ne veut pas mettre en péril l'unité avec l'Église universelle (au sein de laquelle les points de vue sont très divergents). Jusqu'à présent, son approche laisse entrevoir **des changements prudents** - pas de percée rapide, mais néanmoins des signes d'**ouverture dans les limites du possible.**

Histoire de l'Église et droit canonique : que faut-il changer ?

Au vu de la situation doctrinale actuelle, la **question théologique centrale** se pose en fin de compte : Qu'est-ce qui devrait changer - dans l'interprétation des fondements bibliques, dans le droit canonique et dans le catéchisme - pour que l'ordination des femmes soit concevable ? En d'autres termes : Quels sont les obstacles actuels et comment pourraient-ils être surmontés si l'Eglise devait un jour se prononcer différemment ?

Tout d'abord, la **situation juridique actuelle** : **Le droit canonique** catholique **(CIC)** stipule sans équivoque dans le canon 1024 *: "Seul un homme baptisé peut recevoir validement l'ordination"*. Cette seule phrase rend tous les ministères ordonnés (diacre, prêtre, évêque) inaccessibles aux femmes - l'ordination d'une femme serait juridiquement *nulle et non avenue* si quelqu'un devait l'accomplir de toute façon. Cette norme n'est pas une nouvelle invention, mais reflète une pratique séculaire. Toutefois, elle a été expressément réaffirmée en 1983 dans le nouveau Code de droit canonique et incorporée dans le **Catéchisme de l'Église catholique**. Le Catéchisme (n° 1577) explique : *"Le Seigneur a choisi des hommes (viri) pour former le collège des douze apôtres... L'Église adhère donc à cette décision du Christ. Pour cette raison, il n'est pas possible pour l'Église d'ordonner des femmes à la prêtrise"*. Il apparaît ici clairement que **le Christ lui-même** et sa prétendue intention sont invoqués. La question échappe ainsi au contrôle humain - elle est considérée comme une *question de foi*, et non comme une simple discipline changeante. Jean-Paul II l'a formulé de manière encore plus nette, comme mentionné ci-dessus, en voulant mettre fin à tout débat : *l'Église n'a aucune autorité* pour changer cela. Cette déclaration a été comprise par beaucoup comme quasi **infaillible**, même si elle n'a pas été formellement proclamée ex cathedra (directement infaillible). La Congrégation pour la doctrine de la foi a déclaré qu'il s'agissait d'une doctrine définitive, ce qui suggère qu'elle se situe tout en haut de l'échelle. Tant que cette classification s'applique, l'**ordination des femmes** serait **exclue du droit canonique et dogmatique** - toute action à son encontre serait invalide et éventuellement sujette à des sanctions ecclésiastiques pour les personnes impliquées.

Pour que les femmes puissent être ordonnées prêtres ou diacres, **il faudrait** d'abord **modifier ce passage du droit canonique.** Le canon 1024 et les sections correspondantes du catéchisme ( ) devraient être supprimés ou reformulés. Cela ne peut être fait que par le pape lui-même, éventuellement dans le cadre d'une décision plus large (comme un concile). Mais une simple modification de la loi ne suffirait pas, car derrière la loi se cache un **jugement théologique** qui, jusqu'à présent, a été considéré comme contraignant. Ce jugement est le suivant : *l'ordination des hommes est un ordre divin.* Si l'Église voulait un jour voir les choses différemment, elle devrait **argumenter théologiquement de manière très approfondie** pourquoi le point de vue précédent n'est plus valable. Elle aurait donc besoin d'une **nouvelle interprétation des témoignages bibliques** et de la tradition.

Qu'est-ce que cela signifie concrètement ? Tout d'abord, les passages bibliques et les faits historiques connus seront réévalués. Jusqu'à présent, on s'est appuyé sur le fait que Jésus n'a désigné que des apôtres masculins. Les partisans d'une ouverture répliquent : Dans la culture de l'époque, Jésus avait aussi des raisons de ne pas inclure de femmes parmi les douze, par exemple pour assurer leur sécurité et leur crédibilité dans une société patriarcale. Néanmoins, les femmes ont joué un rôle décisif parmi les disciples de Jésus (Marie-Madeleine, par exemple, est vénérée comme "l'apôtre des apôtres" parce qu'elle a été le premier témoin de la résurrection).

De plus, il y a eu un apôtre dont le sexe est discuté dans les débats théologiques et historiques comme pouvant être une femme : il s'agit de **Junia.**

Dans Romains 16:7, Paul écrit : *"Saluez Andronicus et Junia(s), mes parents et compagnons de captivité, qui sont respectés parmi les apôtres...".*

Le texte grec original donne le nom de Ἰουνίαν ("Iounian"). Pendant des siècles, la forme féminine "Junia" a été considérée comme univoque, jusqu'à ce que, à partir du Moyen Âge, l'interprétation se répande dans la théologie qu'il doit s'agir d'un nom masculin ("Junias"), bien que ce nom ne soit guère documenté dans l'Antiquité.

De nombreux théologiens, historiens et linguistes estiment aujourd'hui que Paul fait en réalité référence à une femme nommée Junia. Cette interprétation signifierait que Junie était une femme apôtre, ce qui a des implications majeures pour le débat sur le rôle des femmes dans l'Église primitive.

Aujourd'hui, de nombreux érudits bibliques, y compris les autorités officielles de l'Église, sont d'avis que Junie était bien une femme reconnue parmi les apôtres. Le sujet est souvent discuté, en particulier dans le contexte des débats actuels sur l'ordination des femmes et l'égalité dans l'Église.

Cette clé rend invalide toute la structure doctrinale de l'Église catholique sur le patriarcat.

Dans l'Église primitive, il y avait aussi des prophétesses, des diaconesses et des responsables d'églises de maison. **Paul** mentionne plusieurs femmes dirigeantes, comme Phoebe (diaconesse) ou Junia, qui est même décrite comme un apôtre exceptionnel dans Romains 16:7, selon la traduction. Ces constatations seraient certainement soulignées plus fortement dans une nouvelle décision : On pourrait faire valoir **que la Bible affirme l'égalité de valeur des hommes et des femmes devant Dieu** (Gal 3,28 : *"Il n'y a plus d'homme et de femme, car vous êtes tous un dans le Christ Jésus"*) et que le sacerdoce commun de tous les croyants est la base à partir de laquelle le sacerdoce ministériel spécial pourrait également être ouvert aux femmes.

Cependant, il ne suffit pas de réinterpréter quelques passages bibliques. La conception du **sacerdoce sacramentel** dans la théologie catholique fait également l'objet d'un examen minutieux. Jusqu'à présent, on disait que les prêtres *agissaient in persona Christi capitis*, à la place du Christ en tant que chef de la congrégation - et comme le Christ était un homme, le prêtre était censé représenter cette masculinité "emblématique". Cet argument tiré de la déclaration doctrinale *Inter Insigniores* (1976) affirme que le **sexe masculin du Christ** n'est pas une coïncidence, mais qu'il est symboliquement significatif pour le salut : Le Christ en tant qu'époux - l'Église en tant qu'épouse. Si des femmes devaient être ordonnées, selon le point de vue traditionnel, ce schéma symbolique serait perturbé. Cette **théologie symbolique** devrait donc également être développée afin d'apporter un changement. Un certain nombre de théologiens le font déjà : ils soulignent que le Christ a racheté toute l'humanité et que son humanité (et non sa virilité) doit être théologiquement au premier plan. La relation entre Dieu et l'homme n'est pas liée à la relation homme-femme, et des termes tels que "époux" et "épouse" ne devraient pas être limités à la biologie. Si l'Église prenait en compte ces arguments, elle pourrait arriver à la conclusion suivante : "Une femme peut représenter le Christ au même titre que les sacrificateurs : Une femme peut représenter le Christ de manière sacramentelle au même titre qu'un homme, car tous deux sont créés à l'image de Dieu. Ce changement de perspective dans la **dogmatique** serait d'une nature fondamentale : mais peut-être nécessaire de toute urgence avec ces aperçus - cela équivaudrait presque à un nouveau *développement de la doctrine*.

En termes de droit ecclésiastique, la voie vers la prêtrise ne serait probablement ouverte qu'aux **diacres.** Beaucoup considèrent **le diaconat permanent des femmes comme** la première étape. Une fois cette étape franchie (par exemple, par une décision du pape ou un décret du concile), l'ordination des femmes aurait déjà été introduite, ce qui rendrait au moins plus concevable une évolution ultérieure vers la prêtrise. Ce n'est donc pas un hasard si la discussion porte d'abord sur les diacres. Si Léon XIV ou un de ses successeurs devait faire un pas audacieux et permettre aux femmes d'être ordonnées diacres, cela impliquerait une modification du droit canonique : Adaptation du canon 1024 (peut-être initialement avec une exception pour le diaconat) et modification du catéchisme en conséquence. Ces changements devraient être accompagnés d'une **justification solennelle** des raisons pour lesquelles cela est maintenant possible - par exemple, en disant que la recherche historique a montré que le diaconat n'est pas une fonction exclusivement sacerdotale et que les femmes ont traditionnellement servi en tant que ministres diaconaux. Un tel argument atténuerait la rupture avec la ligne précédente, puisqu'il ferait référence aux *modèles de l'Église primitive*.

Et comment passer du diaconat féminin à la **prêtrise** - et plus loin encore à la **"femme dans la fonction papale"** ? Nous nous trouvons actuellement dans le domaine de la vision à façonner, car **il n'y a actuellement aucune promotion active dans la hiérarchie pour les femmes prêtres**. Mais à long terme, si l'Église devait arriver à la conclusion que Dieu appelle aussi les femmes à être prêtres, la *doctrine de l'Ordinatio Sacerdotalis* devrait être à nouveau ébranlée. Peut-être qu'un futur pape (ou un concile) déclarerait que, bien que cet enseignement ait été tenu avec une profonde conviction, il n'a pas été défini comme infaillible et qu'il peut et doit être reconsidéré à la lumière du "signe des temps et de l'égalité en tant que droit de l'homme". Il s'agirait d'un pas comparable peut-être à des revirements antérieurs (on pense, par exemple, à la levée de l'interdiction de la prise d'intérêt ou au changement d'attitude à l'égard de la liberté religieuse - des choses qui ont également été "toujours" rejetées dans le passé et qui ont ensuite pu être révisées parce qu'un contexte plus profond a été reconnu). Pour l'ordination des femmes, cependant, il faudrait probablement un processus conciliaire et l'approbation de l'Église mondiale, étant donné qu'il s'agit d'une question fondamentale et controversée - à moins qu'un pape ne se sente responsable de sa fonction de leadership en la décrétant à l'avance.

Ce n'est que lorsque les femmes seront ordonnées prêtres et pourront exercer la fonction d'évêque qu'il sera pratiquement possible **d'élire une femme à la fonction de pasteur**. Cette fonction, alors neutre sur le plan du genre, est généralement élue parmi les cardinaux, et les cardinaux sont (actuellement) presque exclusivement des évêques masculins. Selon la loi actuelle, tout catholique baptisé de sexe masculin pourrait théoriquement être élu pape, mais dans la pratique, le Collège des cardinaux élit l'un de ses membres. **Actuellement, les femmes ne sont pas encore représentées au sein du Collège des cardinaux** - ce qui n'est pas un dogme strict, mais une règle de droit canonique : depuis 1917, il est stipulé que les cardinaux doivent au moins être des hommes prêtres, et en 1962, Jean XXIII a rendu l'ordination épiscopale obligatoire pour (presque) tous les cardinaux. Pour qu'une femme devienne cardinal, il faudrait soit abroger cette règle, soit qu'elle soit d'abord ordonnée évêque - ce qui nous ramène au point de départ. La question s'est toujours posée de savoir si un pape pouvait symboliquement nommer une femme cardinal diacre (en théorie, cette nomination est laissée à la discrétion du pape, les dignités cardinalices étant conférées par le chef de l'Église). Jusqu'à présent, cependant, aucun chef d'Église n'a osé le faire, sans doute pour ne pas susciter de faux espoirs. En résumé : sans femmes prêtres et évêques, **il ne peut y avoir de femmes papes.** Toutefois, si le ministère ordonné devait être ouvert aux femmes dans un avenir proche, il serait en principe concevable qu'une femme puisse un jour s'asseoir sur la Chaire de Pierre. D'ici là, il s'agit d'un chemin d'exigence qui nécessite non seulement des changements juridiques, mais surtout un **changement de mentalité,** tant au sein de la hiérarchie que parmi les fidèles.

En conclusion, il convient de noter : La **situation canonique** actuelle n'est pas encore favorable à l'ordination des femmes, étayée par la théologie officielle et l'interprétation biblique traditionnelle. Pour que cela change, de **vastes réformes** seraient nécessaires : de nouvelles perspectives théologiques adoptées par les dirigeants de l'Église, des modifications du Code de droit canonique et du Catéchisme, et une large acceptation de la justice entre les sexes et de la neutralité des sexes dans les postes de travail de l'Église mondiale. Il est réaliste de penser que le pape Léon XIV lui-même ne sera pas en mesure de provoquer de tels changements du jour au lendemain. **La justice entre les sexes** dans l'Église peut également se développer par **étapes intermédiaires** - par exemple par une plus grande participation, reconnaissance et appréciation des femmes à tous les niveaux non consacrés. C'est précisément ce à quoi Léon XIV semble aspirer : Il veut *donner plus de pouvoir aux* femmes sans ouvrir immédiatement la prêtrise pendant son mandat. Cette approche pourrait ne pas aller assez loin pour certains, tandis que d'autres pourraient déjà la trouver trop risquée. Léon XIV a donc dû trouver un équilibre entre progrès et préservation. S'il parvient à maintenir la **dynamique synodale** et à discuter ouvertement des "patates chaudes" sans perdre l'unité, son pontificat pourrait au moins préparer l'Église à d'éventuelles décisions qui ne mûriront que dans les générations suivantes, après son mandat. D'ici là, les femmes peuvent assumer de plus en plus de responsabilités dans l'Église catholique sous Léon XIV et apporter leurs talents, en travaillant sur un **pied d'égalité** dans de nombreux domaines - mais le pas vers l'ordination sacerdotale reste (pour l'instant) seulement une vision d'avenir appelée, qui nécessite une maturation sociale dans le clergé et un large accord au Vatican.

Conclusion : Le pape Léon XIV représente un **équilibre** entre tradition et réforme en ce qui concerne l'ordination des femmes. Il a adhéré à la doctrine selon laquelle la prêtrise était réservée aux hommes, mais il a en même temps montré qu'il appréciait les contributions des femmes et a soutenu leur plus grande participation aux processus de direction de l'Église. Dans son approche de cette question centrale de la réforme, Léon XIV se montre un leader pragmatique et inclusif : pas un révolutionnaire avec des décrets rapides, mais un pape qui écoute, ouvre des portes et veut conduire l'Église pas à pas vers une plus grande égalité - **dans l'esprit de la synodalité** et sans couper à la légère les racines de la tradition.

Les femmes engagées de **Maria 2.0** ainsi que les personnes qui non seulement soutiennent l'**égalité des sexes** et les **droits de l'homme**, mais les ont profondément ancrés dans leur image de soi et leurs actions, ne veulent pas attendre une autre génération ou des décennies pour que les hommes s'en rendent compte.

La question de l'ordination des femmes reste donc passionnante et controversée. Mais sous Léon XIV, il y a une chance qu'au moins la *lutte sérieuse* sur cette question se poursuive - avec objectivité, profondeur théologique et la patience nécessaire - ou la pression nécessaire dont une église mondiale a besoin pour un véritable renouveau.

🕊️ *Chapitre 7 :*

Traiter les questions clés de la réforme - le célibat obligatoire et la formation des prêtres

Lorsque le pape Léon XIV a entamé son pontificat, deux questions récurrentes de la réforme de l'Église ont occupé le devant de la scène : le célibat obligatoire pour les prêtres masculins et la formation de la prochaine génération de prêtres. Ces deux sujets sont chargés d'émotion et importants d'un point de vue théologique. Comment Léon XIV, un pape à l'approche pratique et à l'expertise canonique, a-t-il traité ces questions de réforme ? Un examen approfondi de ses perspectives, de la discussion actuelle et des changements possibles nous éclairera à ce sujet.

Le célibat - tradition, défi et perspective de Léon XIV

Depuis des siècles, le rite latin de l'Église catholique exige des prêtres qu'ils restent célibataires. Ce mode de vie, "l'abstinence totale en vue du royaume des cieux", est profondément enraciné dans la tradition et le droit canonique. Au cours de l'histoire de l'Église, il est progressivement devenu obligatoire : à partir du 12e siècle au plus tard, et confirmé comme contraignant par le Concile de Trente au 16e siècle, les prêtres catholiques et les prêtres séculiers masculins d'Occident ont été tenus de rester célibataires. Les partisans de cette obligation y voient un **charisme** spirituel, un signe de disciulat radical du Christ qui permet aux prêtres de se consacrer entièrement à leur ministère. Le cardinal Robert Sarah, par exemple, souligne que *le* célibat montre clairement que *les prêtres n'appartiennent qu'au Christ* ; remettre en question cet idéal ne ferait qu'**exacerber** la crise du sacerdoce. Le pape émérite Benoît XVI a également écrit qu'un découplage entre le sacerdoce et le célibat entraînerait la disparition de son charisme particulier et réduirait les prêtres à de simples **fonctionnaires**.

Malgré ces défenses, le célibat obligatoire fait l'objet de critiques répétées - et Léon XIV est conscient de cette tension. **Léon XIV**, qui a travaillé comme évêque en Amérique latine ( ) pendant de nombreuses années avant son élection, connaissait bien la réalité pastorale de la pénurie de prêtres et des vastes paroisses sans messe régulière. Même dans ses déclarations antérieures en tant qu'évêque et plus tard en tant que cardinal, il a clairement indiqué qu'il **appréciait le** célibat comme un **bien précieux de** l'Église, mais qu'il ne le considérait pas comme immuable. Il est lui-même titulaire d'un doctorat en droit canonique et sait que le commandement du célibat **n'est pas un dogme**, mais une loi ecclésiastique. Il n'est donc pas surprenant qu'il envisage ouvertement de nouvelles approches sans prendre de décisions hâtives. Son prédécesseur François avait déjà fait remarquer que le célibat était "un don pour l'Église", mais qu'il n'était "pas gravé dans le marbre", et que les questions purement disciplinaires pouvaient être fondamentalement modifiées au moment opportun. Malgré tous les débats, François lui-même a adhéré à la règle actuelle jusqu'à la fin de sa vie. Les regards sont désormais tournés vers Léon XIV : maintiendra-t-il ce cap ou le réformera-t-il avec prudence ?

Le comportement de Léon XIV à ce jour indique une approche équilibrée. Il a reconnu à plusieurs reprises les réalisations des prêtres célibataires, tout en exprimant sa compréhension pour les discussions sur les exceptions. Au cours de ses années d'archevêché, il a pu constater par lui-même la souffrance des paroisses sans prêtres. C'est pourquoi il a suivi avec intérêt le synode amazonien de 2019. À l'époque, les évêques de cette région isolée s'étaient prudemment prononcés en faveur de l'ordination sacerdotale de personnes mariées ayant fait leurs preuves - appelées *viri probati,* puis *homines probati -* afin d'assurer l'approvisionnement en Eucharistie. Léon XIV était ouvert à de telles considérations *dans des cas exceptionnels concernant des hommes.* Sa devise était la suivante : le célibat doit demeurer, mais lorsqu'il sert la proclamation de l'Évangile, l'Église doit être autorisée à trouver des **solutions pastorales.** Il a adopté cette attitude lorsqu'il est devenu pape.

Option ou abolition ? - Le débat sur le célibat volontaire

Pratiquement aucun autre sujet de réforme n'est discuté de manière aussi controversée que la demande de **célibat volontaire** pour les prêtres - bien que le célibat volontaire équivaille à **l'abolition du célibat**. Cela signifie que les prêtres devraient pouvoir décider eux-mêmes s'ils veulent vivre dans le célibat ou non - au lieu d'une obligation générale de rester célibataire. Les partisans d'un tel assouplissement ( ) font valoir que cela rendrait la profession sacerdotale plus attrayante et rendrait justice aux prêtres qui ne se sentent pas appelés à vivre dans le célibat toute leur vie. Les détracteurs, en revanche, avertissent qu'une solution "volontaire" équivaudrait à une abolition de facto, car la plupart des membres du clergé se marieraient alors et l'idéal du célibat serait rapidement marginalisé.

Quelles sont les voix qui s'élèvent dans ce débat ? Au sein de l'Église, des théologiens et des évêques expriment des positions différentes depuis des années. Au début de l'année 2022, le cardinal munichois Reinhard **Marx** a fait sensation en demandant ouvertement l'abolition du célibat obligatoire. Non seulement pour des "raisons sexuelles", selon M. Marx, mais aussi parce que certains prêtres se sentiraient seuls sans la possibilité de se marier et que "ce serait mieux pour leur vie" s'ils pouvaient se marier. De nombreux croyants et théologiens - surtout en Europe et en Amérique - plaident également en **faveur de l'optionnalisation** : ils soulignent qu'il y a déjà des prêtres mariés dans l'Église catholique, par exemple des pasteurs convertis ou dans les Églises orientales unies à Rome. Dans les églises ukrainienne, maronite ou grecque catholique, des hommes mariés peuvent être ordonnés prêtres sans que la prêtrise y soit moins respectée. Ce modèle - prêtres célibataires *et* mariés côte à côte - pourrait être adopté par l'Église latine, selon l'argument. Les partisans de ce modèle considèrent donc qu'une ouverture se fait attendre, d'autant plus que le célibat n'est pas une exigence sacramentelle d'un point de vue *théologique*, mais qu'il repose sur une décision disciplinaire de l'Église.

Cependant, il existe également des **préoccupations et des contre-modèles**. L'objection selon laquelle le célibat volontaire dilue la nature sacrificielle du sacerdoce émane en particulier des cercles traditionnels et conservateurs. En 2020, le cardinal de la Curie Robert Sarah a lancé un avertissement urgent : toute **"relativisation"** du célibat - par exemple par le biais de larges exceptions - serait "un pas dans la mauvaise direction". Selon lui, un assouplissement tendrait à aggraver la crise existante, car il donnerait l'impression que le sacerdoce est une simple **profession** plutôt qu'une vocation. Sarah craint même qu'une exception initialement limitée ne devienne "la règle". Dans le même ordre d'idées, Benoît XVI a fait valoir qu'un assouplissement de l'obligation de célibat pourrait réduire le sacerdoce à une institution purement humaine aux yeux du monde. **Quelqu'un choisirait-il encore cette voie si le célibat était volontaire ?** Les avis divergent sur ce point. Certains pensent que oui - les charismes authentiques se développeraient également et continuerait d'être cultivé sans coercition (de la même manière que les religieux vivent volontairement le célibat). D'autres pensent que dans une société plus libérale, la plupart des candidats à la prêtrise préféreraient se marier, ce qui raréfierait le témoignage des personnes consacrées "pour le royaume des cieux".

Léon XIV doit équilibrer ces tensions. **Quels sont ses propres signaux ?** D'une part, il respecte la ligne précédente : dans ses premières déclarations en tant que pape, il souligne que le célibat a rendu des services inestimables à l'Église et qu'il est étroitement lié à l'identité du sacerdoce latin. D'autre part, il a indiqué qu'il voulait regarder le **synode** mondial **sur la réforme de l'Église avec un** esprit ouvert. En fait, lors du Synodal Path allemand - un dialogue sur la réforme de l'Église en Allemagne - une majorité d'évêques s'est même récemment prononcée en faveur d'une ouverture prudente du célibat. Des voix s'élèvent également sur d'autres continents, qui souhaiteraient au moins voir la possibilité de prêtres mariés dans certaines régions ou dans certaines circonstances. Léon XIV a donné le signal : Une telle évolution n'est *pas exclue*, à condition qu'elle serve le bien de l'Église. Ses origines et son expérience latino-américaines lui donnent une perspective pratique : Il est conscient des besoins des fidèles sans pasteur et connaît en même temps les **limites** des solutions purement organisationnelles - car le manque de vocations sacerdotales a de nombreuses causes, et pas seulement le célibat. Le cardinal Jorge Mario Bergoglio (futur pape François) doutait déjà il y a plusieurs années que l'abolition du célibat entraînerait automatiquement une augmentation du nombre de nouveaux prêtres. Léon XIV va donc peser le pour et le contre : Comment ouvrir la porte en douceur sans jeter le bébé avec l'eau du bain ?

En conséquence, **la perspective de Léon XIV** peut probablement être résumée comme suit : Le célibat obligatoire fait l'objet d'un examen minutieux, mais n'est pas mis au pilori. Le pape va probablement d'abord essayer des modèles - comme permettre aux diacres mariés d'être ordonnés prêtres dans les régions où il y a une grave pénurie de prêtres. Il ne s'agirait pas d'une abolition du célibat, mais d'une **extension différenciée de la** pratique actuelle. Le véritable défi consiste à préserver la haute signification spirituelle du célibat tout en répondant aux besoins pastoraux de l'Église. Léon XIV lui-même l'a formulé ainsi : *Il ne s'agit pas d'une question de soit/soit, mais de deux/et, qui honore le trésor du célibat tout en ouvrant des espaces pour de nouvelles voies.*

Nécessité d'une réforme de la formation des prêtres : pertinence pratique et développement personnel

Pour Léon XIV, la qualité de la **formation des prêtres** est au moins aussi importante que la question du célibat. En effet, que les prêtres soient ou non autorisés à se marier à l'avenir, ils ont tous besoin d'une excellente préparation à leur ministère. Ces dernières années, il est apparu clairement dans de nombreux pays qu'un rattrapage était nécessaire. **Des critiques** ont été formulées : La formation des prêtres dans les séminaires est souvent trop académique et théologique et pas assez pratique ; après l'ordination, les jeunes prêtres sont confrontés à des tâches administratives et à une routine de travail quotidienne pour lesquelles ils ne se sentent pas suffisamment préparés. Une enquête récente menée auprès de nouveaux prêtres masculins en Allemagne, par exemple, a révélé des écarts flagrants entre la formation et la réalité. Plus des deux tiers des personnes interrogées souhaiteraient voir davantage de **développement personnel et de spiritualité** dans leur formation (71,7 % et 63 % respectivement ont jugé cela très important), et l'assistance pastorale est également très bien classée (69,1 %). En revanche, moins de la moitié des répondants estiment qu'il est important d'offrir une formation plus poussée en matière d'administration et de leadership (seuls 39,5 % souhaitent une formation plus poussée en matière d'administration ecclésiale). En conséquence, seuls **6,1%** ont déclaré avoir été *très bien* préparés sur le plan pratique, tandis que plus de 27% ont estimé que la préparation pratique était médiocre ou très médiocre. **La formation théorique et théologique**, en revanche, a été majoritairement bien notée (plus de 80% l'ont jugée bonne ou très bonne). Cette divergence montre que, dans de nombreux endroits, l'accent a été mis sur la théorie, tandis que la formation pratique et personnelle a été négligée.

Léon XIV a clairement indiqué qu'il fallait repenser cette question. La **pertinence pratique** et la **spiritualité** ne doivent plus être opposées à la théologie, mais doivent être des piliers égaux de la formation sacerdotale. En 2016, le pape François avait déjà présenté des lignes directrices pour une formation "holistique" dans une nouvelle ordonnance-cadre (*Ratio Fundamentalis Institutionis Sacerdotalis*). Ce concept de *formation holistique et orientée vers la vie* souligne que les candidats au ministère de prêtre ne doivent pas seulement être formés sur le plan théologique et liturgique, mais qu'ils doivent également s'épanouir dans la **pratique pastorale** et la **formation du cœur**. Cette dernière signifie le développement de la personnalité, la maturité du caractère et la capacité de développer des relations matures - en particulier en ce qui concerne la vie de célibat. Léon XIV soutient pleinement cette ligne. Il a exigé que les séminaristes soient intensivement formés à l'humanité, à l'empathie et à la vie spirituelle : Les prêtres ne doivent pas seulement être formés de manière dogmatique, mais aussi être *des pasteurs* dotés d'une maturité spirituelle et d'une relation profonde avec le Christ.

En pratique, cela signifie des **innovations** concrètes dans les séminaires. Dans de nombreux pays, il existe déjà une phase propédeutique préliminaire - une année d'introduction et d'orientation qui sert principalement à la préparation spirituelle et humaine. Ces *propédeutiques* sont en train de devenir la norme dans le monde entier, ce que l'Église autrichienne, par exemple, pratique avec succès depuis longtemps (et pour lequel elle a reçu une reconnaissance internationale). Les études de théologie suivaient, mais Léon XIV souhaitait de plus en plus que les futurs prêtres soient en même temps impliqués dans la **vie paroissiale** : Les stages en paroisse, les stages sociaux ou les phases de travail dans la vie quotidienne des fidèles doivent faire partie intégrante de leur formation. Certains modèles prévoient que les séminaristes vivent temporairement dans des familles ou en dehors du séminaire afin de mieux connaître la réalité de la vie des gens. L'objectif est d'éviter que les candidats à l'ordination ne vivent isolés au séminaire pendant des années et ne se retrouvent soudain seuls à présider plusieurs paroisses - un saut dans l'inconnu qui est souvent perçu comme un trop grand défi.

Léon XIV a également souligné l'importance d'un **accompagnement spirituel** continu : des conversations régulières avec des mentors et des confesseurs devraient aider les candidats à réexaminer honnêtement leur décision de devenir prêtre et (si le célibat est requis) de mener une vie de célibataire. Le Pape Léon XIV est conscient qu'une intégration mûre est nécessaire, en particulier dans le domaine de la sexualité et de la capacité à avoir des relations, afin d'éviter les scandales et les conflits intérieurs. Après les expériences douloureuses des cas de violence sexuelle dans l'Église, il est essentiel que les responsables de séminaires et les formateurs soient attentifs aux signes avant-coureurs et prennent des mesures préventives. Le Pape soutient expressément l'implication de psychologues et de pasteurs expérimentés dans la formation afin de promouvoir l'aptitude au caractère et la maturité psychosexuelle des candidats. Cette ouverture aux sciences humaines modernes dans la formation des prêtres marque un changement culturel vers plus de professionnalisme et d'humilité : on ne s'appuie pas uniquement sur le fait que la vocation spirituelle entraîne automatiquement tout ce qui est humain, mais on **travaille consciemment** sur la personnalité des futurs prêtres.

Les évêques allemands ont également présenté des projets de réforme pour la formation des prêtres - parallèlement à la voie synodale - qui vont dans le même sens. Par exemple, la formation doit être partiellement restructurée et concentrée sur un nombre réduit de sites afin de garantir une bonne communauté pour les quelques jeunes employés. En même temps, les étudiants en théologie qui veulent devenir prêtres devraient étudier plus étroitement avec les étudiants en théologie pour d'autres professions ecclésiastiques afin de promouvoir la coopération et la compréhension mutuelles à un stade précoce. Ce qui est frappant dans les résultats de l'enquête mentionnée ci-dessus, c'est le **désir des jeunes ecclésiastiques** d'un développement personnel et d'une spiritualité plus poussés. L'évêque de Fulda, Michael Gerber, responsable de la formation des séminaristes, s'en est expressément félicité et a demandé que ces aspects soient "encouragés avec insistance", en particulier à la lumière de l'enquête sur les abus. Cela montre que les critiques du passé sont prises au sérieux et que Léon XIV, ainsi que de nombreux responsables, en tirent les conséquences.

Les futurs prêtres apprennent à travailler en équipe avec des laïcs et des employés à temps plein, à animer des réunions paroissiales et à faire face aux critiques. Les prêtres sont de moins en moins utilisés comme administrateurs dans plusieurs paroisses, un rôle dans lequel beaucoup ne se sentent pas à l'aise. "L'Église doit se transformer pour répondre aux questions et aux besoins des gens", prévient Irme Stetter-Karp, présidente du Comité central des catholiques allemands. Elle fait allusion au fait que les modèles précédents étaient trop étroits : Les prêtres **ne veulent pas** être de **simples gestionnaires**, mais des leaders spirituels. La formation doit donc leur permettre de vivre ce leadership spirituel, tandis que les tâches administratives sont davantage assumées par des équipes. Bien sûr, les futurs pasteurs devront toujours avoir des notions de finances et d'organisation, mais ces compétences seront reléguées au second plan par rapport à la formation des **bergers spirituels**. Léon XIV a donc mis en œuvre un changement de priorités dans la formation des prêtres : **Former des personnes avant de gérer**.

Conditions préalables au changement : Ajustements juridiques et doctrinaux

Pour réajuster le célibat et renouveler la formation des prêtres, il était nécessaire de **modifier** considérablement **les règles et les**

règlements de l'Église ( ). Léon XIV devait à la fois respecter la tradition et lancer des réformes audacieuses.

Tout d'abord, le **célibat obligatoire** : parce qu'il s'agit d'une disposition du droit canonique, une ouverture au célibat volontaire devrait être inscrite dans les normes juridiques applicables. Concrètement, cela signifie que le canon correspondant dans le Code de droit canonique (CIC) devrait être modifié. Actuellement, le canon 277 du CIC impose aux prêtres de rite latin le célibat comme mode de vie. Léon XIV pourrait - par une décision individuelle ou en consultation avec le Synode des évêques ou un concile - modifier ce canon pour permettre des exceptions ou des options. Une possibilité serait de continuer à formuler le célibat comme une **règle,** mais avec un ajout : "à moins que le pape n'accorde une dispense dans des cas individuels" ou quelque chose de similaire. Une ouverture régionale serait également envisageable, dans laquelle, par exemple, les conférences épiscopales des territoires de mission pourraient demander l'ordination en tant que prêtres de diacres mariés ayant fait leurs preuves. Cela tiendrait compte du fait que les situations pastorales varient considérablement dans le monde - une idée que le pape François et des théologiens tels que le cardinal Walter Kasper avaient déjà envisagée. Il est important pour Léon XIV de préciser qu'un changement dans la loi **n'est pas une transformation de l'enseignement de l'Église** : l'Église catholique continue d'enseigner la grande valeur du célibat pour le Royaume des cieux, mais modifie une exigence disciplinaire afin de rendre justice à la mission de l'Église. Il appartiendra au **Magistère**, c'est-à-dire à l'autorité enseignante papale et épiscopale, de formuler cela correctement sur le plan théologique. Il est possible que Léon XIV publie une lettre détaillée ou même une encyclique dans laquelle il expose les fondements bibliques et théologiques : Par exemple, le fait que le Nouveau Testament contient aussi bien des ministres mariés (comme l'apôtre Pierre ou Junie) que des ministres célibataires (comme Paul). Il pourrait souligner que, selon Matthieu 19:12 ("certains se sont rendus impubères à cause du royaume des cieux"), le célibat reste reconnu comme un don spécial, mais n'est pas donné à tout le monde - et que l'Église veut donc faire une place aux deux états de vie dans le service de Dieu.

Dans le **Catéchisme de l'Église catholique**, qui stipule actuellement que dans l'Église latine, seuls les hommes célibataires sont ordonnés prêtres, ce passage serait adapté. On peut supposer qu'une nouvelle formulation reconnaîtrait **les pratiques latines et orientales** côte à côte : Tout comme le Catéchisme mentionne déjà que les églises orientales reconnaissent un sacerdoce marié, une double recommandation pourrait également s'appliquer à l'église latine à l'avenir. L'article du Catéchisme pourrait, par exemple, affirmer que le ministère sacerdotal est un bien si élevé que tant les célibataires que les mariés - selon leur appel et leur situation - peuvent l'exercer, et que les uns et les autres ont des avantages et des inconvénients, dont l'Église tient compte dans sa sagesse pastorale.

Certains ajustements juridiques sont également nécessaires pour la **formation des prêtres** eux-mêmes. Les exigences canoniques pour la formation des séminaristes (par exemple dans les canons 232-264 CIC) devraient être mises à jour en fonction de la nouvelle Ratio Fundamentalis. Rome a déjà publié des directives qui s'appliquent dans le monde entier, mais chaque conférence épiscopale doit les mettre en œuvre dans ses propres règlements de formation. Léon XIV insistera pour que ces règlements incluent des éléments obligatoires tels que la propédeutique, le test d'aptitude psychologique et des stages pastoraux plus longs. La **structure d'âge** peut également être assouplie : si, par exemple, il y a davantage de candidats mariés à la prêtrise (comme les diacres d'âge moyen), les voies de formation devront également être ouvertes et attrayantes pour les candidats tardifs. A cet égard, le droit ecclésiastique pourrait prévoir des dispositions permettant aux prêtres d'avoir une deuxième carrière ou des modèles d'études à temps partiel.

D'un point de vue doctrinal, il convient de préciser que ces adaptations sont conformes à la tradition. Léon XIV insistera probablement sur le fait qu'il n'y a pas de changement dans le sacrement **de l'ordination** lui-même - l'enseignement de l'Église selon lequel seules les personnes baptisées peuvent recevoir validement l'ordination sacerdotale reste inchangé (même si cette question - l'ordination des femmes - est une question controversée en soi, que le Pape pourrait aborder dans ce contexte). Il s'agit plutôt du **cadre disciplinaire du** ministère. L'Église reconnaît déjà que les diacres permanents mariés exercent un ministère ordonné et que les prêtres mariés d'autres rites sont des prêtres pleinement valides. À cet égard, nous évoluons au sein de la diversité catholique, si ce n'est que l'Église latine particulière aurait quelque chose à apprendre de la pratique orientale. Cela peut être étayé bibliquement par une référence au premier millénaire : de nombreux saints de l'Église primitive - par exemple des évêques historiques tels que saint Hilaire de Poitiers ou saint Grégoire de Nazianze père - étaient mariés. Un retour à cette diversité de l'Église primitive peut aider à réfuter la *crainte* qu'un assouplissement du célibat signifie le sacrifice de la tradition sacrée. Léon XIV lui-même l'a dit un jour : "*Toutes les règles ecclésiastiques d'hier ne sont pas déjà des vérités immuables de toujours*. Il montre ainsi que l'histoire et la théologie légitiment des changements prudents.

Le rôle des femmes dans la formation pastorale. Dans toutes les considérations relatives à l'ordination des prêtres et à la formation, il ne faut pas oublier que l'Église catholique ne s'appuie pas uniquement sur les hommes ordonnés pour la pastorale. Dans le monde entier, les femmes partagent les responsabilités dans une variété de professions et de fonctions pastorales - en tant que prêtres de paroisse, assistantes pastorales, théologiennes, catéchistes et religieuses. Dans son programme de réforme, Léon XIV a insisté à plusieurs reprises sur le fait que les femmes devaient avoir plus d'**influence** dans l'Église. Bien que le ministère ordonné des prêtres et des évêques soit toujours réservé aux hommes selon la doctrine en vigueur, la participation des femmes à la direction et à l'éducation a été élargie. Par exemple, de plus en plus de femmes sont professeurs dans les facultés de théologie et siègent également dans les comités de formation des prêtres. Dans certains séminaires, les femmes sont déjà impliquées en tant que guides spirituels ou forment les séminaristes à la psychologie pastorale - une contribution importante pour surmonter les "perspectives masculines" unilatérales. Léon XIV soutenait fermement de telles mesures. Il savait que plus les femmes seraient impliquées sur un pied d'égalité dans la formation des futurs prêtres, plus ces derniers seraient sensibilisés au travail avec les femmes dans leur futur ministère. Léon XIV ouvre également des portes en dehors des salles de séminaire : il a déjà nommé davantage de **femmes compétentes** à des postes de direction curiale et à des postes diocésains afin de montrer que l'Église ne doit pas être un "patriarcat" dominé par les hommes. La présidente du Comité allemand des femmes catholiques a résumé la situation en quelques mots : "La direction et la gestion ne sont pas masculines en soi". Léon XIV était attaché à ce principe. Il ne considérait pas la promotion des femmes dans l'Église - tant dans la formation que dans la pratique - comme une concession à l'esprit du temps, mais plutôt comme un retour à l'unité que Jésus et l'Église primitive connaissaient également (pensez à la collaboration de Marthe, Marie, Phoebe et de nombreuses autres femmes dans le Nouveau Testament).

Dans ce chapitre de son œuvre possible, le pape Léon XIV a marché sur un fil entre continuité et changement. **En ce qui concerne le célibat,** il semble prêt à permettre des ouvertures prudentes sans abandonner la valeur spirituelle du célibat. Il prend au sérieux ce qui préoccupe de nombreux croyants et prêtres et évalue les modèles qui ont déjà été expérimentés dans de petites parties de l'Église mondiale ( ). Il est conscient que tout changement doit être bien fondé et théologiquement solide afin de ne pas mettre en péril l'unité de l'Église. Léon XIV a encouragé une offensive de qualité **dans la formation des prêtres** : les prêtres de demain doivent être des théologiens ayant reçu une formation académique, mais aussi des personnalités dotées d'empathie, de profondeur spirituelle et d'expérience pastorale. Il a posé les jalons pour que les séminaires ne soient plus des tours d'ivoire, mais des ateliers pour des pasteurs crédibles.

Dans tout cela, le pape reste objectif et concentré sur la mission de l'Église. Il aborde ouvertement les points controversés, mais sans polémique. Il formule avec précision théologique les points sur lesquels **une évolution** est possible et ceux sur lesquels la doctrine reste inchangée. Cette vision narrative du célibat obligatoire et de la formation des prêtres montre que Léon XIV a cherché des solutions pour concilier **la tradition et l'avenir** de l'Église catholique, avec prudence mais fermeté. Les prochaines années de son pontificat montreront comment cela se traduit dans la réalité ecclésiale. Mais une chose est déjà claire : le discours est en mouvement, et Léon XIV l'a embrassé avec prudence et passion pastorale.

 *Chapitre 8 :*

Traiter les questions clés de la réforme : Inclusion des personnes homosexuelles - LGBTQIA+

Lorsque le pape Léon XIV entame son pontificat, l'Église catholique est au cœur d'un débat tendu sur l'égalité de traitement des personnes LGBTQIA+. Un changement profond s'est produit dans de nombreuses sociétés : Les couples de même sexe sont légalement autorisés à se marier, les drapeaux arc-en-ciel flottent désormais sur les clochers des églises en signe de solidarité et, dans l'opinion publique, la diversité des orientations sexuelles est de plus en plus considérée comme normale et digne de protection. En conséquence, les attentes sont grandes - de la part des croyants comme des non-croyants - pour que l'Église traite toutes les personnes avec la même dignité, quelle que soit leur orientation sexuelle.

L'égalité devant Dieu et devant l'autel - les changements sociaux et les attentes de l'Eglise

En particulier, la question est pressante de savoir comment *tous les* amoureux deviennent réellement égaux devant Dieu et devant l'autel parce qu'ils le sont, ou si l'Église veut continuer à exclure certains groupes - comme les couples homosexuels - des actes sacramentels tels que le mariage.

Le **statu quo** social parle de lui-même. Dans les pays et les communautés traditionnellement catholiques, de nombreux croyants demandent désormais ouvertement que les personnes LGBTQIA+ soient traitées avec respect. Les enquêtes confirment ce changement de sentiment : dès 2013, environ 70 % des catholiques allemands étaient favorables à l'ouverture du mariage civil aux couples de même sexe. Dans le même temps, une enquête de l'Église a montré que plus de deux tiers des catholiques n'étaient pas satisfaits de la manière dont l'Église traitait les homosexuels. Au niveau international également, on observe que les catholiques - en particulier les jeunes générations - remettent en question le rejet traditionnel des partenariats entre personnes de même sexe. La conviction fondamentale de beaucoup est que tous les hommes ont la même valeur devant Dieu, qu'ils sont "enfants de Dieu" (selon le pape François) et que personne ne devrait être exclu ou rendu malheureux en raison de son orientation sexuelle . Cette attitude repose sur une compréhension moderne des droits de l'homme et de l'amour, ainsi que sur le commandement chrétien d'aimer son prochain. Si Dieu est amour, comment un amour sincère entre deux personnes peut-il contredire la volonté divine ? De plus en plus de croyants se posent cette question et attendent de l'Église des réponses qui tiennent compte des connaissances et des sentiments d'aujourd'hui.

Cependant, la **doctrine** officielle de l'Église catholique n'a jusqu'à présent que prudemment suivi cette évolution sociale. Le *catéchisme de l'Église catholique* met toujours l'accent sur le respect et le tact dans les relations avec les personnes homosexuelles, tout en précisant que les actes d'amour entre personnes du même sexe sont *"intrinsèquement mauvais"*. En d'autres termes, selon l'enseignement de l'Église, être homosexuel n'est pas un péché, mais vivre activement un amour homosexuel en est un. Cette distinction - l'amour oui, la sexualité vécue non - conduit à ce que beaucoup considèrent comme un paradoxe : alors que toutes les personnes devraient être aimées et acceptées de la même manière, leurs modes de vie ne sont pas également valables aux yeux du clergé. C'est là que les attentes sociales et l'enseignement de l'Église s'opposent clairement. La demande d'**égalité de** toutes les orientations "devant Dieu et devant l'autel" devrait être repensée : Loin des termes tels que "objectivement désordonné", vers une théologie qui considère l'orientation homosexuelle comme une variation de la création qui est tout aussi ordonnée par Dieu que l'orientation hétérosexuelle. En fait, de plus en plus de voix ecclésiastiques appellent précisément à cela. Ainsi, le président de la Conférence épiscopale allemande, l'évêque Georg Bätzing, a demandé en 2020 la révision des passages concernés du catéchisme. Son argument : l'Église doit trouver des solutions pour intégrer visiblement les croyants homosexuels, par exemple par des célébrations liturgiques appropriées. Cet équilibre entre la fidélité à la tradition et le développement nécessaire est la ligne fine que Léon XIV doit suivre.

Reconnaissance sacramentelle des couples de même sexe : avantages et inconvénients théologiques

Au cœur du débat se trouve la **reconnaissance sacramentelle** des couples de même sexe, c'est-à-dire la question de savoir si un partenariat entre deux hommes ou deux femmes peut recevoir le même statut sacramentel et la même bénédiction devant l'Église qu'un mariage entre un homme et une femme. Des convictions profondes ( ) et des arguments émotionnels s'affrontent ici - **sur le plan théologique**, mais aussi pastoral et social.

Arguments en faveur d'une ouverture : Les partisans d'une réévaluation du mariage des couples de même sexe au sein de l'Église soutiennent que la qualité d'une relation ne dépend pas du sexe des partenaires, mais de la profondeur de leur amour et de leur responsabilité l'un envers l'autre. Si le sacrement du mariage est une image de l'amour fidèle et fécond de Dieu pour les hommes, alors l'amour d'un couple homosexuel peut aussi refléter cette image. Il est important de souligner que la "fécondité" ne doit pas seulement signifier une descendance physique. De nombreux théologiens plaident en faveur d'une conception plus large de la fécondité, qui reconnaît également les fruits sociaux et spirituels de l'amour engagé. Deux personnes qui se soutiennent l'une l'autre pendant toute une vie, qui traversent des crises ensemble et qui élèvent peut-être même des enfants (par exemple, par adoption ou à la suite de relations antérieures) illustrent les valeurs que l'Église défend fondamentalement : La fidélité, l'attention, le sacrifice et la communauté. Dans ce contexte, est-il justifié d'exclure ces couples de la bénédiction sacramentelle ?

Un autre *argument en faveur de l'homosexualité* se fonde sur les résultats plus récents des études bibliques et de la théologie morale. De nombreux passages bibliques traditionnellement utilisés contre l'homosexualité (par exemple dans le livre du Lévitique ou dans les lettres de saint Paul) sont aujourd'hui lus de manière plus nuancée. L'exégèse historico-critique montre que ces textes doivent surtout être compris dans des contextes spécifiques, purement historiques - ils traitent souvent de la prostitution dans les temples, de viols ou d'expressions de xénophobie, plutôt que de partenariats aimants et égaux. Dans le même temps, la science moderne a clairement montré que l'homosexualité **est une variante de la sexualité humaine,** et non une décision délibérée contre "l'ordre divin". Le pape François lui-même aurait déclaré lors d'une conversation personnelle : "*Dieu vous a fait ainsi et il vous aime ainsi*" - une phrase qui touche de plein fouet l'image que les personnes LGBTQIA+ croyantes ont d'elles-mêmes. Si Dieu a créé les gens tels qu'ils sont, affirment de nombreux théologiens, leur amour ne peut pas être un péché dans tous les cas. Une déclaration scientifique de renommée internationale datant de 2021 a même affirmé qu'il **n'y avait aucune raison biblique ou scientifique** de s'en tenir à la doctrine selon laquelle la procréation doit nécessairement être inscrite dans tout acte sexuel et que les actes homosexuels doivent donc être jugés comme "désordonnés". Ce résultat souligne le fait que la morale sexuelle catholique traditionnelle - selon laquelle la sexualité n'est approuvée que dans le cadre d'un mariage orienté vers la procréation - peut être remise en question d'un point de vue théologique. Les partisans de la réforme soulignent qu'il y a toujours eu des changements dans l'histoire de l'Église : Les doctrines ont changé, par exemple en ce qui concerne la reconnaissance de la liberté religieuse ou la condamnation de l'esclavage, sans trahir l'Évangile. Alors pourquoi ne serait-il pas possible d'approfondir la compréhension de l'amour et du mariage pour y *inclure tous les couples* ?

Arguments contre l'ouverture : D'autre part, les défenseurs de la doctrine traditionnelle émettent des réserves importantes. Pour eux, le **mariage sacramentel** est inextricablement lié à la conception chrétienne de la création et de la complémentarité des sexes. Le livre de la Genèse décrit déjà la création de l'homme et de la femme comme étant liés l'un à l'autre - "il les créa homme et femme" - et l'Église en a toujours déduit que le mariage signifiait l'union des *deux* sexes selon le plan de Dieu. Selon la conception traditionnelle, l'union physique est ordonnée à la procréation - elle s'ouvre au miracle d'une vie nouvelle et reflète ainsi la puissance créatrice de Dieu. Selon cette conception, l'**amour seul n**'est pas suffisant pour la sacramentalité ; il s'agit aussi de l'ordre naturel. Les opposants à la réforme invoquent ainsi la **continuité de la doctrine** : l'Église a clairement enseigné en ce sens pendant des siècles.

Outre les aspects purement théologiques, cette discussion comporte également des **considérations sociales et pastorales.** Au cours des dernières décennies, les sociétés occidentales ont développé un respect croissant pour les droits des personnes LGBTQIA+. Dans un nombre croissant de pays - y compris des pays autrefois strictement catholiques comme l'Irlande, l'Espagne et la France - les mariages entre personnes de même sexe sont désormais légaux et largement acceptés par la société. De nombreux couples homosexuels pratiquants vivent depuis longtemps des relations stables et amoureuses, certains avec des enfants, et se demandent si l'Église n'a vraiment rien de positif à dire sur notre mode de vie. Les conseillers pastoraux signalent que le rejet catégorique provoque souvent une grande souffrance émotionnelle - les gens se sentent rejetés dans l'église même qui est censée être leur foyer. Le pape Léon XIV a dû s'en rendre compte : Comment rendre justice à la demande légitime d'égalité de traitement et de reconnaissance sans mettre en péril l'unité de l'Église universelle ?

Etapes vers la pleine reconnaissance - Changements nécessaires dans le droit ecclésiastique, le catéchisme et l'interprétation biblique

À supposer que l'Église catholique veuille **reconnaître pleinement les** personnes LGBTQIA+ et leurs partenariats, que faudrait-il changer concrètement ? Un tel changement nécessiterait une adaptation, car il toucherait plusieurs piliers de la doctrine et de l'ordre de l'Église.

Droit canon (droit canonique) : Le système juridique actuel de l'Église définit clairement le mariage comme une union à vie *entre un homme et une femme*. C'est ce qu'affirme le Code de droit canonique (cf. can.

1055 §1 CIC). Cette définition devrait être fondamentalement élargie de manière à ce que deux personnes du même sexe puissent également contracter un lien de mariage au sens de l'Église. Un simple changement linguistique ("entre deux personnes" au lieu de "entre un homme et une femme") aurait suffi à actualiser la définition : De nombreuses dispositions de rattachement - des conditions de mariage à la forme de la cérémonie de mariage en passant par les questions de nullité de mariage - devraient être adaptées. La question se pose également de savoir comment traiter les mariages civils existants de couples de même sexe : peuvent-ils être ultérieurement reconnus comme sacramentels ? Ou bien l'Église n'ouvrirait-elle le cadre liturgique qu'aux nouvelles unions ? Tout cela nécessitera une élaboration minutieuse. Une pleine reconnaissance signifierait que l'orientation sexuelle *ne serait plus* un critère d'exclusion de l'ordination ou des ministères ecclésiastiques, tant que la personne en question s'efforce de vivre selon les conseils évangéliques.

Catéchisme et Magistère : Une **révision de la morale sexuelle de l'Église** dans le catéchisme et dans les déclarations officielles serait essentielle. Les passages actuels (CEC 2357-2359) décrivent les actes homosexuels comme "non conformes" ou comme une transgression de l'ordre naturel. Si les relations homosexuelles devaient être reconnues de manière positive, ces formulations devraient être supprimées ou remplacées par une nouvelle théologie appréciative. Il serait par exemple concevable de déclarer que l'Église peut reconnaître une image de l'amour divin dans chaque partenariat fondé sur l'amour, la fidélité et le respect mutuel - indépendamment de la combinaison des sexes. Certains évêques ont déjà proposé cette démarche. L'évêque Bätzing, par exemple, a déclaré que les déclarations précédentes sur l'homosexualité devenaient de moins en moins convaincantes et devaient être *développées*. Une modification officielle du catéchisme par le pape - similaire à ce que le pape François a fait en 2018 concernant la peine de mort - serait un signal fort. Cependant, il est clair que cela ne sera guère possible sans une justification théologique d'accompagnement. C'est pourquoi il est souvent suggéré de mener d'abord un bref **processus synodal** ecclésial, dans lequel les points de vue des théologiens, des biblistes et des spécialistes des sciences naturelles seraient intégrés. Une telle consultation symbolique pourrait contribuer à faire accepter largement une réévaluation. Idéalement, le projet serait un *document magistériel* soulignant la dignité des croyants LGBTQIA+ et la possibilité d'un amour entre personnes du même sexe qui plaise à Dieu.

L'interprétation biblique : Enfin, l'Église devrait également clarifier son **approche herméneutique** de certains passages bibliques. La pleine reconnaissance des mariages entre personnes de même sexe ne nécessite pas une "réécriture" de la Bible, mais elle exige que les interprétations traditionnelles soient confrontées à un nouvel éclairage. Les interdictions supposées claires dans l'Ancien Testament ("Tu ne coucheras pas avec un homme comme on couche avec une femme ; ce serait une abomination") ou dans les lettres de saint Paul ("Ni les fornicateurs, ni les abuseurs de garçons, ni les travailleurs du sexe... n'hériteront du royaume de Dieu") ont longtemps été lues littéralement et sans contexte comme des condamnations des homosexuels. À l'avenir, l'Église pourrait souligner plus fortement *quand et pourquoi* ces lignes ont été écrites. Elle pourrait, par exemple, faire référence au fait que les lois de pureté de l'Ancien Testament s'inscrivaient dans un contexte culturel différent et que, dans une perspective chrétienne, elles sont surpassées par le commandement de l'amour. Les paroles de Paul dans Romains 1, d'autre part, sont dirigées contre les pratiques païennes et les vices excessifs, et non contre l'amour sincère entre personnes du même sexe - du moins selon de nombreux exégètes contemporains. Ce ne serait pas la première fois que l'Église fait évoluer sa lecture de la Bible : aujourd'hui encore, nous ne lisons plus l'histoire de la création de manière scientifiquement littérale et nous ne considérons plus les instructions de Paul sur l'esclavage ou le rôle des femmes comme des injonctions liées au temps. Un changement similaire dans la compréhension des "passages homosexuels" (il n'y en a qu'environ six) pourrait être justifié théologiquement sans abandonner l'autorité de l'Ecriture Sainte. En fin de compte, l'accent serait mis sur le *message de Jésus*, qui ne dit pas un mot sur l'homosexualité dans les Évangiles eux-mêmes, mais qui parle beaucoup d'amour, de miséricorde et de justice.

Tous ces changements - dans la loi, dans le catéchisme, dans l'exégèse - libèrent durablement l'efficacité de l'amour. Ils équivaudraient à une petite **évolution**, qui peut certainement réussir grâce à un large consensus et à une sage orientation venant d'en haut. C'est pourquoi certaines voix réclament même un nouveau concile pour clarifier ces questions fondamentales - mais cela prendrait trop de temps. Une chose est claire : sans ajustement formel des normes de l'Église, toute rhétorique d'inclusion, aussi bien intentionnée soit-elle, resterait en fin de compte non contraignante. Le pape Léon XIV devrait trouver le courage de prendre des mesures structurelles dans ce domaine s'il veut vraiment parvenir à une pleine reconnaissance.

Perspectives : Entre miséricorde pastorale et continuité magistérielle

L'inclusion des personnes LGBTQIA+ dans l'Église catholique reste pour l'instant **un exercice d'équilibre.** Sous le pape François, les premiers pas ont été faits : un langage plus accueillant, le fameux "Qui suis-je pour juger ?" et, plus récemment, l'ouverture prudente de la porte aux bénédictions pour les couples de même sexe sous certaines conditions. Ces bénédictions - autorisées par le cardinal Víctor Manuel Fernández en 2023 dans la déclaration *"Fiducia supplicans"* - marquent un changement dans la pratique pastorale, mais pas (encore) un changement dans l'enseignement moral sous-jacent ou la mise en œuvre de l'égalité du mariage pour tous. Les prêtres sont désormais autorisés à bénir les couples homosexuels tant que le concept de l'Église selon lequel le mariage est une union exclusive entre un homme et une femme n'est pas remis en cause. Cette évolution illustre le chemin que Léon XIV devrait probablement emprunter lui aussi : de petits pas vers la *reconnaissance* sans risquer de rompre complètement avec la tradition.

En même temps, la pression de la **réalité sociale** ne cesse de croître. Dans de nombreux pays, les catholiques LGBTQIA+ fidèles à l'Église font depuis longtemps partie de la communauté et apportent une contribution précieuse. Les exclure contredirait la mission de l'Église d'être un foyer spirituel pour tous les croyants. D'autre part, le pape ne doit pas perdre de vue la perspective globale de l'Église : En Afrique ou dans certaines parties de l'Asie, mais aussi dans les pays d'Europe de l'Est, l'idée d'égalité pour les partenariats homosexuels est encore controversée dans certains cas. Léon XIV a donc évolué dans un champ de tension entre la **miséricorde pastorale et la continuité doctrinale**.

Les années à venir pourraient être décisives. Il est possible de s'en tenir au statu quo - au risque de perdre davantage de croyants, surtout dans les pays occidentaux, et d'être perçu comme moralement rétrograde. Mais une réforme prudente est également possible : d'abord une réflexion théologique dans le cadre du Synode mondial ou d'une commission spéciale, puis une adaptation prudente du langage (par exemple dans le catéchisme) et de la discipline (par exemple par le biais de célébrations officiellement autorisées). Peut-être Léon XIV aura-t-il même le courage d'oser une véritable percée, par exemple en organisant des Journées Mondiales de la Jeunesse de la Diversité ou en publiant une lettre doctrinale qui ouvre de nouvelles portes. Une chose est sûre : **les attentes** à son égard sont grandes de la part de tous ceux qui espèrent que l'Église reconnaîtra à nouveau de manière crédible *les signes des temps* au XXIe siècle. Le pape Léon XIV parviendra-t-il à donner aux personnes LGBTQIA+ l'égale dignité devant Dieu et devant l'autel que constitue l'Évangile de l'amour inconditionnel de Dieu pour tout être humain ? Ce chapitre de son mandat, qui exige une action quotidienne, montrera si l'Église est capable de trouver l'équilibre entre la tradition et le renouveau dans l'amour - un équilibre qui contribuera à déterminer sa présence.

🕊️ *Chapitre 9 :*
Responsabilité écologique et sauvegarde de la création

Un **pontife défenseur de la création :** un homme enfilant ses bottes et pataugeant littéralement dans la boue pour aider les plus pauvres - cette image résume de manière impressionnante l'approche du pape Léon XIV en matière de préservation de la création. En fait, on sait que Léon XIV (alors évêque au Pérou) a fait exactement la même chose en 2022 lors des inondations dévastatrices à Chiclayo : il a enfilé des bottes en caoutchouc et a **"pataugé dans la boue"** pour secourir les personnes touchées par les inondations. Janinna Sesa, une employée locale de Caritas, se souvient que c'est le pape actuel qui a **"enfilé ses bottes"**, livré personnellement des colis alimentaires à des villages reculés et, si nécessaire, réparé lui-même un camion en panne **"jusqu'à ce qu'il fonctionne à nouveau"**. Cet engagement terre-à-terre envers les personnes dans le besoin montre déjà que Léon XIV ne considérait pas son engagement envers l'environnement et ses semblables comme un devoir théorique, mais comme une vocation pratique.

Une sensibilité précoce aux questions environnementales : Bien avant d'être élu pape, Léon XIV s'intéresse et s'engage en faveur de **"l'intégrité de la création"**, c'est-à-dire de la responsabilité de protéger la création de Dieu. En tant qu'évêque dans le nord du Pérou, il a fait l'expérience directe des conséquences de la destruction de l'environnement et du changement climatique : son territoire missionnaire s'étendait jusqu'à la région amazonienne, et des questions telles que la déforestation, la conservation des espèces et la justice climatique l'ont profondément touché, même à l'époque. Ses compagnons rapportent que dès 2017, il a eu des discussions animées avec des collègues péruviens sur la **protection de l'Amazonie et de l'environnement** - ce n'était pas une question secondaire pour le pasteur Prévost (son vrai nom), mais une partie de sa mission pastorale.

Il a conservé cette sensibilité précoce tout au long de sa vie : même avant de devenir pape, il a soutenu activement les initiatives environnementales de l'Église. En 2015, par exemple, il a utilisé les médias sociaux pour appeler les catholiques fidèles à signer une pétition sur le climat afin de parvenir à un accord international solide (qui est devenu plus tard l'Accord de Paris sur le climat). Sur une photo partagée en ligne lors d'un rassemblement pour le climat à Chiclayo, il a écrit en espagnol : **"El planeta nos necesita"** - *"La planète a besoin de nous"*. Ces actions montrent que **même en tant qu'évêque et cardinal, Léon XIV a fait entendre sa voix en faveur de la protection du climat** et a encouragé les fidèles à agir. Ses liens avec le Pérou - un pays à la fois riche en biodiversité et gravement touché par le changement climatique - ont manifestement éveillé en lui un sens particulier de la responsabilité à l'égard de la **vulnérabilité de la création**.

Des paroles aux actes - l'attitude de Leo en tant que cardinal : Au cours de ses années de cardinalat, Prévost (Léon XIV) a renforcé cette mission éco-sociale. Il était considéré comme un **bâtisseur de ponts** entre l'Église et le mouvement environnemental et n'avait pas peur de prendre une position claire. "**Il est temps de passer des paroles aux actes**", a-t-il prévenu l'année dernière. Il a clairement indiqué que les simples déclarations d'intention ne suffisent plus face à la crise climatique - des actions concrètes doivent suivre. Dans le même temps, il a mis en garde contre une interprétation erronée de la **"domination de la nature" par** l'homme, mentionnée dans la Bible : Celle-ci ne doit pas être **"tyrannique"**, a-t-il déclaré, mais requiert plutôt une humble *"relation de réciprocité"* avec l'environnement. Ce choix de mots suggère que Léon XIV ne considérait pas la création comme une possession de l'homme pouvant être exploitée à volonté, mais comme la **dot de Dieu**, dont nous sommes responsables. Il est remarquable qu'en tant que cardinal, il ait également gardé à l'esprit les aspects technologiques de la protection de l'environnement : par exemple, il a fait l'éloge des initiatives papales qui ont introduit l'énergie solaire et les voitures électriques au Vatican, mais il a également mis en garde contre une croyance dans le progrès qui ignore les **"effets secondaires" sociaux et écologiques** des nouvelles technologies. Dans l'ensemble, M. Prévost s'est distingué avant son élection en pensant toujours à l'écologie dans le contexte de la justice et de la dignité humaine - tout à fait dans l'esprit du pape François, dont il a pleinement soutenu la ligne de conduite.

Poursuite du cap climatique de François : L'élection de Léon XIV comme pape en 2025 a été largement perçue comme un signal de la poursuite, voire de l'approfondissement, de l'orientation écologique de l'Église. Léon XIV n'aura pas la tâche facile, car son prédécesseur immédiat, François, était considéré comme un **"pape vert"** qui avait placé la protection de l'environnement et du climat au cœur des préoccupations de l'Église. Mais le nouveau pontife n'a pas hésité une seconde à se positionner clairement. Dans son tout premier discours après le conclave, Léon XIV a utilisé des mots clairs : **"Dieu nous aime tous inconditionnellement... Le mal ne prévaudra jamais".** De nombreux observateurs ont interprété cette déclaration comme signifiant que le "mal" se référait aussi explicitement à la **destruction de l'environnement** causée par l'activité humaine - y compris le réchauffement climatique alimenté par la consommation incontrôlée de combustibles fossiles. Dès le début de son pontificat, Léon XIV a donc indiqué qu'il considérait les péchés écologiques de notre époque - destruction de l'environnement, changement climatique, surexploitation de la nature - comme un mal moral auquel il fallait résolument s'opposer.

Déjà en tant qu'évêque, Léon XIV a pu constater à quel point les crises humanitaires et les questions environnementales sont étroitement liées. Les inondations dévastatrices au Pérou, où il a littéralement aidé à patauger dans la boue, ont été causées par des **précipitations extrêmes**, un phénomène qui devient de plus en plus fréquent en raison du changement climatique. Les actions de Léon XIV sur le terrain - distribuer de la nourriture, réconforter les victimes, s'attaquer sans hésitation aux problèmes pratiques - ont fait ressortir clairement son approche : **la protection du climat est toujours aussi une protection de l'homme.** Là où les catastrophes environnementales font rage, ce sont les pauvres et les faibles qui souffrent en premier. Cette expérience a profondément marqué Léon XIV et explique pourquoi il a continué à promouvoir la protection du climat et de l'environnement en tant que pape. D'une certaine manière, il combine **Caritas et "Laudato si'"** : la charité active envers ceux qui souffrent et la responsabilité de s'attaquer aux causes profondes de cette souffrance, comme la crise climatique.

Initiatives concrètes de son pontificat : Au Vatican, Léon XIV a pris des mesures immédiates pour donner une expression institutionnelle à sa vision écologique. Il encourage l'Église dans son ensemble à agir de manière plus écologique. Il a appelé les diocèses et les organisations catholiques à redoubler d'efforts pour lutter contre la **"destruction de la terre"**. Il a souligné à plusieurs reprises que le mandat biblique de *soumettre la* terre (cf. Genèse 1:28) **n'était pas un permis d'exploitation** - la domination humaine sur le monde ne devait pas devenir "tyrannique". Léon XIV considérait plutôt qu'il était du devoir de l'Église de donner le bon exemple : Les paroisses, les monastères et les institutions ecclésiastiques doivent vivre la durabilité - de l'utilisation des énergies renouvelables aux projets de construction respectueux de l'environnement, en passant par les programmes éducatifs de **sensibilisation à l'écologie**. Le pape François a déjà engagé l'État du Vatican sur une voie plus verte (panneaux solaires sur les toits des églises, objectif à long terme de neutralité climatique d'ici 2050, etc.), et Léon XIV souhaite poursuivre cette voie de manière cohérente. *"L'approfondissement de l'engagement du Vatican en faveur de la décarbonisation est crucial"*, affirme le programme - ce n'est qu'ainsi que l'Église pourra contribuer de manière crédible à la mise en œuvre de l'accord de Paris sur le climat ( ). Léon XIV considère donc la **"transition verte"** dans les États pontificaux non pas comme une fin en soi, mais comme une partie de la contribution globale de l'Église à la protection du climat.

La **politique climatique internationale** est un domaine spécifique dans lequel Léon XIV marque déjà son empreinte. Comme son prédécesseur, il cherche activement à joindre ses forces à celles de la communauté mondiale dans la lutte contre la crise climatique. La prochaine conférence des Nations unies sur le changement climatique (COP30) est prévue pour novembre 2025 à Belém, au Brésil, en plein cœur de l'Amazonie. Les hôtes ont déjà expressément invité Léon XIV et souligné que sa présence pourrait contribuer à la conclusion d'un pacte historique sur la protection du climat. En fait, de nombreux indices laissent penser que Léon XIV acceptera cette invitation, d'autant plus qu'il est le *premier pape latino-américain depuis François à s'intéresser* particulièrement à l'Amazonie. Le président brésilien Luiz Inácio Lula da Silva a accueilli le nouveau pape avec chaleur et espoir : il a déclaré publiquement qu'il comptait sur Léon XIV **pour poursuivre l'héritage de François, en particulier son engagement inlassable en faveur de la protection de l'environnement, du dialogue et de la justice**. De telles voix soulignent l'énorme autorité morale qu'un pape peut avoir sur la scène diplomatique : Léon XIV est déjà considéré comme un défenseur important d'une politique climatique ambitieuse. Sa prise de distance par rapport aux courants climato-sceptiques n'est pas passée inaperçue. Par exemple, les médias ont décrit Leo XIV **comme une "alternative à 100 %"** à la politique climatique inactive de Donald Trump. Ce n'est pas sans raison que le New York Times a souligné que *"Trump n'est plus l'Américain le plus important du monde"* - le nouveau pape des États-Unis a maintenant assumé ce rôle. L'attribution audacieuse comme **"anti-Trump"** est peut-être exagérée, mais elle permet de comprendre que Léon XIV envoie un message diamétralement différent : au lieu de nier la crise climatique, une action courageuse, au lieu d'intérêts à court terme, une perspective à long terme qui préserve la création.

Léon XIV cherche expressément à coopérer avec toutes les **personnes de bonne volonté** qui s'engagent en faveur de l'environnement. Les organisations environnementales internationales et les réseaux d'églises ont accueilli son élection avec enthousiasme. Lorna Gold, directrice du mouvement catholique mondial *Laudato Si'*, a immédiatement interprété les mots de Leo **"des paroles aux actes"** comme un signal d'espoir - c'est précisément cette devise qui est nécessaire pour transformer les promesses de politique climatique en véritables changements. *"Nous sommes tout à fait d'accord"*, a expliqué M. Gold, qui a évoqué la possibilité de travailler en étroite collaboration avec le nouveau pape ( ), d'autant plus que l'année 2025 marquera le 10e anniversaire de *Laudato si'*. D'autres militants catholiques pour le climat, comme Dan Misleh du *Pacte catholique pour le climat,* ont également exprimé leurs encouragements : Ils accueillent Léon XIV **"à bras ouverts"** et le soutiendront du mieux qu'ils pourront s'il parvient - comme annoncé - à construire des ponts, à œuvrer pour la paix **et à vivre l'Évangile sans crainte**. Ces voix du mouvement climatique montrent que, dès les premiers mois de son pontificat, Léon XIV a été perçu comme la **force motrice d'un nouveau départ**. Il a uni la perspective morale et spirituelle de l'Église avec les objectifs des activistes environnementaux et des scientifiques. En réunissant autour d'une table ronde des représentants d'organisations environnementales, de la science et du monde des affaires, par exemple, il s'appuie sur l'approche de François en matière de dialogue et donne aux questions écologiques urgentes un poids supplémentaire sur la scène mondiale.

Des lignes directrices théologiques et éthiques : Mais pourquoi l'Église catholique s'engage-t-elle si intensément dans la protection du climat ? Quelles sont les valeurs qui ont guidé le pape Léon XIV dans son engagement en faveur de l'environnement ? Un regard sur la doctrine de l'Église montre que **la préservation de la création** est fermement ancrée dans la théologie. La Bible décrit déjà le monde comme bon et confié à l'homme dans le récit de la création (Gn 1-2). À partir de cette compréhension, un socle de principes éthiques s'est développé, que Léon XIV a également profondément intériorisé. L'un de ces principes est la **justice**, en particulier la **justice climatique**. Le pape François a souligné dans *Laudato si'* que **"le cri de la terre et le cri des pauvres"** ne peuvent être séparés - la destruction de l'environnement affecte toujours en premier lieu les personnes les plus vulnérables. Léon XIV l'a souvent souligné : **"Ce sont précisément les plus pauvres qui seront les premiers touchés par la catastrophe qui s'annonce, et ensuite seulement le reste de l'humanité"**, a-t-il averti à propos du changement climatique provoqué par l'homme. Pour lui, la protection du climat fait donc partie de l'engagement envers les **plus pauvres des pauvres** et est une question de justice mondiale. Il s'agit de surmonter le grand fossé : Les nations industrialisées et les riches ont causé une grande partie de la crise écologique, tandis que les pays et les groupes de population pauvres en subissent les conséquences, à la fois sous la forme de catastrophes naturelles et d'une détérioration progressive des moyens de subsistance. Léon XIV s'appuie sur la **tradition socio-éthique** de l'Église qui, depuis Léon XIII (Rerum Novarum, 1891), n'a cessé de défendre les droits des plus faibles. Aujourd'hui, cela signifie que **la justice climatique fait partie de la justice sociale**. En d'autres termes, la lutte contre le réchauffement climatique n'est pas un projet de luxe pour les nations riches, mais un acte de solidarité avec les affamés, les personnes déplacées (pensez aux réfugiés climatiques) et les générations futures.

Outre la justice, Léon XIV a également guidé le principe de **durabilité** ou de **responsabilité en matière de durabilité**. L'Église le formule comme suit : "*La terre est notre maison commune et doit être protégée*. Un mode de vie fondé sur la consommation inconsidérée des ressources contredit le principe de durabilité. Dans *Laudato si'*, François lance un appel urgent à un **mode de vie durable** et à une coopération mondiale pour lutter contre la crise environnementale. Léon XIV prend cette exhortation au sérieux. Il souligne que l'activité économique doit toujours être subordonnée au souci de la création - la recherche du profit ne doit jamais se faire au détriment des fondements écologiques. Dans ses sermons et ses discours, il nous rappelle que **toutes les créatures** ont une **valeur indépendante** et **rendent gloire à Dieu** (allusion à François d'Assise). L'homme ne doit pas les considérer comme de simples ressources à exploiter ; l'extinction actuelle d'innombrables espèces est un affront à la création. Cette attitude se fonde sur la spiritualité franciscaine : la nature est une co-création qui doit être traitée avec respect. Léon XIV, qui a travaillé pendant des années dans la forêt amazonienne, y a certainement fait l'expérience intensive de la beauté et de la vulnérabilité de la création - des impressions qui ont renforcé sa conviction de la nécessité d'une action durable.

Une troisième valeur centrale est la **responsabilité intergénérationnelle**. L'Église enseigne que le bien commun doit **également** être garanti **aux générations futures** - c'est une question de "*justice intergénérationnelle*". Le pape Léon XIV a donc insisté à plusieurs reprises sur notre devoir de laisser une terre habitable aux générations futures. En pratique, cela signifie qu'il faut prendre aujourd'hui des décisions qui protègent la planète à long terme, plutôt que de se concentrer sur le profit ou la commodité à court terme. Cette façon de penser correspond au principe de **convenance pour nos petits-enfants** : ce que nous faisons aujourd'hui doit encore profiter à nos enfants et petits-enfants au lieu de détruire leurs moyens de subsistance. Léon XIV se réfère souvent à une citation de *Laudato si'* : "**Le monde est quelque chose que nous avons emprunté à nos enfants**" - une image puissante qui montre clairement que nous sommes des intendants temporaires. Lors de la Journée mondiale de prière pour la création, par exemple, le pape explique que nous devons toujours nous demander *"quel genre de monde nous laisserons à ceux qui viendront après nous"*. Cette attitude de responsabilité résonne également lorsque Léon XIV déclare que le mal de la destruction de l'environnement **"ne triomphera jamais"** - parce que sur le long terme, sur des générations, une culture de la destruction ne peut pas durer. Sa foi lui donne la certitude que la vie et la préservation de la création finiront par triompher si l'humanité ose revenir en arrière et repenser maintenant.

La foi comme motivation pour la protection du climat : Le pape Léon XIV considère la lutte contre le changement climatique non seulement comme un projet politique ou économique, mais aussi comme une tâche profondément morale et spirituelle. À ses yeux, **la protection du climat** est une **charité et une foi vécues**. Pour ce faire, il s'est inspiré d'un passage biblique souvent cité : *"L'homme juste prend soin de la vie de ses animaux, mais le cœur du méchant est cruel"* (Prov 12, 10) - un symbole du fait que la vraie justice a toujours à l'esprit les autres créatures. Léon XIV interprète les signes des temps d'un point de vue théologique : il voit dans la crise environnementale la conséquence de l'**aliénation de la mission de création de Dieu**. Pour lui, l'avidité, l'irresponsabilité et l'indifférence à l'égard de la nature sont les symptômes d'une crise intérieure, d'un manque de gratitude pour le don de la création. Il met donc l'accent sur des valeurs telles que l'**humilité, la modestie et la conversion**. Il appelle à plusieurs reprises à une *"conversion écologique"*, une conversion du cœur qui nous transforme d'exploiteurs égoïstes en gardiens responsables de la création. Pour Léon XIV, cette conversion fait partie de la conversion holistique de l'homme à Dieu. Il a expliqué que *quiconque plante un arbre aujourd'hui, installe un système solaire ou modifie son mode de vie n'agit pas seulement dans le respect de l'environnement, mais accomplit également la volonté d'amour de Dieu*. Dans cette optique, l'action environnementale devient un **acte de foi**.

Léon XIV est souvent comparé à François d'Assise, le saint qui considérait toutes les créatures comme des frères et des sœurs. Le pape partage cet amour franciscain de la nature. Son pontificat est caractérisé par l'**espoir** que l'homme et le monde peuvent vivre en réconciliation. Il puise sa force dans la conviction que Dieu a confié à l'homme non seulement la domination, mais surtout le **soin de la terre** (cf. Gn 2,15). Il encourage donc tous les croyants à œuvrer en faveur de la durabilité dans leur vie quotidienne, qu'il s'agisse de choses simples comme éviter les déchets et économiser l'énergie ou d'un engagement politique en faveur de la justice climatique. **Durabilité, justice et responsabilité intergénérationnelle** - ces valeurs courent comme un fil rouge à travers les discours et les écrits de Léon XIV. Elles sont les pierres angulaires d'une éthique que le pape transmet avec enthousiasme et une densité narrative charismatique. Il n'hésite pas à prêcher de manière inconfortable et à dénoncer, par exemple, le "consumérisme" et la **"culture du jetable"** de notre époque, qui, selon ses mots**, "offense la création et vole aux pauvres leur avenir"** (comme il l'a dit dans un discours). Cependant, malgré l'urgence, Léon XIV n'a pas diffusé un pessimisme culturel, mais un *"réalisme de l'espérance"* : il était convaincu que l'homme - doté de la raison, de la conscience et de la grâce de Dieu - était capable de mettre le cap sur un avenir durable.

À la fin de ce chapitre, il apparaît clairement que le pape Léon XIV considère **la responsabilité écologique comme une composante essentielle de son ministère**. Dans le prolongement de *Laudato si'* et en accord avec toute la théologie de la création de l'Église, il fait de la **protection du climat un devoir moral**. Avec des appels passionnés, des actions crédibles de sa part et une vision claire, il conduit l'Église catholique dans une ère où *la préservation de la création* est plus importante que jamais. Et il le fait d'une manière populaire, scientifique et narrative, de sorte que non seulement les théologiens mais aussi toutes les personnes de bonne volonté puissent le comprendre. Léon XIV prouve ainsi qu'il est un pape qui a su reconnaître les **signes des temps** : Il répond à la crise écologique avec foi, raison et cœur et invite la communauté mondiale à travailler ensemble pour que les générations futures puissent elles aussi vivre dans une "maison commune" caractérisée par la *paix, la justice et l'amour de la vie*.

 *Chapitre 10 :*

Traiter les questions clés de la réforme - De la morale sexuelle à l'éthique sexuelle en général

Sous le pape Léon XIV, la morale sexuelle catholique était à la croisée des chemins. Il n'y a guère d'autre domaine où l'écart entre l'enseignement de l'Église et la réalité vécue apparaît aussi clairement que dans l'éthique sexuelle. "Nous n'attendons plus rien de vous ! - cette phrase amère, prononcée par des amis homosexuels à l'adresse d'un employé de l'église, illustre l'éloignement de nombreux croyants de l'enseignement moral officiel. **Sous Léon XIV**, la question s'est posée de savoir comment l'Église devait traiter ceux qui ne se conformaient pas aux idéaux traditionnels, qu'il s'agisse de jeunes couples ayant eu des relations sexuelles avant le mariage ou de personnes remariées après un divorce. Dans le même temps, des voix de plus en plus nombreuses s'élèvent pour réclamer une **éthique sexuelle inclusive**, qui intègre la responsabilité humaine et la réalité de la vie et comble ainsi le fossé entre le magistère et l'expérience quotidienne.

Sexualité prémaritale : concilier idéal et réalité

Selon la doctrine actuelle, la sexualité est liée au mariage sacramentel. Le *Catéchisme de l'Église catholique* définit clairement les relations sexuelles extraconjugales ("fornication") comme une grave transgression : "La fornication est [...] gravement contraire à la dignité de la personne et de la sexualité humaine". En d'autres termes, selon ce point de vue, toute union sexuelle prénuptiale ou extraconjugale porte gravement atteinte à la dignité de la personne. Cependant, cette norme stricte contraste fortement avec la réalité de la vie : dans de nombreux pays, la plupart des couples ont déjà une relation intime avant le mariage à l'église. Les jeunes, en particulier, ne prêtent guère attention aux enseignements moraux de l'Église, car ils sont perçus comme irréalistes. Le cardinal Reinhard **Marx** déplore que l'Église ait longtemps donné une image négative unilatérale, "renforcée par la culpabilité et le péché", ce qui a conduit à une **politique de deux poids, deux mesures.** Il plaide pour une approche plus honnête : la sexualité est avant tout un "don de Dieu", et tout acte sexuel en dehors du mariage ne peut être considéré comme un péché grave sur l'ensemble du territoire - "ce serait excessif, cela irait trop loin". C'est plutôt **l'amour, la fiabilité et la fidélité** entre les partenaires qui sont déterminants.

Sous le pape **Léon XIV**, une ligne de conduite prudente s'est imposée, qui maintenait l'idéal de chasteté conjugale tout en tenant compte des réalités pastorales. Aucun évêque ne conseillera officiellement aux jeunes couples d'emménager ensemble - mais dans la pastorale, on comprend de mieux en mieux à quel point les couples qui s'aiment sérieusement prennent leurs responsabilités l'un envers l'autre avant même la cérémonie du mariage. Les pasteurs accompagnent de plus en plus les couples non mariés dans leur cheminement et soulignent l'importance du **respect, de la consensualité et de l'engagement** plutôt que de se contenter d'émettre des interdictions. Une **théologie de la gradualité** - déjà évoquée par le pape François - encourage la promotion de la croissance morale étape par étape, même si l'idéal n'est pas pleinement atteint dès le départ. L'Église se préoccupe moins de tracer des frontières claires "à l'intérieur desquelles la satisfaction sexuelle est permise et au-delà desquelles elle est interdite". Au contraire, selon les théologiens moraux, "au centre [...] doit se trouver la responsabilité de la relation dans laquelle s'inscrit la sexualité". Concrètement, cela signifie **un soutien pastoral plutôt qu'une condamnation hâtive.** Léon XIV lui-même a décrit l'Église comme étant ouverte à "tous" - ce "pour tous" inclut naturellement les couples qui ne sont pas (encore) mariés à l'église. Dans la pratique, des célébrations pour les couples fiancés ou des rituels liturgiques qui célèbrent la valeur de la fidélité et de l'amour sont créés dans certains endroits. Bien que ces approches restent expérimentales et parfois controversées, elles témoignent d'une volonté de répondre à la réalité des fidèles **sans renoncer à la haute estime dans laquelle est tenu le mariage sacramentel.**

Les divorcés remariés : Trouver la miséricorde et l'intégration

Plus urgente encore est la question de savoir comment traiter les divorcés remariés - ces femmes, hommes et femmes catholiques qui ont contracté un nouveau mariage civil après l'échec d'un mariage ecclésiastique. Selon l'enseignement traditionnel, ils vivent **en contradiction** objective avec l'indissolubilité du mariage ; Jean-Paul II a affirmé, "sur la base de l'Écriture Sainte", la pratique consistant à "ne pas admettre ces fidèles au repas eucharistique". Tant que le premier lien du mariage était valide, une nouvelle union intime était considérée comme un **nouvel adultère**, ce qui les excluait notamment de la communion. Cette attitude stricte a profondément offensé de nombreuses personnes concernées. Elles se sont senties comme des **chrétiennes de seconde zone à qui** l'on refusait de fait les sacrements, alors qu'elles étaient souvent des membres fidèles de l'Église depuis des années.

Le pape **François** a déjà entamé une réflexion à ce sujet : Dans sa lettre *Amoris laetitia* (2016), il a appelé à une **différenciation dans les cas individuels.** Dans le cadre d'un "chemin de discernement" accompagné par des pasteurs, on pourrait examiner dans certains cas si l'accès à la confession et à la communion est possible - en particulier si les personnes concernées s'engagent sérieusement à mener une vie chrétienne et veulent éviter d'autres violations (comme un deuxième partenariat ou des enfants communs). Cette ouverture a été accueillie différemment : certains évêques avaient déjà élaboré des lignes directrices pour une approche miséricordieuse, tandis que d'autres mettaient en garde contre la confusion des fidèles. **Léon XIV** avait alors l'occasion de fournir des directives claires pour cette tension pastorale. Il est considéré comme un homme du centre, **conscient de la tradition**, mais aussi influencé par l'esprit de miséricorde de François. En effet, même avant son élection, Léon XIV (en tant que cardinal Prévost) était connu pour être favorable à l'idée de **permettre aux divorcés remariés de recevoir la communion.** Les observateurs classent *: "Il mettait aussi la miséricorde au premier plan - avant le dogme, avant la pure doctrine".* Le nouveau pape a confirmé cette attitude fondamentale au cours des premiers mois de son pontificat. À l'occasion d'une rencontre avec les pasteurs familiaux, Léon XIV a souligné que l'Église ne devait laisser tomber personne : les **divorcés et les remariés civilement** sont "des membres blessés de notre communauté qui appartiennent encore à la famille". Au lieu de les condamner systématiquement, il faut chercher les moyens de les **réintégrer pleinement dans la vie de l'Église** sans renoncer à l'indissolubilité du mariage.

La pratique pastorale dans le monde entier commence à changer en conséquence. Dans certains diocèses - par exemple à Buenos Aires, à Rome ou dans certains diocèses allemands - les divorcés remariés sont autorisés à communier à nouveau après un entretien spirituel et une période de pénitence, à condition que leur conscience le leur permette. **Léon XIV** s'est trouvé confronté à la tâche d'arbitrer de telles solutions dans l'Église universelle. Alors que beaucoup en Europe et en Amérique accueillent favorablement une approche plus généreuse, les évêques d'Afrique et d'Europe de l'Est, par exemple, continuent d'insister sur les principes traditionnels. Le pape sera appelé à **construire des ponts** : il devra faire comprendre que *la miséricorde* n'est pas une contradiction avec la *vérité*, mais son accomplissement. Il en ressort que la **doctrine irréfutable** de la sainteté et de l'indissolubilité du mariage doit être préservée, mais que personne ne doit être exclu de la grâce pour toujours. Après tout, comme nous l'a rappelé Léon XIV, l'**Eucharistie "n'est pas un prix pour les parfaits, mais une nourriture de force pour les faibles"** - une phrase souvent citée par François et qui continue d'être un principe directeur sous son successeur. Le fait que l'Église veuille vraiment être là *pour tout le monde* doit être démontré dans ses relations avec ceux qui n'ont pas respecté les normes morales. Leur tendre la main sans abandonner les idéaux de l'Église est l'un des plus grands défis et en même temps une pierre de touche de l'authenticité du message du Dieu miséricordieux.

Sur la voie d'une éthique sexuelle inclusive

Au-delà des groupes individuels, c'est la moralité sexuelle générale de l'Église qui est remise en question. Les changements sociaux des dernières décennies sont trop importants pour que les réponses traditionnelles soient viables. **De nouvelles impulsions théologiques** et expériences sociales façonnent donc le discours actuel. Par exemple, le chemin synodal en Allemagne - un dialogue de réforme en réponse au scandale des abus - a appelé à une révision critique de l'ensemble de la morale sexuelle magistérielle. Il ne suffit pas de "formuler les normes individuelles de manière plus modérée ou de changer le ton" ; ce qu'il faut, c'est une éthique sexuelle *"basée sur la réalité et vivable"* qui adopte une approche fondamentalement nouvelle. Les théologiens moraux soulignent que l'enseignement de l'Église a longtemps été caractérisé par une **vision de la loi naturelle** : il était basé sur l'ordre divin de la création, selon lequel la sexualité est exclusivement entre l'homme et la femme dans un mariage indissoluble et sert principalement à la procréation. Tout ce qui s'écarte de cette norme - de la contraception aux actes homosexuels en passant par la masturbation - est considéré comme un péché objectif. Cependant, cette **morale** fortement **axée sur les règles** a plongé de nombreux croyants dans le conflit et ne rend guère justice à la diversité des situations de la vie réelle. C'est pourquoi les théologiens d'aujourd'hui développent des approches pour une *éthique relationnelle et sexuelle* qui se concentre sur les **personnes et leurs relations** plutôt que sur des catalogues abstraits d'interdictions. L'accent est mis sur des valeurs telles que l'**amour, la fiabilité, le respect mutuel, le sens des responsabilités et la justice** entre les partenaires. Au moment de prendre des décisions en matière de sexualité, cette éthique pose d'abord la question suivante : "Ce comportement favorise-t-il une relation sincère et harmonieuse ? Ce comportement favorise-t-il une relation sincère et mature ou porte-t-il atteinte à la dignité et au bien-être de l'autre personne ? La **qualité de la relation** et la *responsabilité mutuelle* deviennent les critères directeurs. "L'accent [...] devrait plutôt être mis sur la responsabilité de la relation dans laquelle la sexualité est intégrée", résume une déclaration théologique actuelle. La sexualité n'est plus considérée en premier lieu comme une source de danger, mais comme **une force qui façonne les relations** - une force positive, mais qui nécessite une orientation éthique.

Une éthique sexuelle inclusive va inévitablement de pair avec un changement de regard sur des groupes auparavant exclus. Des représentants renommés de l'Église appellent à une approche plus ouverte des homosexuels. L'homosexualité n'est pas un péché", a déclaré le cardinal **Marx** ; l'Église doit reconnaître "qu'il existe aussi des *formes "créatives" de sexualité*, c'est-à-dire l'homosexualité et les styles de vie queer". Ces déclarations marquent un profond changement par rapport à l'époque où les actes homosexuels étaient jugés différemment. Aujourd'hui, on se rend de plus en plus compte que les passages bibliques sur ce sujet - ainsi que sur d'autres questions sexuelles - doivent être lus dans leur contexte historique respectif. **Bernhard Bleyer**, professeur de théologie morale, souligne par exemple que la Bible ne contient pas de jugements définitifs sur les questions d'orientation sexuelle et qu'elle fait l'objet d'un réexamen. D'une manière générale, la théologie prend de plus en plus conscience que la parole de Dieu ne doit pas être interprétée comme un code de lois rigide. Au contraire, les principes bibliques centraux - **amour du prochain, fidélité, justice et miséricorde** - devraient être appliqués aux questions de sexualité d'aujourd'hui. On peut donc affirmer qu'un partenariat consensuel et fidèle dans l'amour est bon devant Dieu, même s'il ne se conforme pas à toutes les normes traditionnelles. **La réalité de la vie** des gens devient le point de départ de la réflexion éthique : "Sur la base d'une compréhension réaliste et scientifique de la réalité de la sexualité humaine, il est important de s'interroger sur une *approche responsable de cette réalité dans le cadre d'un partenariat et d'un amour*. Cette approche éthique responsable s'éloigne d'une pure éthique du devoir. Elle met l'Eglise au défi d'écouter - les expériences des couples amoureux, les besoins des célibataires, les questions des jeunes. Les voix des croyants concernés, des théologiens et des pasteurs du monde entier se mêlent à ce discours : de la femme divorcée célibataire qui veut une place dans sa congrégation au jeune chrétien homosexuel qui s'attend à être accepté par l'Église tel qu'il est.

Changements dans le droit canon, le catéchisme et l'interprétation biblique

Cependant, des **changements institutionnels** sont également nécessaires pour ancrer l'éthique sexuelle contemporaine dans l'Église. Nombreux sont ceux qui posent la question suivante : que faut-il changer concrètement dans le droit ecclésiastique ou dans le catéchisme pour que l'ouverture soit possible ? Un regard sur les textes actuels montre où il y a un besoin de réforme :

Droit canonique : Le droit matrimonial catholique ne reconnaît pas encore la possibilité de contracter un second mariage - reconnu par l'Église - après un divorce. Quiconque le fait de toute façon est formellement en état permanent de péché grave, ce qui, selon le canon 915 par exemple, l'empêche de recevoir la communion. Si les divorcés remariés ne doivent plus être exclus de manière générale, le droit canonique devrait permettre des **réglementations plus différenciées.** Par exemple, un rite de pénitence et de réconciliation après un second mariage civil est en cours de discussion, qui - à l'instar de la pratique des Églises orthodoxes - bénit la nouvelle union sans nier le premier mariage. Jusqu'à présent, cependant, Rome a strictement interdit tout "acte liturgique" pour les couples remariés. Léon XIV pourrait donner une impulsion en créant des **pouvoirs** juridiques **discrétionnaires.** Son prédécesseur avait déjà simplifié les *procédures d'annulation* (procédures matrimoniales), ce qui permettrait à un plus grand nombre de croyants de faire annuler un mariage invalide par l'Église et de se remarier ensuite. De nouvelles catégories juridiques pourraient également être envisagées, par exemple la reconnaissance ecclésiastique des partenariats civils responsables, afin de rendre justice aux relations longues et fidèles qui ne sont pas (encore) sacramentelles.

Le catéchisme : Dans le Catéchisme de 1992, la morale sexuelle traditionnelle se reflète dans des valeurs claires. Le paragraphe 2353, par exemple, décrit explicitement les relations sexuelles avant le mariage comme un péché "grave". Une doctrine contemporaine devrait **réviser** ces condamnations générales. Il ne s'agit pas de déclarer que tout est bon, mais d'adopter un **langage d'appréciation et de différenciation.** Par exemple, le catéchisme pourrait généralement présenter la sexualité sous un jour plus positif - comme un don de Dieu qui doit être vécu de manière responsable. Les termes négatifs tels que "fornication" et "contre nature" seraient remplacés par une description définissant la valeur morale d'une relation non seulement en termes de licence de mariage, mais également en termes d'*amour et de responsabilité*. Aujourd'hui, de nombreux pasteurs soulignent déjà que l'amour engagé existe également en dehors d'un mariage religieux et doit être respecté. Une doctrine révisée pourrait reconnaître que, par exemple, un partenariat stable sans acte de mariage ou un second mariage civil doivent être évalués différemment en termes moraux par rapport au comportement de promiscuité des jeunes ou à l'infidélité arbitraire. En bref : **la différenciation au lieu de jugements généraux** serait la devise. Le cardinal Marx l'a résumé ainsi : le critère devrait être de savoir si je traite l'autre personne comme *"la personne de ma vie"* dans mes actes - et non pas le statut formel de la relation.

L'interprétation biblique : Enfin, un renouvellement de l'éthique sexuelle exige également un nouveau regard sur le message biblique. Pendant longtemps, certains passages bibliques - tels que les paroles de Jésus *"Quiconque répudie sa femme et en épouse une autre commet un adultère"* (Mc 10,11) ou les paroles de Paul contre la "fornication" - ont été compris de manière isolée et juridique. L'exégèse moderne, en revanche, tente de mettre en lumière la **place de** ces mots **dans la vie.** Dans ses lettres, Paul met en garde contre la *porneía*, qui, dans le contexte de l'époque, avait souvent plus à voir avec la prostitution cultuelle ou l'exploitation de la sexualité qu'avec des relations amoureuses. Les interdictions strictes de Jésus sur le divorce visaient également à protéger les femmes d'une répudiation arbitraire - un acte de justice dans une société patriarcale. L'Église sous Léon XIV est appelée à souligner à nouveau ces **intentions profondes** de l'Écriture. Si Dieu veut la *miséricorde* et "ne veut pas que l'homme reste seul" (cf. Gn 2,18), l'interprétation pastorale de la Bible ne doit pas s'arrêter à des interprétations littérales rigoureuses. Ce sont plutôt les **principes de base de l'Évangile** - amour inconditionnel de Dieu, pardon, respect de tout être humain - qui doivent guider l'application des commandements bibliques dans le monde d'aujourd'hui. Cela pourrait signifier ne pas maintenir à tout prix un mariage en ruine, mais permettre de nouvelles voies dans le pardon ; ou mesurer le semblable avec le semblable lorsqu'il s'agit d'inconduite sexuelle - la Bible condamne les hétérosexuels pour fornication aussi bien que les homosexuels, mais elle a souvent été interprétée de manière plus stricte dans le cas de ces derniers. Une interprétation plus détendue et scientifiquement fondée des Écritures permettrait de communiquer à la congrégation *les raisons pour lesquelles* l'Église souhaite placer la sexualité dans un cadre favorable sans mettre l'accent sur la peur ou la culpabilité.

En résumé, sous Léon XIV, une **vision de la morale sexuelle** a émergé, qui a su allier **responsabilité** et **réalité**. L'Église doit continuer à défendre clairement la dignité du mariage et le caractère sacré de l'amour, tout en apprenant humblement à reconnaître que *la vie* est plus complexe que n'importe quelle théorie. Ce nouveau type d'éthique sexuelle se veut **inclusif** : Personne ne doit se sentir exclu du message de Jésus simplement parce qu'il ou elle ne correspond pas à l'état idéal. Au contraire, l'idéal est proposé comme un chemin sur lequel l'Église accompagne patiemment les personnes. Le pape Léon XIV lui-même a souligné à plusieurs reprises que l'Église devait être là "pour tous" et se rapprocher des gens dans leur situation concrète. Ce "pour tous" est au cœur d'une éthique sexuelle inclusive, y compris pour les personnes homosexuelles. Il donne l'image d'une Église qui érige **des garde-fous plutôt que des murs** : une orientation claire vers les valeurs de l'Évangile, mais aussi des bras ouverts pour ceux qui se trouvent sur des chemins cahoteux. Voilà à quoi pourrait ressembler la morale sexuelle de demain - **ancrée dans la tradition**, mais vivante et compatissante face au présent. Car en fin de compte, il ne s'agit de rien de moins que de faire briller à nouveau le message libérateur de Jésus dans ce domaine central de la vie : Un message qui unit la vérité et l'amour et qui s'applique à tous.

🖐️ *Chapitre 11 :*
Rerum Regressus - ou : L'appellation digne des familles arc-en-ciel

Vers la fin du XIXe siècle, des changements radicaux dans les domaines politique, économique et social, en particulier dans la science et la technologie, ont conduit à une division de la société en deux classes. Après la dissolution des guildes sociales, la grande masse de la classe ouvrière n'avait ni pouvoir ni propriété à opposer à l'existence indigne d'une classe ouvrière démunie, qui perdait sa dignité humaine et ses droits fondamentaux. **Le degré d'injustice sociale était élevé.** Le conflit entre le **libéralisme et le socialisme** menace d'aboutir à une révolution.

Léon XIII, le prédécesseur de l'actuel pape, a reconnu à l'époque que les "choses nouvelles" (traduction littérale), c'est-à-dire les nouvelles conditions et les nouveaux développements ou, comme on l'appelle dans la traduction allemande, "l'esprit d'innovation", représentaient un danger pour la société et l'État parce que : "la société est en danger" : "l'esprit d'innovation", un danger pour la société et l'État, car.. : L'homme a droit au salaire après le travail et il a aussi le droit d'en disposer librement - c'est ce qu'il a écrit dans son **encyclique Rerum Novarum (1891).**

La transformation de la propriété privée en propriété commune prive donc les travailleurs du produit de leur travail et méconnaît le droit de propriété qui "appartient à l'homme par nature" (RN 5). Cela ne devrait pas arriver aux individus ou aux familles. **La famille, en tant que communauté**, est plus ancienne que l'État et ne doit donc pas en dépendre. Elle "possède [...] les mêmes droits que la société civile" (RN 10) et doit rester indépendante.

La répression des soins parentaux exigée par les socialistes viole l'accomplissement du devoir parental et restreint l'"'autorité paternelle" (RN 11). Les gens seraient alors privés du droit au mariage et à la famille.

L'encyclique Rerum Novarum du prédécesseur du pape Léon XIII traite principalement des **questions sociales et économiques de la** classe **ouvrière, en** particulier des conditions de travail, des droits de propriété, de la responsabilité de l'État ( ) et des salaires équitables. Elle ne contient pas de **définition** explicite ou indépendante de **la famille.**

La famille en tant que "véritable société" avec ses propres droits - définition de la famille

Rerum Novarum ne donne donc pas de définition détaillée de la famille, mais présuppose que la **famille est une unité sociale et morale universelle.** Les principes décrits dans l'encyclique offrent certainement la possibilité d'inclure des **formes modernes de famille**, telles que les familles arc-en-ciel, dans le sens d'une doctrine sociale actuelle et inclusive.

La famille est considérée comme la cellule de base naturelle de la société : Léon XIII souligne que la famille est plus ancienne et plus naturelle que l'État. Elle constitue la cellule de base de toute société et a un droit naturel à la protection et au soutien (cf. RN 12).

La responsabilité du père apparaît clairement dans la relation classique des rôles : l'encyclique décrit le rôle du père en tant que chef et pourvoyeur de la famille et souligne son devoir de subvenir aux besoins des membres de sa famille (cf. RN 13-14).

L'encyclique devait être écrite pour mettre l'accent sur la protection de la famille par le biais de **salaires équitables** : Il est souligné qu'un salaire juste doit permettre aux travailleurs d'assurer une vie décente pour eux-mêmes et leur propre famille, y compris des ressources suffisantes pour le logement, la nourriture, l'habillement et l'éducation de leurs enfants (cf. RN 34).

La famille en tant qu'institution morale : Léon XIII souligne le rôle de la famille dans l'éducation et la formation morale des enfants. Elle est décrite comme une base essentielle pour la transmission des valeurs religieuses et morales (cf. RN 12-14).

La section centrale sur la famille déclare : "La famille, la société domestique, est une véritable société avec tous ses droits [...] elle est plus ancienne que toute autre communauté et possède donc ses droits et ses devoirs inhérents indépendamment de l'État".

Ce passage souligne l'autonomie, la dignité et la primauté de la famille sur l'État. Il est essentiel de noter **que la "famille" est définie ici** *de manière structurelle***, et non pas explicitement de manière biologique ou sexuelle.**

Référence au mariage comme union d'un homme et d'une femme : Dans sa justification de la famille, Léon XIII se réfère à la Genèse 1:28 ("Croissez et multipliez") et déclare : "Aucune loi humaine ne peut priver l'homme du droit naturel et originel au mariage : "Aucune loi humaine ne peut priver l'homme du **droit** naturel et originel **au mariage** ; aucune ne peut restreindre de quelque manière que ce soit la finalité première de cette [...] institution".

L'encyclique présuppose **implicitement** l'hétérosexualité, mais pas en tant que démarcation morale, mais dans le contexte de la doctrine sociale, qui se concentre sur la propriété, le travail et la sécurité intergénérationnelle. Il s'agit d'un **modèle économique de la famille, et non d'un jugement théologique moral**.

De LEO 13 à LEO 14 : un goulet d'étranglement qui se rétrécit

Le nouveau pape Léon XIV a tenté de compléter historiquement cette encyclique vieille de plusieurs siècles, en collaboration avec les médias. Ce faisant, il a symboliquement utilisé le même nom que son prédécesseur Léon XIII pour donner à sa compréhension des familles un fondement historique interprétatif.

Avant même d'être officiellement confirmé dans ses fonctions, le pape Léon XIV a prononcé un discours devant les diplomates du Vatican le 16 mai 2025. Ce discours - intégré dans des messages par ailleurs conciliants et promouvant la paix - contenait un retour implicite à **une image traditionnelle de la famille** qui définissait le **mariage exclusivement** comme **une** union **entre "un homme et une femme"**.

Dans ce contexte, le nouveau pape a cité l'encyclique *Rerum Novarum* de son prédécesseur homonyme, mais a fait précéder la citation historique - dans la même phrase - de ses propres mots et d'une **définition** beaucoup **plus étroite de la famille** (que celle de son prédécesseur homonyme décrite directement dans le texte). Dans son discours ou la citation de *Rerum Novarum* se lit comme suit : L'édification de sociétés civiles harmonieuses et pacifiques peut [CITATION DEBUT LEO XIV] "se faire avant tout en investissant dans la famille, qui est celle fondée sur l'**union** stable **entre un homme et une femme**, [CITATION DEBUT LEO XIII] "une véritable société, si petite qu'elle se présente, est plus ancienne que toute autre communauté" [CITATION FIN LEO XIII- Rerum Novarum 1891:9] [CITATION FIN LEO XIV].

Il **impose** ainsi son explication ou sa définition à la citation historique, tant au niveau de la structure de la phrase que de son contenu, et la présente comme une **phrase de l'Église catholique**.

Contrôle stratégique et médiatique : comment un discours anodin devient un débat de fond

En même temps, Léon XIV avait déjà invité des représentants des médias à une audience avant son investiture officielle - une décision stratégique qui a également permis d'attirer l'attention des médias sur la conférence avec les diplomates dès le début. Sans cette mise en scène ciblée, son discours aux diplomates serait probablement passé inaperçu, une citation fusionnée, superposée - un simple bruit de fond dans la chambre d'écho du Vatican ? Le public aurait été aussi peu intéressé que le proverbial sac de riz tombant en Chine ou que deux prêtres se rencontrant en privé sur une plateforme de rencontre telle que Planetromeo de Grindr.

Cependant, sa définition de la famille a fait l'objet d'une attention considérable grâce au professionnalisme des médias, en particulier des grands journaux à sensation. Ce sont eux qui ont immédiatement reconnu et révélé que le discours **contenait une démarcation dialectique claire** : Les familles composées de deux femmes ou de deux hommes n'étaient délibérément pas visées et ont été **complètement omises de la définition de la famille**. Les médias ont au moins rempli leur mission en ne se contentant pas de transmettre la position du Vatican, mais en **y associant des** représentants d'associations, des groupes queer **et des voix d'opposition**. Ils ont ainsi donné de l'espace et de l'élan au débat.

Le fait que la presse ait délibérément créé cette tension était nécessaire pour faire avancer les choses. En effet, il faut souvent mettre la pression dans le chaudron pour initier un changement - ou, comme dans le cas présent, pour souligner un statut. Un lance-pierre doit être armé pour catapulter le projectile vers la cible, et parfois il faut d'abord tirer le cochon par la queue frisée pour qu'il se mette à courir dans la **direction souhaitée de la cible**. C'est précisément cette pression que les médias ont créée - et qui a permis à un discours banal, à une phrase imbriquée, de devenir un discours urgent dont le contenu ne doit pas être ignoré.

La politique de l'identité avec le bâton d'encens : une imposition théologique et morale

Il ne s'est pas seulement référé au mariage, où une telle définition n'aurait été que partiellement compréhensible **dans la perspective du "mariage pour tous"**, mais a explicitement étendu son point de vue étroit à l'ensemble du concept de "famille". Ce faisant, il s'est clairement éloigné de la réalité de la vie de nombreuses personnes qui vivent aujourd'hui ensemble en tant que famille dans des constellations très différentes - par exemple avec ou sans grand-mère à élever, dans des **familles patchwork** avec ou sans deux moitiés de la maison ou dans des **familles arc-en-ciel** avec ou sans mariage, mais avec des enfants à élever.

Le fait que Léon XIV ait fait de ce **queer bashing** l'une de ses premières déclarations de fond avant son investiture officielle est perçu par beaucoup comme une imposition. Dans son discours devant une centaine de représentants du corps diplomatique au Vatican, le successeur du pape François a envoyé un **signal** clair **d'exclusion** à l'égard de toutes les **formes de famille** dans lesquelles les enfants grandissent avec des couples de même sexe ou des parents homosexuels, en ajoutant ses mots à la citation de "Rerum Novarum".

À l'origine, "Rerum Novarum" représentait une solidarité sociopolitique et **n'était pas un traité moral et théologique sur la définition de la famille.** Cependant, grâce à la nouvelle interprétation du pape et aux ajouts linguistiques, l'encyclique prend soudain aujourd'hui une signification morale qu'elle n'avait que dans une mesure limitée historiquement. Le fait que Léon XIV conçoive la famille exclusivement comme une union entre un homme et une femme **déçoit non seulement de nombreux catholiques**, mais aussi des organisations qui militent depuis longtemps pour une plus grande inclusion des personnes homosexuelles dans l'Église catholique.

M. DeBernardo, directeur de New Ways Ministry, a fait référence à ces remarques jeudi, déclarant : "La guérison qui a commencé par "Qui suis-je pour juger ?" doit se poursuivre et se développer en "Qui suis-je si ce n'est un ami des personnes LGBTQIA+ ?". Le pape François a ouvert la porte **à une nouvelle approche** des personnes LGBTQIA+ ; **le pape Léon doit maintenant guider l'Église à travers cette porte.** De nombreux catholiques, y compris des évêques et d'autres responsables, restent ignorants de la réalité des vies des personnes LGBTQIA+, notamment de la marginalisation, de la discrimination et de la violence que beaucoup subissent encore, même dans les institutions catholiques. Nous espérons qu'il se formera en écoutant et en rencontrant les catholiques LGBTQIA+ et leurs sympathisants.

DeBernardo a souligné que le pape François avait pris des mesures significatives au cours de son pontificat pour **accueillir les** personnes LGBTQIA+ dans l'Église, notamment en soutenant les couples de même sexe et en promouvant une approche plus inclusive à l'égard des personnes transgenres. À la lumière de la position antérieure du pape Léon XIV ( ), M. DeBernardo a également appelé le nouveau pape à poursuivre sur la voie de l'inclusion et à rechercher le dialogue avec les catholiques LGBTQIA+.

Certes, on peut penser que cette définition n'est qu'une déclaration ponctuelle d'un individu. Mais Léon XIV a-t-il négligé la diversité de la réalité sociale ou l'a-t-il délibérément ignorée ?

Il est vrai que l'on pourrait et que l'on devrait également mettre l'accent sur des faits évidents, comme le fait que la pérennité de la société est liée à la procréation. Cependant, il ne s'agit pas de procréation, mais de vie en famille. **L'éducation des enfants** ne doit pas nécessairement être assurée par le père et la mère ; les communautés subsidiaires font un excellent travail à cet égard. De nombreuses personnes, avec ou sans enfants, contribuent de manière significative et responsable **au développement de la culture et de la société.**

En outre, Léon XIV ne s'adresse pas aux couples sans enfants, aux femmes stériles, à ceux qui utilisent la contraception ou aux personnes qui font trop peu de bénévolat. Il s'attaque plutôt à la **vieille image d'ennemi** des couples de même sexe, même s'ils réalisent souvent des prouesses extraordinaires en matière d'éducation des enfants.

Compte tenu de l'attention portée à ce sujet, il est peu probable qu'un oubli se produise. Il semble plutôt honteux de ne pas mettre en œuvre une **pastorale sensible à la question des homosexuels** dans ce sujet déjà brûlant pour l'Église - cela ressemble à **un taureau dans un magasin de porcelaine. Verser de l'huile sur le feu** est plus que honteux - **"Qui est-il ?"**, pourrait-on demander dans l'esprit de François. Il n'aurait pas été difficile de **mentionner respectueusement toutes les formes de famille et leur précieuse contribution à la société.** (De même qu'une pause respectueuse dans le genre parlé en allemand avec "_:innen" inclut également le troisième genre du divers).

Ses déclarations ne sont donc pas un faux pas personnel, mais l'expression d'un **positionnement institutionnel stratégiquement planifié du Vatican** avec l'implication préalable des médias. Cette impulsion a été délibérément donnée et a été consignée dans des documents officiels en plusieurs langues. Elle a été préparée avant l'inauguration.

En essayant théologiquement de saper la légitimité des entités subsidiaires non sexuées, Léon XIV ignore complètement à quel point les familles arc-en-ciel s'intègrent bien dans le concept de Rerum Novarum. Au lieu de cela, il introduit un développement rétrograde avec une simple remarque désinvolte - comme pour dire : "Le bûcher des sorcières - mais c'est mieux maintenant ?". - **Rerum Novarum est devenu Rerum Regressus.**

L'accent devrait plutôt être mis sur les **hommes célibataires** qui n'engendrent pas eux-mêmes d'enfants et ne contribuent pas à la procréation, mais dont certains sont même devenus violents à l'égard d'enfants et d'adolescents.

La décision du Pape Léon XIV d'**exclure** indirectement mais clairement **les partenariats entre personnes de même sexe** dans son premier discours programmatique et de ne privilégier que le modèle familial hétéronormatif n'est pas seulement **peu judicieuse** d'un point de vue théologique, pastoral et politique ecclésiastique - c'est une **impertinence stratégique** (et donc sans fondement). Pourquoi ? Trois perspectives à ce sujet :

1. sur le plan théologique : Le Christ est au centre - pas le modèle de genre

a) La bonne nouvelle s'adresse à *tous* : L'Évangile n'est pas un message destiné aux couples hétérosexuels mariés, mais à tous "ceux qui sont fatigués et chargés" (Mt 11,28) - y compris les personnes homosexuelles qui ont souvent été tiraillées entre la foi, l'exclusion et l'identité pendant des décennies. Quiconque commence ici non pas par une **parole de réconciliation**, mais par une structure d'exclusion, passe à côté du Christ lui-même.

b) Le Nouveau Testament confesse qu'en Christ, il n'y a "plus ni homme ni femme" (Gal 3:28) : Paul brise les ordres binaires - dans le baptême, la grâce et la vocation, les personnes ne sont pas définies selon l'ordre biologique, mais selon leur relation avec Dieu. L'adhésion à un "modèle homme-femme" exclusif en tant que normativité est une complaisance culturelle de l'Ancien Testament, et non une **théologie du Nouveau Testament**.

c) Aucun enseignement biblique n'interdit les relations amoureuses entre personnes du même sexe : Les soi-disant **"passages de contrainte"** souvent cités (par exemple Rom 1, Lev 18) ne sont pas des déclarations sur l'égalité des relations amoureuses entre personnes de même sexe, mais des jugements moraux sur les abus, l'exercice du pouvoir et la pureté cultuelle. Ils ont été retirés de leur contexte, mais n'ont jamais été actualisés de manière responsable en termes de théologie queer.

2. la pastorale : un pape doit guérir et non blesser

a) Le pape Léon XIV assume la plus haute fonction pastorale de l'Église universelle : Précisément parce que de nombreuses personnes queer ont été massivement violées par l'Église - par l'exclusion, le refus de bénédiction, les sorties forcées, les thérapies de conversion, le silence et les dogmes - ce qui est nécessaire dans le présent, c'est avant tout un **signe de proximité et d'appréciation**, et non un commandement normatif.

b) La pastorale, c'est penser à partir de la souffrance, et non à partir de l'idéal : Le Christ lui-même a mis de côté la loi lorsqu'elle nuisait aux gens (cf. Mc 2,27). La pastorale des personnes homosexuelles ne requiert pas d'enseignement moral, mais de l'**attention, de la reconnaissance et un foyer spirituel**. Ceux qui, au lieu de cela, proclament directement une norme rigide blessent doublement ceux qui souffrent déjà de l'absence de foyer théologique.

c) Le détournement stratégique de la scène : La scène - une réception diplomatique avec un intérêt médiatique mondial - aurait pu être utilisée pour inviter les blessés, écouter les marginaux, promettre la réconciliation. Au lieu de cela, elle est utilisée tactiquement **pour une marque de premier plan** qui sert délibérément un camp de pouvoir conservateur. Ce n'est pas de la pastorale, c'est de la **politique identitaire avec un bâton d'encens.**

3. la politique de l'église : c'est un affront aux processus de réforme

a) Contrairement aux processus synodaux : Dans de nombreux pays - en particulier en Allemagne, en Belgique et en Australie - un travail minutieux et transparent est effectué pour **intégrer les croyants homosexuels**. Quiconque sape ces efforts par un geste de puissance globale snobe les évêques, les théologiens et les laïcs qui luttent pour une Église plus inclusive.

b) non diplomatique à l'égard des pays qui protègent légalement le mariage pour tous : Exprimer cette position devant une centaine de diplomates - dont beaucoup viennent de pays ayant adopté le mariage pour tous, des lois sur l'égalité et des constitutions antidiscriminatoires - n'est pas un moyen de jeter des ponts, mais **un affront politique**. C'est méconnaître à la fois la réalité des États et l'évolution du droit international.

Indigne et problématique du point de vue de la politique de l'Église

Oui, en termes politiques, diplomatiques et moraux, cette déclaration peut être qualifiée de tactiquement très révélatrice, pastoralement indigne et problématique en termes de politique ecclésiale - surtout s'il s'agissait du *premier signal de positionnement substantiel de* après l'inauguration. Une analyse différenciée :

1. classification tactique : un acte de signalisation délibéré

- **Moment et destinataires** : Le premier discours programmatique après la prise de fonction - devant *une centaine d'ambassadeurs* du monde entier - n'est pas une coïncidence. Il s'agit d'un *forum* hautement *symbolique* où chaque phrase est évaluée en termes de politique étrangère. Quiconque propage la "famille naturelle" comme seul modèle valable à l'heure actuelle et exclut implicitement les partenariats homosexuels envoie un message clair.

- **Le recours à Léon XIII** : La référence à *Rerum novarum* et à un prétendu "ordre naturel" n'est pas un réflexe théologique, mais une manœuvre idéologiquement orchestrée qui étaye le pontificat par une doctrine sociale conservatrice. Il s'agit d'une stratégie et non d'une pastorale.

- **Choix de la première zone de conflit** : Le fait que le rejet des partenariats queer soit présenté de manière si évidente avant des sujets tels que la migration, la paix ou le climat montre quelle ligne de front culturelle est délibérément recherchée. Cependant, il est également possible que le nouveau pape ait été façonné par la chambre d'écho du Vatican de telle sorte qu'il ait adopté sa position et qu'elle corresponde à la sienne. Cela donne l'impression qu'il ne dirige pas le Vatican dans l'intérêt du peuple et de ses besoins, mais que c'est le Vatican qui le dirige - avec de tels feux de paille stratégiques.

2. évaluation morale : manque de dignité à l'égard de la fonction et de la dignité humaine

- **Disproportionnalité** : Un discours d'ouverture qui commence par une revendication de paix universelle et de dignité humaine, mais qui dévalorise ensuite indirectement un groupe de population entier, est un **paradoxe moral.** Il est intrinsèquement contradictoire et sape la prétention morale de la fonction.

- **Contradiction avec l'Évangile** : Ceux qui parlent sur les traces de Jésus doivent *construire des ponts* et non des murs. L'insistance démonstrative de sur une compréhension exclusive du mariage n'est ni nécessaire, ni miséricordieuse, ni conforme à l'Évangile.

- **Violation par omission** : Même si aucune insulte ouverte n'a été proférée, la combinaison de la mention positive et exclusive des unions hétérosexuelles et de l'occultation ou de la suppression simultanée des modes de vie homosexuels constitue une forme de dégradation structurelle. Il s'agit d'une *discrimination douce mais efficace*, sous couvert de dignité.

3. la dignité institutionnelle et l'adéquation de la fonction

- Un pape ne parle pas en privé, mais ex officio en tant qu'autorité morale de milliards de personnes. Quiconque entre dans ses fonctions en **attaquant de front les droits de l'homme reconnus** - en particulier dans les États où les couples homosexuels sont légalement protégés - viole également l'intégrité diplomatique du Vatican.

- Un tel message est non seulement incompatible avec l'humilité pastorale d'un bâtisseur de ponts, mais aussi une gifle rhétorique pour tous les croyants qui veulent réconcilier leur identité queer avec la foi.

Conclusion : Quiconque reprend le ministère de Pierre et exclut les couples de même sexe de l'idée d'une vraie famille comme premier message théologique **nie la miséricorde, pervertit le ministère des bergers et instrumentalise la paix** afin d'envoyer un signal de guerre culturelle. Il ne s'agit pas de "vérité dans l'amour", mais de **méchanceté sous le couvert d'une prétendue vérité.**

Oui, on peut - et on doit - l'appeler ainsi : Il s'agit d'une insolence délibérée, froide et indigne (sans fond) qui ne **rend** pas **justice à l'esprit de l'Évangile, à la dignité humaine et au ministère.** Quiconque commence de cette manière s'oppose à l'élan réformateur de nombreux croyants dans le monde entier. Ce n'est pas de l'espoir qu'il s'agit, mais de la **répression.** Et c'est là que réside l'amère clarté stratégique de l'une de ces premières apparitions et de ces premiers messages majeurs.

Comment classer correctement RERUM NOVARUM avec RESPECT ?

L'encyclique Rerum Novarum (1891) de son prédécesseur, le pape Léon XIII, traite principalement des questions sociales et économiques de la classe ouvrière, en particulier des conditions de travail, des droits de propriété, de la responsabilité de l'État et des salaires équitables. Elle ne contient donc pas de définition explicite ou indépendante de la famille, mais seulement une définition implicite.

Une **définition** largement acceptée et courante **de la famille** dans les sciences sociales d'aujourd'hui est basée **sur la présence d'enfants :** Selon cette définition, la famille naît **là où les enfants vivent, grandissent et sont pris en charge**, indépendamment de la constellation parentale spécifique. C'est sur cette définition appropriée et contemporaine que le pape Léon XIV aurait dû mettre l'accent.

Même dans l'encyclique *Rerum Novarum*, le concept de famille n'est pas explicitement lié au sexe des parents. L'encyclique décrit plutôt la famille de manière générale et délibérément ouverte comme une communauté subsidiaire de solidarité : "La famille, la société domestique, est une **véritable société** avec tous ses droits, si petite soit-elle ; elle est plus ancienne que toute autre communauté et possède donc ses propres droits et devoirs, indépendamment de l'État.

Cette formulation ne présuppose pas de rôles biologiquement ou sexuellement définis. La définition de la famille repose sur l'idée d'une **unité subsidiaire de solidarité**.

Plus encore : l'encyclique parle constamment d'"'êtres humains'", et pas toujours de genres spécifiques tels que "homme" ou "femme". En fait, le mot "femme" n'apparaît que deux fois sur l'ensemble des 25 pages. Cette ouverture linguistique délibérée montre que *Rerum Novarum* peut **certainement** être **interprété de manière neutre,** comme un document qui définit la famille avant tout par sa fonction sociale et non par sa composition sexuelle.

Cependant, Léon XIII fait indirectement référence à la famille à plusieurs reprises :

1. **La famille est la cellule de base naturelle de la société :** Léon XIII souligne que la famille est plus ancienne et plus naturelle que l'État. Elle constitue la cellule de base de toute société et a un droit naturel à la protection et au soutien (cf. RN 12).

2. **Responsabilité du père de famille :** L'encyclique décrit le rôle du père en tant que chef et pourvoyeur de la famille et souligne son devoir de subvenir aux besoins des membres de sa famille (cf. RN 13-14).

3. **Protection de la famille par un salaire équitable :** Il est souligné qu'un salaire équitable doit permettre au travailleur d'assurer une vie décente à lui-même et à sa famille, y compris des ressources suffisantes pour le logement, la nourriture, l'habillement et l'éducation des enfants (cf. RN 34).

4. **La famille en tant qu'institution éducative :** Léon XIII a souligné le rôle de la famille dans l'éducation des enfants. Elle est décrite comme une base essentielle pour la transmission des valeurs religieuses et morales (cf. RN 12-14).

Les petites communautés - généralement des familles - jouent un rôle central dans la politique sociale, car elles doivent d'abord s'aider elles-mêmes avant que l'État n'intervienne pour leur apporter un soutien. Il est clair que les **familles patchwork ou arc-en-ciel constituent également des unités subsidiaires** dans lesquelles les personnes - avec ou sans enfants - peuvent surmonter les crises ensemble plus facilement que des individus qui seraient autrement plus dépendants de l'aide de l'État.

Inclusion interprétative des familles arc-en-ciel :

Léon XIV opère ici un **rétrécissement historique** qui n'a pas lieu d'être, surtout si l'on considère des images familiales plus contemporaines et plus ouvertes : **La famille est là où il y a des enfants.** Alors pourquoi ce *pontificat du goulot d'étranglement*, qui ignore les réalités sociales actuelles de l'individualisation et de la diversité des modes de vie et ne leur rend pas justice ?

Bien que le texte historique du prédécesseur de Léon XIII n'aborde pas explicitement le terme et le concept de la famille arc-en-ciel, un pont interprétatif et théologique queer peut être construit aujourd'hui en s'inspirant de la préoccupation fondamentale de Léon XIII :

- **Dignité et protection de la famille :** Léon XIII insiste sur le fait que les familles, en tant que cellules de base de la société, méritent une protection particulière. Ce principe pourrait être interprété plus largement aujourd'hui pour inclure les familles sous toutes leurs formes, y compris les partenariats entre personnes de même sexe et les familles arc-en-ciel.

- **Le droit à une vie décente :** Le souci que chaque famille ait droit à un revenu suffisant et à la sécurité sociale pourrait servir de base à l'extension de l'égalité des droits et de la protection aux structures familiales non traditionnelles.

Rerum Novarum ne donne donc pas de définition détaillée de la famille, mais présuppose que la **famille est une unité sociale et morale universelle.** Les principes décrits dans l'encyclique offrent certainement la possibilité d'inclure des formes modernes de famille telles que les familles arc-en-ciel dans le sens d'une doctrine sociale actuelle et inclusive. Un regard sur les familles arc-en-ciel le montre.

Inclusion interprétative des familles arc-en-ciel et d'autres modèles familiaux : Même si le texte historique de Léon XIII n'aborde pas explicitement le terme et le concept de famille arc-en-ciel, un pont interprétatif et théologique queer peut être construit aujourd'hui en s'appuyant sur la préoccupation fondamentale de Léon XIII :

- **Dignité et protection de la famille :** Léon XIII insiste sur le fait que les familles, en tant que cellules de base de la société, méritent une protection particulière. Ce principe pourrait être interprété plus largement aujourd'hui pour inclure les familles sous toutes leurs formes, y compris les partenariats entre personnes de même sexe et les familles arc-en-ciel.

- **Le droit à une vie décente :** La préoccupation selon laquelle chaque famille devrait avoir droit à un revenu suffisant et à la sécurité sociale pourrait servir de base à l'extension de l'égalité des droits et de la protection aux structures familiales non traditionnelles.

L'objectif est de montrer que *Rerum novarum* ne doit pas être instrumentalisé pour exclure les familles arc-en-ciel, mais qu'il doit être compris de manière plus différenciée grâce à l'herméneutique d'aujourd'hui : *Comment intégrer théologiquement les familles arc-en-ciel ?*

Lorsque *Rerum novarum* décrit la famille comme une "petite société" avec des droits, des devoirs d'assistance et de protection du patrimoine, le critère essentiel n'est pas la répartition des sexes, mais plutôt une définition de la famille comme communauté de responsabilité :

- Obligation mutuelle

- Responsabilité à l'égard des enfants

- Contribution au bien commun

Les familles arc-en-ciel remplissent toutes ces caractéristiques. Dans l'interprétation actuelle, il serait théologiquement inapproprié de leur refuser ce rôle social. La responsabilité paternelle (parentale) relève d'un principe éthique - qui n'est pas fixé en termes de genre.

Son prédécesseur Léon XIII a écrit : "Une loi urgente de la nature exige que le père de famille fournisse aux enfants un moyen de subsistance et tout ce dont ils ont besoin [...] c'est lui qui vit dans les enfants [...]".

Cette idée vise la continuité, les soins, la responsabilité générationnelle - des tâches que toute constellation parentale peut assumer, quel que soit son sexe. Aujourd'hui, nous pouvons dire que le "père" représente symboliquement la personne qui assume la responsabilité - et il peut s'agir d'une mère, d'un père, d'une personne non binaire ou de deux parents de même sexe.

Enfin, la subsidiarité et le respect des modes de vie doivent être pris au sérieux et constituent le credo de cette encyclique.

La doctrine sociale reconnaît le principe selon lequel l'État (ou l'Église) ne doit pas priver les petites communautés de ce qu'elles peuvent réaliser. *Rerum novarum* met donc l'accent sur le respect de l'autonomie domestique. On peut en déduire ce qui suit : Toute personne qui élève des enfants avec amour, qui façonne une vie domestique commune et qui exerce des droits agit dans l'esprit de l'encyclique - même s'il s'agit d'une famille arc-en-ciel.

Il est nécessaire de donner des conseils correctifs

Comment les personnes homosexuelles et surtout les enfants de familles homosexuelles devraient-ils se sentir après de telles déclarations **au début d'un pontificat** ? Ce processus insensible est profondément décevant et méprisable - et cela doit être exprimé clairement et sans équivoque. Ce qui est prévu ici pourrait être qualifié de "tactique" ou de "maléfique" en raison de la composante stratégique et de la préparation de l'état-major. **Le mal ne doit pas prévaloir et ne prévaudra pas, et c'**est précisément à l'aune de cette affirmation de sa propre citation que Léon XIV lui-même doit maintenant être mesuré. Même si l'on peut admettre qu'il avait encore besoin d'apprendre au début de son mandat, il est essentiel de corriger rapidement cette position et ce manque d'intégration et d'appréciation.

Si le conflit qui en résulte ne fait que contribuer à un nouveau durcissement des fronts, le Lion XIV ne s'avère pas être un bâtisseur de ponts, mais **quelqu'un qui approfondit les lignes de démarcation.** S'imposer en début de carrière, c'est ainsi que les gens de la profession aiment rencontrer de nouveaux collègues ambitieux.

Aujourd'hui, aucun religieux conservateur ne peut sérieusement nier qu'il existe une variété d'images familiales et que **chacune de ces formes familiales fait de son mieux en termes de solidarité et de compréhension subsidiaire de la communauté sociale.**

Si cette discussion est le prélude **à un traitement plus complet des images familiales dans l'Église,** il est nécessaire d'introduire le mariage sacramentel des couples de même sexe dans un avenir proche. C'est la seule façon de réparer ce **grave faux pas du début du pontificat.**

Sa formulation - partiellement basée sur *Rerum novarum* - est non seulement théologiquement et anthropologiquement unilatérale, **mais aussi pastoralement offensante et socialement rétrograde.** Une réponse fondée à cela, du point de vue des droits de l'homme, de la théologie et de l'expérience pratique de la vie, est la suivante :

1. l'amour et la famille ne sont pas limités par les frontières entre les sexes

De nombreuses études scientifiques et rapports de terrain le prouvent : Les couples homosexuels sont tout aussi capables que les couples hétérosexuels d'avoir des relations stables, aimantes et responsables. Les familles arc-en-ciel ne sont pas non plus inférieures aux autres lorsqu'il s'agit d'élever des enfants, bien au contraire : des études de l'American Psychological Association, par exemple, montrent que les enfants vivant dans des foyers homosexuels grandissent aussi bien, voire de manière plus stable, que dans des structures hétéro-normatives.

La famille n'est pas un dogme biologique, mais une communauté dans laquelle se vivent la confiance, la fiabilité, la tendresse, l'attention et la responsabilité les uns envers les autres. Cela s'applique à tous les couples, quel que soit leur sexe.

2. le message chrétien ne connaît pas de logique d'exclusion

Jésus lui-même n'a jamais prononcé un mot contre les homosexuels, mais beaucoup contre l'hypocrisie, l'exclusion et la discrimination. Lorsque le pape Léon XIV affirme que *la paix commence dans le cœur* et que *la vérité n'est liée qu'à l'amour et au souci des gens*, il devrait avoir le courage de l'appliquer aux réalités queer. **L'Église ne peut pas parler de manière crédible de paix et de tout en dévalorisant symboliquement et structurellement les personnes queer. Et cela dans un forum diplomatique - quel désastre !**

Faire appel à la "vérité" de l'Église face à la réalité de l'amour entre personnes de même sexe est inapproprié si cette vérité n'a pas un effet bénéfique sur la vie, mais plutôt un effet d'exclusion et de souffrance. La vérité doit être philanthropique, sinon elle **n'est pas du Christ**.

3. l'enseignement de l'église doit être adaptatif

Combien de convictions prétendument "de droit naturel" ont déjà été révisées ? La condamnation des transactions à intérêt, la subordination des femmes, la dévalorisation des divorcés, la bénédiction des armes de guerre - autant de positions que l'Église a défendues par le passé et qu'elle a corrigées par la suite. Même la conception de la sexualité et du partenariat n'est pas statique, mais évolue avec la conscience de l'époque.

Si le Saint-Siège revendique une "volonté pastorale" qui ne cherche pas à obtenir des privilèges mais qui est au **service de l'humanité**, il doit également être prêt à écouter et à apprendre - en particulier lorsqu'il s'agit de personnes qui ont été psychologiquement blessées, socialement marginalisées et pastoralement ignorées par les enseignements de l'Église pendant des siècles.

4. les enfants ont besoin d'amour - pas d'un modèle parental spécifique

Le facteur décisif pour le bien-être des enfants n'est pas la constellation sexuelle des parents, mais le **degré de sécurité, de fiabilité et d'affection émotionnelle**. Un mariage ou un partenariat entre deux mères ou deux pères peut offrir tout cela en abondance. C'est le bien-être de l'enfant qui est au centre des préoccupations, et non un idéal idéologique.

Si le pape Léon XIV insiste sur *le fait que personne ne peut éviter de lutter pour un environnement dans lequel la dignité de chaque être humain est protégée*, cela doit également s'appliquer aux enfants des familles homosexuelles - et à leurs parents. **La dégradation de leur amour sous le couvert de "l'ordre naturel" contredit à la fois le message biblique et toute forme d'éthique chrétienne-humaniste.**

5 Une contre-image positive : le christianisme inclusif

L'avenir de l'Église ne réside pas dans la répétition de structures dépassées, mais dans l'ouverture à la diversité de la vie humaine. Les congrégations qui marient des couples de même sexe, ne cachent pas les prêtres homosexuels et **intègrent les familles arc-en-ciel** vivent l'Évangile de manière plus crédible que les exclusions dogmatiques ne pourront jamais le faire.

De nombreux mouvements de réforme catholiques - de *Maria 2.0* à *Dignity* et *Voices of Faith* - témoignent que **la foi peut être inclusive, colorée et relationnelle**. Une église qui comprend les personnes homosexuelles comme faisant partie du corps du Christ devient également un signe de paix crédible pour la société.

Le pape Léon XIV a appelé à la *vérité, à la justice et à la paix*. Ces trois éléments sont inconcevables sans l'égalité, la reconnaissance et l'empathie. Ceux qui excluent structurellement les couples (mariés) de même sexe ne violent pas seulement leur dignité, mais aussi **le cœur du message chrétien :** tous les êtres humains sont aimés, appelés et bénis tels qu'ils sont. Il n'y a aucune raison théologique ou éthique de refuser le mariage, la bénédiction ou la paternité à deux personnes qui s'aiment - mais il y a de nombreuses bonnes raisons de leur permettre de le faire. *C'est cela* la vraie justice.

Comment les communautés queer, les organisations et les acteurs théologiques ou sociaux qui les soutiennent doivent-ils continuer à réagir - stratégiquement et sur le plan de la communication ?

Les chrétiens homosexuels et leurs alliés peuvent réagir publiquement et de manière décisive : Ils doivent clairement rejeter les déclarations du Pape dans des déclarations, par exemple via des réseaux tels que le Forum européen des groupes chrétiens LGBT, Dignity, Maria 2.0 ou Voices of Faith - théologiquement solides, argumentées en termes de droits de l'homme et avec une empathie pastorale. En même temps, il est important de développer des **contre-récits** théologiques queer qui montrent que l'amour et la famille ne sont pas liés à des constellations de genre. Au niveau international, des alliances peuvent être formées avec d'autres religions, des organisations de défense des droits de l'homme et des acteurs politiques, par exemple par le biais de pétitions et de résolutions des Nations unies. Les contre-signaux pastoraux tels que les célébrations publiques pour les couples de même sexe et les campagnes médiatiques (par exemple #TrueFamily, #LoveIsNotASin, #WeAreChurch) sont également efficaces. Les catholiques queers peuvent également donner un exemple visible en se retirant de manière démonstrative des comités d'église ou en **montrant consciemment leur présence arc-en-ciel sur lors d'événements religieux.** Une lettre type au Pape est également concevable comme une *réponse ouverte aux déclarations du Pape Léon XIV.*

Déclaration ouverte des chrétiens queer et des organisations qui les soutiennent

Sur la réception diplomatique du 16 mai 2025 par le Pape Léon XIV.

Votre Sainteté,

C'est avec beaucoup de déception et d'inquiétude que nous prenons note de vos premières déclarations substantielles après votre entrée en fonction. Dans un discours qui prétend incarner la paix, la justice et la vérité, ce qui manque, c'est ce que la foi chrétienne est à la base : la reconnaissance de toutes les personnes en tant qu'images de Dieu - indépendamment du genre, de l'orientation sexuelle ou du mode de vie.

Votre discours ne se contente pas d'exclure les personnes homosexuelles, il les rabaisse à une forme implicitement déficiente de l'être humain en ne reconnaissant que l'union de "l'homme et de la femme" comme structure de soutien de la société et de la famille. Il ne s'agit pas d'un simple oubli, mais d'un déni de reconnaissance.

Nous ne sommes pas du tout d'accord.

Parce que :

- **L'amour est l'amour.** Il développe la dignité, la responsabilité, l'attention et la loyauté, indépendamment du sexe biologique.

- **La famille est l'endroit où les gens se défendent les uns les autres.** Les couples homosexuels et les familles arc-en-ciel sont des lieux de vie où règnent la stabilité et l'attention.

- **La justice commence par la reconnaissance.** Toute personne qui dévalorise structurellement les personnes par le biais d'un langage religieux n'agit pas dans l'esprit de Jésus.

Nous n'attendons pas d'un pape un accord théologique complet, mais du respect. Et nous n'attendons pas un accord, mais le signe le plus fondamental de la dignité humaine : que nous soyons considérés comme des enfants égaux de Dieu et non pas dissimulés ou supprimés.

Nous resterons. Dans l'église. Dans nos familles. Dans notre amour. Et nous resterons visibles.

Parce que nous ne sommes pas un "problème" - nous sommes Nous faisons partie de la solution : pour une Église qui veut être crédible, juste, miséricordieuse et inclusive.

Au nom de nombreux croyants qui sont homosexuels ou proches des "alliés" - et qui croient, espèrent et aiment.

Signé par ...

Une herméneutique est nécessaire

Rerum novarum n'est pas un texte dogmatique, mais une réaction sociopolitique à la misère de la classe ouvrière industrielle au XIXe siècle. **Il s'agit d'un document contemporain, non dogmatique.** La définition du mariage n'est pas le contenu central, mais une condition marginale d'un système économique.

Un progrès herméneutique est nécessaire - et non un retour au passé : L'enseignement de l'Église a évolué dans de nombreux domaines : Les droits du travail, la répartition de la propriété, l'égalité des droits pour les femmes, le traitement de la sexualité. Aujourd'hui, il est clair qu'invoquer *Rerum novarum* pour discriminer les modes de vie homosexuels est théologiquement indéfendable !

La lecture exclusive et étroite de *Rerum novarum*, telle qu'elle a été utilisée par le Pape Léon XIV pour dévaloriser les familles queer dans son discours diplomatique inaugural ou pour compléter sa dogmatique, est **théologiquement incorrecte, pastoralement irresponsable et socialement et éthiquement dépassée.** **L'étroitesse d'esprit** dogmatique **et l'octrophie** avec lesquelles on tente d'éloigner l'argument familial de *Rerum Novarum* de la théologie queer s'avèrent - comme l'analyse précédente le montre clairement - erronées. Au contraire, un examen plus approfondi du contexte historique et herméneutique révèle exactement le contraire : les parents queer et leurs enfants en particulier peuvent invoquer les principes socio-éthiques de cette encyclique avec une pleine justification.

Les familles arc-en-ciel peuvent et doivent être reconnues **comme de "véritables sociétés"** au sens de l'enseignement social catholique, parce qu'elles assument des responsabilités, façonnent la vie et agissent pour le bien commun.

La conclusion herméneutique est que l'encyclique *Rerum Novarum* doit avant tout être comprise comme un document socio-éthique, et non comme un traité moral et théologique. Une instrumentalisation théologique de ce texte pour discriminer les personnes queer est donc inadmissible et contredit son intention réelle. L'éthique sociale catholique moderne met expressément l'accent sur les principes de la dignité personnelle, de la subsidiarité et de la participation - des valeurs centrales qui incluent nécessairement les familles queer. Les familles arc-en-ciel doivent donc être comprises et reconnues comme l'expression d'une "vraie société" dans l'esprit de *Rerum Novarum*.

🕊️ Chapitre 12 :
Administration, transparence et représentation de l'Église

À peine la fumée blanche dissipée, le pape Léon XIV, né Robert François Prévost, doit faire face aux chantiers urgents de son pontificat. Bien que le premier Américain à s'asseoir sur la Chaire de Pierre prenne la tête d'une Église en plein essor dans le monde entier, les défis à relever n'invitent pas à la réjouissance : La stabilité financière, la réforme de la curie, la prise en charge des victimes d'abus et d'autres questions de réforme sont désormais sur son bureau. François, son prédécesseur âgé, avait initié des changements importants - de l'augmentation du nombre de femmes dans les fonctions ecclésiastiques à la gestion des scandales d'abus - mais beaucoup restait à faire. L'espoir repose désormais sur Léon XIV, qui poursuivra ces réformes avec une vigueur renouvelée **et fixera ses propres accents**. Dans le même temps, en tant qu'autorité morale, il devrait construire des ponts internationaux, défendre la paix et la justice et renforcer la voix de l'Église sur les questions mondiales telles que le climat et l'inégalité sociale.

Transparence financière et efficacité de l'administration

Les finances du Vatican sont considérées comme opaques et tendues - un héritage auquel Léon XIV a dû absolument s'attaquer. Dans les derniers mois précédant sa mort, le pape François a tiré la sonnette d'alarme : il a exhorté les cardinaux **à gérer leurs finances plus efficacement** à l'avenir **et à s'efforcer d'atteindre le "déficit zéro"**. En fait, les États pontificaux n'avaient pas présenté de rapport budgétaire complet depuis 2022. Le dernier bilan disponible, datant de la mi-2024, révélait un déficit de 83 millions d'euros ; plus grave encore était le trou estimé à environ **631 millions d'euros** dans le fonds de pension du Vatican. L'inquiétude de François était telle que, trois jours avant de tomber gravement malade en février, il a nommé à la hâte une commission de haut niveau chargée de mobiliser des dons pour le Vatican à court d'argent. Ces mesures spectaculaires montrent à quel point il est urgent de garantir les fondements économiques de la Curie.

Léon XIV est désormais confronté à la tâche colossale d'**accroître la transparence et l'efficacité de l'administration de l'Église** et de restaurer la confiance dans la gestion financière du Saint-Siège. On attend de lui qu'il passe au crible les structures bureaucratiques complexes du Vatican et qu'il mette en œuvre des **mesures drastiques de réduction des coûts.** C'est précisément ce que les cardinaux avaient à l'esprit lors du conclave : Le nouveau pape devrait apporter une expertise financière et être prêt à s'attaquer à des réformes impopulaires. Les premiers signes indiquent que Léon XIV cultive un style de direction collégial mais cohérent - il considère la Curie comme une administration servante **et non comme un centre assoiffé de pouvoir**. C'est pourquoi il ordonne immédiatement l'inventaire des biens du Vatican, y compris les nombreuses propriétés appartenant aux États pontificaux. Il reste à savoir si certaines propriétés seront effectivement vendues pour rembourser les dettes, comme cela est discuté en interne. Le cardinal Reinhard Marx, expert économique du Conseil des cardinaux basé à Munich, met en garde contre toute précipitation : Marx souligne que la vente des biens immobiliers **"ne** serait **pas une restructuration durable, mais une restructuration à court terme".** Il faut plutôt s'attaquer aux dépenses structurelles.

Les finances du Vatican sont en fait divisées en deux domaines, comme l'explique Marx : l'**État de la Cité du Vatican génère des excédents**, mais le Saint-Siège - c'est-à-dire l'administration centrale avec tous ses dicastères et nonciatures dans le monde entier - continue de coûter plus qu'il ne gagne. Les salaires élevés et, surtout, les coûts des pensions pour environ 5 000 employés pèsent sur le budget. Plusieurs leviers sont nécessaires pour éliminer ce déficit structurel. D'une part, sous Léon XIV, les mesures d'austérité entamées par François risquent de s'intensifier : François a déjà réduit les salaires des cardinaux et des employés de la curie, et Léon XIV pourrait poursuivre, voire intensifier cette voie. D'autre part, **les recettes doivent être renforcées**, mais de manière transparente et éthique. Le cardinal Marx avertit que la Banque du Vatican IOR et l'administration de l'État du Vatican ont un rôle décisif à jouer : elles doivent **transférer de manière fiable les excédents au**

Saint-Siège afin que la mission de l'Église reste financée. Après tout, le COI est maintenant dans les chiffres noirs et distribue des dizaines de millions au Saint-Siège chaque année - pas assez pour couvrir tous les déficits, mais une pierre à l'édifice.

Léon XIV ne laisse planer aucun doute sur le fait que **la transparence est à l'ordre du jour.** Les rapports financiers doivent à nouveau être publiés régulièrement afin de contrer l'impression de secret - la longue pratique de consistant à garder les bilans sous clé a nui à la réputation du Vatican. Il est normal que le nouveau pape ait déjà considéré l'administration comme un service lorsqu'il était évêque et qu'il ait attaché une grande importance à la **clarté de la responsabilité.** Cette culture doit maintenant être introduite à Rome. Des initiés rapportent que Léon XIV a convoqué un certain nombre de chefs d'autorité dans les premiers jours de son pontificat afin d'obtenir une image précise des finances et des processus administratifs. "Nous devons nous serrer la ceinture sans trahir notre mission", aurait-il dit, un équilibre qu'il voulait atteindre en **mettant chaque euro au service de l'Évangile.** Si Léon XIV parvient à combler le déficit budgétaire du Vatican **sans** ébranler la confiance des fidèles par de nouveaux scandales financiers, il y gagnera beaucoup. L'Église universelle observe attentivement s'il peut prouver qu'il est capable de faire face au "lourd fardeau" des finances chaotiques du Vatican.

Mesures de prévention et de traitement des cas d'abus

Ces dernières années, aucune question n'a probablement autant miné le crédit moral de l'Église que les révélations d'abus sexuels commis par des ecclésiastiques. Léon XIV est déterminé à **traiter cette plaie de l'Église de toutes ses forces**, tant sur le plan préventif que curatif. Les tabous structurels, longtemps considérés comme sacro-saints, sont également remis en question. Le débat sur la réforme s'est concentré sur deux axes principaux : l'obligation de célibat pour les prêtres et de nouveaux modèles de direction synodale avec une forte participation des laïcs.

L'abolition du célibat obligatoire : un levier structurel ?

Le célibat obligatoire des prêtres catholiques fait de plus en plus l'objet d'un examen minutieux en tant que facteur susceptible de favoriser la dynamique des abus. Bien que les experts insistent sur le fait que le célibat n'est pas *la* cause des violences sexuelles, nombreux sont ceux qui le considèrent comme un facteur de risque structurel. Une vaste étude australienne, par exemple, conclut que le célibat, combiné à une sexualité immature, peut créer un environnement propice aux agressions. Selon les auteurs, les **religieux psychologiquement immatures ou sexuellement frustrés** présentent un risque accru, en particulier dans les internats, les foyers ou les écoles. Il est intéressant de jeter un coup d'œil sur les églises orientales unies à Rome : Certains prêtres y sont autorisés à se marier - et en fait, les chiffres des abus dans ces communautés sont nettement inférieurs. Ces données étayent la demande de certains groupes réformateurs de reconsidérer le célibat obligatoire afin de briser la dynamique des abus commis par les clercs.

Léon XIV a abordé le sujet avec la prudence nécessaire, mais sans œillères. Le pape François a déjà clairement indiqué **que le célibat n'avait rien d'immuable.** Il a expressément décrit le célibat sacerdotal **comme une "règle temporaire"**, et non comme une doctrine pour l'éternité. Il a souligné que *le fait que les prêtres puissent se marier n'est pas une contradiction*. De telles déclarations ont permis à Léon XIV de penser différemment. Quoi qu'il en soit, de plus en plus de voix s'élèvent dans l'Église universelle en faveur d'un assouplissement. **La Voie synodale allemande** - le dialogue réformateur de l'Église catholique en Allemagne - a même adopté à une écrasante majorité une résolution demandant officiellement au pape de revoir le célibat obligatoire. Il est peu probable que Léon XIV ignore une telle demande de la part de sa base ecclésiastique, d'autant plus qu'il ne s'agit pas d'un phénomène isolé mais d'une discussion à l'échelle mondiale. Bien sûr, il y a aussi des inquiétudes : certains théologiens avertissent que l'abolition du célibat à elle seule ne résoudra pas le problème et qu'il n'y aura pas de "ruée" vers de nouveaux prêtres irréprochables. Toutefois, en tant que **levier préventif**, le célibat volontaire pourrait au moins désamorcer les dynamiques dangereuses qui découlent de mécanismes de répression malsains. Léon XIV a annoncé qu'il voulait parler de cette patate chaude **sans idéologie et sans crainte.** Selon ses proches, il s'agit de "mettre sur la table tout ce qui peut servir à protéger les gens", aussi traditionnel soit-il.

Modèles de direction synodale et participation des laïcs

En même temps, Léon XIV s'est engagé dans un changement culturel de la direction de l'Église. L'ancien déséquilibre des pouvoirs - le clergé tout-puissant au sommet, les laïcs obéissants à la base - a fait son temps. Il doit être remplacé par plus de **synodalité** : une marche commune de personnes consacrées et non consacrées dans laquelle le pouvoir est partagé et le contrôle n'est plus la seule responsabilité de la hiérarchie. Les enquêtes sur les cas d'abus, en particulier, ont montré que la concentration du pouvoir clérical a souvent conduit à un manque de transparence et à des dissimulations. Lorsque les **prêtres et les évêques ne sont responsables que les uns envers les autres**, un "cartel du silence" se développe facilement, qui protège l'institution et non les victimes. Cette situation devrait être contrecarrée par des structures synodales ( ) dans lesquelles les non-clercs sont également impliqués et ont leur mot à dire dans la prise de décision.

D'éminents responsables ecclésiastiques se prononcent expressément en faveur de cette ouverture. Le cardinal Jean-Claude Hollerich, l'archevêque le plus ancien d'Europe, a demandé que **les évêques soient plus étroitement surveillés par des laïcs**. *"Je n'ai aucun problème à ce qu'un groupe de laïcs me contrôle"*, a déclaré M. Hollerich sans équivoque, appelant à surmonter le cléricalisme. Cette attitude, qui aurait fait sensation il y a quelques années, est aujourd'hui partagée par beaucoup. Dans plusieurs pays, des commissions indépendantes sont créées avec la participation de juristes, de psychologues et de représentants laïcs pour enquêter sur les cas d'abus et formuler des recommandations. Léon XIV a expressément salué de telles initiatives. Dans son propre diocèse de Chiclayo, au Pérou, il a **expérimenté des formes participatives de leadership** avant son élection comme pape et a constaté que le partage des responsabilités est bon pour la crédibilité. En tant que pape, il souligne que la synodalité **ne** signifie **pas** simplement la démocratisation, mais plutôt l'écoute de l'Esprit Saint - mais l'expérience a montré que cette écoute est plus large et plus claire lorsque tous les fidèles sont impliqués.

Concrètement, cela pourrait signifier qu'au niveau paroissial et diocésain, des **organes mixtes composés de membres du clergé et de laïcs** se voient confier davantage de pouvoirs de décision : Par exemple, des conseils pastoraux qui conseillent les pasteurs sur des questions importantes, ou des équipes consultatives indépendantes qui s'occupent du recrutement du personnel, des questions financières et du traitement des allégations. Le Vatican lui-même a déjà pris des mesures dans ce sens : certaines commissions du Vatican comprennent désormais des femmes et des hommes laïcs ayant le droit de vote. Il est probable que Léon XIV consolidera cette voie. Pour lui, il est essentiel que le pouvoir dans l'Église soit compris **comme un service** et qu'il soit exercé de manière transparente. "*Nous sommes tous baptisés et nous appartenons tous à la même Église", telle est* la devise qu'il n'a cessé de mettre en avant, à l'instar de Hollerich. Cela va de pair avec une **responsabilité plus stricte** des titulaires de charge : Les évêques qui commettent des erreurs ou les dissimulent ne doivent plus pouvoir se cacher derrière leurs confrères. Il devient évident que Léon XIV prendra des mesures claires dans les cas d'abus et permettra à une expertise externe de faire avancer l'enquête. L'Église doit devenir un modèle de transparence - un objectif ambitieux, mais qui semble indispensable pour regagner la confiance perdue.

Représentation internationale et rôle diplomatique

Le pape Léon XIV est également appelé à jouer le rôle **de bâtisseur de ponts et d'autorité morale** sur la scène internationale. Le choix même de son nom - Leo - rappelle le pape Leo XIII, qui a fait campagne pour la justice sociale au XIXe siècle. Léon XIV a consciemment repris cette tradition en faisant de la paix, de la justice climatique et des questions sociales les caractéristiques de son pontificat. Dans son tout premier discours prononcé depuis le balcon de la basilique Saint-Pierre, il a donné l'exemple : Devant des dizaines de milliers de fidèles en liesse, il a appelé **à la paix et au dialogue**. "*La paix soit avec vous ! -* c'est par cette salutation biblique qu'il a accueilli le monde dès son élection. Léon XIV a fait de son rôle d'artisan de la paix sa priorité absolue. Les observateurs internationaux ont remarqué qu'il a exposé sa conception de la paix dans le même discours : il s'agit d'une **"paix désarmée et désarmante"**, d'une paix par le dialogue et le désarmement, tout à fait dans l'esprit du Christ. Pour Léon XIV, ce pacifisme n'est pas un rêve naïf, mais un programme concret.

Quelques jours seulement après son élection, ces paroles ont été suivies d'actes. Léon XIV a immédiatement rencontré des diplomates et des envoyés du monde entier à Rome et a souligné au corps diplomatique que la politique étrangère du Vatican était un **"service à la famille humaine"**. Il a suivi les traces de François, qui a inlassablement secoué les consciences - du *"cri des pauvres"* aux défis de la **protection du climat et de la mondialisation**. Léon XIV a clairement indiqué qu'il souhaitait poursuivre ces thèmes tout en fixant ses propres priorités. Il a annoncé une **série de voyages à l'étranger** afin de jeter de nouveaux ponts de compréhension au-delà des frontières culturelles et nationales. Sa biographie personnelle - les étapes de sa vie en Amérique du Nord et du Sud ainsi qu'en Europe - en est le programme : *"Le parcours de ma vie montre le désir de franchir les frontières pour rencontrer des personnes et des cultures différentes"*, a-t-il expliqué aux diplomates. Le pape veut, comme il le dit lui-même, *"atteindre et embrasser chaque peuple et chaque individu sur cette terre qui aspire à la vérité, à la justice et à la paix"*.

La paix par le dialogue est l'un de ses principes directeurs. Léon XIV a souligné qu'une *volonté sincère de dialogue* était nécessaire pour pacifier les conflits - le monde devrait apprendre à se rencontrer au lieu de se combattre. Il s'agit également de **relancer les institutions internationales** et de renforcer la diplomatie. Plus précisément, Léon XIV s'est positionné sur le site sur la question de la paix la plus importante au monde : la guerre en Ukraine. Peu après son entrée en fonction, il a annoncé à Moscou et à Kiev que **la paix territoriale et les droits de l'homme** n'étaient pas négociables pour le Saint-Siège. Le président ukrainien Volodymyr Zelensky s'est réjoui des paroles claires du nouveau pape : il a fait état d'une conversation téléphonique "très cordiale et substantielle" avec Léon XIV, au cours de laquelle ce dernier a appelé à une **"paix juste et durable"** pour l'Ukraine. M. Selensky a immédiatement invité Léon XIV à se rendre en Ukraine, car une telle visite "apporterait un réel espoir" au peuple qui souffre depuis longtemps, comme l'a souligné le président. Des voix pleines d'espoir se font également entendre du côté de l'Église ukrainienne : *"François n'a pas été compris ici. Mais le pape Léon XIV a déjà montré que la paix en Ukraine lui tenait à cœur"*, a expliqué l'évêque auxiliaire Volodymyr Hruza à Lviv. Le grand archevêque de Kiev, Svyatoslav Shevchuk, est même allé jusqu'à dire qu'une visite de Léon **pourrait apporter la paix**. Ces attentes soulignent à quel point le monde voit Léon XIV dans le rôle de **médiateur neutre et d'exhortateur à la paix.**

Outre la politique de paix, Léon XIV a également fait **entendre une voix forte en faveur de la justice climatique et de la justice sociale**. François avait placé la barre très haut avec son encyclique *Laudato si'* en plaçant la protection de l'environnement et du climat au centre de l'enseignement de l'Église. Léon XIV montre qu'il est déterminé à poursuivre dans cette voie. Lors de sa réunion programmatique avec les ambassadeurs, il a souligné que le Saint-Siège continuerait à faire face aux *"défis de notre temps"*, *"de la préservation de la création à l'intelligence artificielle"*. Il s'inscrit donc directement dans la continuité du programme socio-écologique de son prédécesseur. **Les défenseurs du climat et les organisations de développement** telles que Greenpeace et la CIDSE s'en félicitent expressément : ils associent Léon XIV à l'espoir que l'Église dénoncera encore plus clairement les injustices mondiales et contribuera au changement social et écologique. Greenpeace Allemagne, par exemple, a appelé le nouveau pape à **faire de la justice climatique une priorité pour l'Église** et à utiliser davantage les biens de l'Église pour des projets durables. Léon XIV semble prêt à faire preuve d'une grande détermination dans ce domaine également. Dans son discours, il a déclaré que l'Église n'avait d'autre choix que d'élever la voix face aux nombreux déséquilibres et injustices *"qui conduisent, entre autres, à des conditions de travail indignes et à des sociétés fragmentées et déchirées par les conflits"*. Le pape a appelé à *"des efforts pour éliminer les inégalités dans le monde"*. Dans le même temps, il a appelé les dirigeants politiques à créer des sociétés plus pacifiques en investissant dans des **familles stables et dans l'égalité sociale**. Il s'est montré particulièrement soucieux de la dignité des plus vulnérables - des **enfants à naître aux migrants,** chaque personne doit être protégée. C'est cette approche globale - penser ensemble la paix, l'environnement, la justice sociale et la protection de la vie - qui a déjà fait de Léon XIV une **nouvelle voix distinctive** sur la scène mondiale.

Léon XIV s'est également montré critique à l'égard des responsables politiques et sociaux. *"L'Église ne peut jamais se soustraire à sa mission de dire la vérité sur l'homme et le monde"*, a-t-il souligné, annonçant qu'il nommerait les abus dans un langage clair si nécessaire. Cependant, cette vérité est toujours liée à l'amour et vise le bien-être de chaque être humain. En d'autres termes, le pape ne veut pas mâcher ses mots diplomatiques lorsqu'il s'agit de **crises migratoires, d'exploitation ou de bellicisme**, mais il le fait avec un cœur pastoral qui a à l'esprit le salut des personnes. Cette combinaison de franc-parler et de compassion caractérise déjà son image publique.

Léon XIV est donc en train de **rehausser le profil de l'Église en tant qu'autorité morale mondiale**. Il s'appuie sur les fondements de ses prédécesseurs - on sent à la fois l'esprit de Jean-Paul II, qui criait inlassablement *"Plus jamais la guerre !"*, et celui de François, qui mettait l'accent sur la miséricorde et l'écologie. Mais Léon XIV est déterminé à poursuivre cette mission *en y apposant sa propre signature*. Comme l'a dit un observateur du Vatican : "Léon veut construire des ponts, mais il veut aussi planter des pieux". Des ponts de dialogue - par exemple avec d'autres religions afin de chasser ensemble la **"volonté de conquête"** et le fanatisme - et des pieux de clarté là où les valeurs fondamentales sont violées. Son premier discours aux diplomates s'est terminé par une mise en garde urgente en faveur du désarmement, dans le droit fil du dernier message de feu François : *"Il ne peut y avoir de paix sans un véritable désarmement"*, s'est écrié Léon XIV, mettant en garde contre une nouvelle course mondiale aux armements. De tels mots résonnent - dans les couloirs de l'ONU comme en marge de la société.

En résumé, le pape Léon XIV s'est avéré être un pape qui, dans les premières semaines de son pontificat, a renforcé l'administration et la transparence dans l'Église, n'a pas reculé devant les questions inconfortables et a représenté l'Église catholique sur la scène mondiale avec une vigueur nouvelle. Il s'appuie sur des finances solides comme base de la mission, sur une église humble qui apprend de ses erreurs et sur une position résolue en matière de paix, de climat et de justice. En même temps, il reste un pasteur dans l'âme : le désir de rendre l'Église plus crédible et de donner du poids à son message dans le monde moderne transparaît dans tout ce qu'il fait. Léon XIV n'emprunte pas un chemin facile, mais de nombreuses voix, du cardinal de Munich au président ukrainien, font déjà part de leur **espoir** de voir ce pape ouvrir de nouveaux chemins de foi et de justice. Les années à venir montreront jusqu'où Léon XIV ira dans ses projets. Mais le départ est palpable : une *Église en mouvement*, portée par la volonté de rendre l'administration transparente, de partager le pouvoir et de se faire l'avocat de l'humanité dans les crises mondiales.

🕊️ *Chapitre 13 :*

Synodalité et renouvellement structurel de l'Église

Lorsque le pape Léon XIV apparaît pour la première fois sur la loggia de la basilique Saint-Pierre le 8 mai 2025, il promet, visiblement ému, de poursuivre le réveil synodal de son prédécesseur. Dans son **premier discours**, il a remercié le pape François et lancé un appel aux fidèles rassemblés : Frères et sœurs "de Rome, d'Italie, du monde entier, soyons une Église synodale, une Église en mouvement, une Église qui cherche toujours la paix, qui cherche toujours la charité, qui cherche toujours la proximité surtout de ceux qui souffrent". Léon XIV s'est ainsi directement engagé à faire de la **synodalité** un leitmotiv - le concept d'une "Église qui se forme ensemble". Le pape François avait déjà décrit la synodalité comme le "chemin que Dieu attend de l'Église du troisième millénaire". La synodalité signifie essentiellement marcher ensemble sur le chemin de la foi : **L'écoute, le dialogue, le discernement partagé et la responsabilité partagée** caractérisent ce style. La déclaration finale du Synode mondial de 2023 la définit comme le fait que tous les croyants avancent ensemble - dans des rassemblements à tous les niveaux, en s'écoutant les uns les autres, en se consultant et en parvenant à un consensus sous la conduite de l'Esprit Saint. Le Pape Léon XIV, qui "sait ce que synodalité veut dire", reprend ici et précise qu'il ne veut pas **faire un pas en arrière** - si l'on peut croire - mais poursuivre la voie de la réforme initiée par François. Le président de la Conférence épiscopale allemande, Georg Bätzing, a déclaré qu'il était *"encourageant"* que Léon XIV se soit si clairement engagé en faveur d'une "Église synodale qui va de l'avant et veut être là pour tous les hommes". Le nouveau pape s'inscrit donc dans la **continuité de** son prédécesseur et "indique clairement que ce que François a commencé se poursuivra" - un signal important, en particulier pour l'Allemagne avec sa voie synodale, afin de faire progresser le renouvellement des structures ecclésiastiques et une plus grande codétermination.

La culture synodale de la discussion, de la paroisse à la curie

Sous Léon XIV, la synodalité ne devait pas seulement rester un mot à la mode à Rome, mais devait imprégner l'ensemble de l'Église comme un **état d'esprit**. Le pape a encouragé une *culture* synodale *de la discussion*, depuis la vie paroissiale locale jusqu'aux comités ecclésiastiques les plus élevés. Concrètement, cela signifie que **l'écoute et le dialogue** deviennent la norme de l'action ecclésiale : Dans les paroisses, les prêtres et les laïcs devraient s'engager dans des échanges plus importants, et les assemblées et conseils paroissiaux devraient être sérieusement impliqués. Dans les diocèses, Léon XIV a encouragé les évêques à tenir des **synodes** locaux ou des conseils pastoraux afin que les fidèles puissent exprimer leurs préoccupations. Même au sein de la Curie romaine, ce style s'est poursuivi, par le biais de consultations, de commissions internationales et de la participation de diverses voix (y compris des religieux et des laïcs) à la prise de décision. Les observateurs décrivent comment Léon XIV, en tant qu'évêque et cardinal, était toujours ouvert aux conseils *"et à la collaboration"*, par exemple avec les femmes occupant des postes de direction. Sœur Yvonne Reungoat, qui a été l'une des premières femmes à travailler avec le cardinal Prévost au Dicastère pour les évêques, souligne son **attention et son ouverture** : il a activement écouté et impliqué les femmes - c'est pourquoi elle est convaincue qu'il poursuivra et même développera cette ligne en tant que Pape. Toutefois, une véritable culture synodale de la discussion se nourrit également **d'une écoute patiente de** la part de toutes les parties. Le théologien viennois Jan-Heiner Tück avertit que dans le dialogue synodal, il faut "écouter vraiment l'autre et ne pas identifier hâtivement ses propres souhaits avec l'œuvre de l'Esprit Saint". Ce principe devrait contribuer à garantir que les discussions restent équitables et spirituelles, même lorsque des sujets controversés sont abordés. Léon XIV aspire à une Église *"qui écoute attentivement, qui est proche de chaque personne, [...] capable de relations authentiques et accueillantes - une maison et une famille de Dieu ouverte à tous : une Église synodale missionnaire"*. Léon XIV a accepté cette vision d'une lettre du Secrétariat du Synode au nouveau Pape comme une mission :

Il voulait rendre l'Église plus proche des gens, plus capable de dialoguer, plus prête à servir et plus ouverte au monde.

Concrètement, cela signifie aussi un **changement de mentalité** dans la direction de l'Église. Léon XIV est considéré comme un "bâtisseur de ponts" et un *pragmatique* qui veut relier les différents mondes du catholicisme. En tant que premier pape originaire de (États-Unis) ayant une grande expérience du Pérou, il est culturellement diversifié et connaît les préoccupations des *"petites gens" ainsi* que la dynamique de la Curie. Immédiatement après son élection, il a clairement indiqué qu'il poursuivrait le processus synodal mondial de François. Toutefois, nombreux sont ceux qui attendent de lui non seulement qu'il écoute, mais aussi qu'il **prenne des décisions**. "*Je crois que le pape Léon ne se contentera pas d'écouter, d'inclure, mais qu'il prendra aussi des décisions à la fin*", déclare le père Mauritius Wilde, moine bénédictin né en Allemagne et vivant aux États-Unis. Les fidèles espèrent que le nouveau pontife transformera les nombreuses consultations en actions concrètes - *"Les Américains [...] veulent voir les choses, ils sont très pragmatiques. Et cela [...] sera bon pour l'Eglise"*. Cette image de soi - écouter, mais aussi **agir en** fonction des objectifs - a été démontrée à maintes reprises par Léon XIV. En tant que cardinal, il a non seulement participé au Synode mondial, mais il a même présidé l'un des groupes de travail et a fait preuve de qualités de leader dans la recherche de solutions. En 2024, en marge du Synode des évêques à Rome, il souligne que l'*Esprit Saint "pousse l'*Église *à se renouveler"*. La synodalité, c'est **plus qu'**un processus ou des réunions supplémentaires, c'est demander ensemble ce que Dieu attend de nous aujourd'hui. En tant que pape, Léon XIV continuera à mettre l'accent sur cette dimension spirituelle de la synodalité : Il ne s'agit pas de "programmes politiques" ou de projets personnels de prestige, mais d'**écouter ensemble l'Esprit de Dieu**. Il associe ainsi le renouveau structurel et spirituel de l'Église.

Réforme des structures de pouvoir et participation accrue des laïcs

La synodalité est étroitement liée à un profond **renouvellement structurel** de l'Église catholique, tel qu'envisagé par Léon XIV. *La* *question de la répartition du pouvoir*, c'est-à-dire qui décide dans l'Église et comment les décisions sont prises, est au cœur de ce processus. Le pape François a déjà commencé à innover dans ce domaine, mais bon nombre de ces réformes étaient déjà à l'ordre du jour sous Léon XIV. L'une des principales préoccupations est la **participation des laïcs** aux décisions importantes. Le synode mondial 2021-2024 a clairement montré que les fidèles du monde entier demandent à avoir davantage leur mot à dire. Dans le **document final** du synode, les représentants du monde entier ont voté en faveur d'un renforcement de la *coresponsabilité* de la base : le synode des évêques a voté en faveur d'une plus grande décentralisation de l'Église mondiale et d'une plus grande participation des croyants ordinaires aux décisions importantes. Cela inclut également **la transparence et la responsabilité de** la hiérarchie - des demandes qui ont recueilli de larges majorités. Le pape François avait expressément approuvé ces résolutions de son dernier synode avant sa mort au printemps 2025 et les a publiées sans les affaiblir. Il appartient maintenant à Léon XIV de les mettre en pratique. Il a déjà fait savoir qu'il entendait poursuivre résolument sur la voie de la réforme.

Les étapes concrètes **de la réforme** concernent, entre autres, la participation plus égale des femmes à la direction et aux ministères ordonnés. Le Synode mondial a expressément recommandé que la question de l'*admission des femmes aux ministères ordonnés reste ouverte*. Cela signifie, par exemple, que la question du diaconat pour les femmes, longtemps débattue, continuera d'être examinée - une question que le pape Léon XIV doit aborder dans un avenir proche. De nombreux catholiques dans le monde espèrent que les femmes pourront au moins servir comme diacres à l'avenir ou recevoir des missions plus officielles (par exemple en tant qu'assistantes de baptême ou de mariage). Le cardinal Reinhard Marx a souligné qu'il s'agit *"sans aucun doute d'une des questions centrales de l'avenir"* et qu'il espère vivement *"que nous ferons des progrès"*. Bien que l'Eglise universelle avance à des vitesses différentes sur cette question, il est d'autant plus important d'avoir un Pape *"qui garde ces portes ouvertes et ne recule pas"*. Léon XIV avait déjà promu les femmes et expérimenté **des éléments synodaux** dans son diocèse de Chiclayo, au Pérou. Il y a impliqué des laïcs - hommes et femmes - dans les décisions pastorales et s'est appuyé sur *des modèles* participatifs *d'église de base*. Il apporte aujourd'hui cette riche expérience à Rome. Ses collègues ont déjà fait l'expérience de son style de leadership coopératif en tant que préfet du dicastère pour les évêques : La religieuse française Reungoat rapporte que M. Prévost a naturellement travaillé avec des femmes lors de la nomination des évêques et qu'il a apprécié leur point de vue. Selon *elle*, *il n'y a "aucune raison de penser qu'il ne continuera pas dans cette voie"* - au contraire, il pourrait **développer davantage la** coresponsabilité féminine dans l'Église. Léon XIV a déjà fait les premiers pas en nommant davantage de femmes et de membres non ecclésiastiques dans les organes consultatifs du Vatican et en permettant à leurs voix d'être entendues dans les questions de personnel.

Mais la réforme des structures de pouvoir va au-delà de la question des femmes. Il s'agit généralement de briser les **monopoles cléricaux du pouvoir** et de restructurer la hiérarchie pour qu'elle soit **au service des autres.** Par exemple, le projet de *Conseil synodal* au niveau mondial - un nouvel organe composé d'évêques et de laïcs qui pourrait se réunir entre les synodes - est destiné à renforcer la direction collégiale. En Allemagne, un tel Conseil synodal a fait l'objet de discussions controversées ; les traditionalistes ont mis en garde contre une sorte de parlement ecclésiastique. Léon XIV devra trouver un juste équilibre entre la mise en place d'*éléments participatifs* **et l'**abandon complet de l'ordre hiérarchique. Le cardinal Marx l'a exprimé en ces termes : l'Église doit permettre une plus grande participation *"sans devenir une démocratie parlementaire".* C'est précisément là que réside le défi : la synodalité exige la **participation et la codétermination,** mais au sein de la communion ecclésiale dans laquelle les évêques continuent d'exercer leur fonction pastorale. Léon XIV a donc souligné que la synodalité *ne* signifie *pas un affaiblissement*, mais plutôt une **revitalisation** de l'autorité ecclésiale - les pasteurs écoutent le peuple de Dieu et décident ensuite conformément à l'Évangile. Cela signifie également que les évêques sont soumis à **une évaluation :** Le Synode a proposé des procédures pour examiner régulièrement la conduite des évêques en fonction. Cette responsabilité inhabituelle vise à promouvoir la confiance et à rendre plus difficile l'abus de pouvoir. Le pape Léon XIV a soutenu de telles initiatives parce qu'il était conscient de la crise de confiance provoquée par les scandales.

Un autre domaine clé de la réforme est la gestion du **scandale des abus**, qui a entraîné une perte dramatique de crédibilité et le départ de personnes de l'Église dans de nombreux pays, en particulier en Europe. De nombreuses personnes touchées voient la racine du problème dans des structures de pouvoir incrustées et autoritaires. *L*'association de victimes *Eckiger Tisch*, par exemple, demande au nouveau pape de procéder à des "changements structurels" afin que l'on puisse enfin tirer les conséquences du scandale des abus. Matthias Katsch, porte-parole de l'initiative, avait prévenu peu après l'élection de Léon XIV que la *courbe d'apprentissage* du Vatican devait être raide - trop de temps avait été perdu, trop de paroles papales sans réformes radicales. En fait, Léon XIV était bien placé pour faire une apparition crédible ici : Au Pérou, Mgr Prevost a été perçu comme quelqu'un qui a répondu aux préoccupations des victimes d'abus et qui a encouragé des enquêtes indépendantes. Cependant, il est également mesuré par ses actions : **La transparence**, la coopération dans le cadre du droit pénal et le renforcement du contrôle indépendant de l'Église sont des attentes qui lui sont désormais adressées dans le monde entier. La réforme de l'Église dans un esprit synodal inclut donc nécessairement la **prise en compte des abus** - un "renouveau de l'Église de l'intérieur" qui remplace les anciennes prétentions au pouvoir par l'humilité et la justice. Léon XIV a précisé à plusieurs reprises que l'Église *"cherche avant tout à se rapprocher de ceux qui souffrent"* - et ici, les victimes d'abus doivent être mentionnées en premier lieu.

Nouvelles institutions synodales : Synode mondial et décentralisation

Outre ces changements personnels et mentaux, Léon XIV devait également mettre en place des **innovations institutionnelles**. L'une des grandes innovations de François a été la convocation d'un *synode mondial permanent*, c'est-à-dire un processus consultatif mondial de l'Église d'une durée de plusieurs années. Ce processus synodal mondial (lancé en 2021) a même été prolongé jusqu'en 2028 peu avant la mort de François. Il est prévu de le conclure par une **assemblée générale de l'Église** à Rome en 2028, qui réunira à nouveau des évêques et des laïcs de tous les continents. Le pape Léon XIV a donc repris la présidence de ce processus historique. Bien que cela n'ait pas été obligatoire en vertu du droit canonique, il a rapidement fait savoir que le Synode mondial se poursuivrait *comme prévu*. Dès son premier message depuis la Loggia, il a insisté sur ce point : *"Soyons une Église synodale"*. De nombreux observateurs ont vu dans cet engagement une indication qu'il n'y aurait pas de rupture avec la culture synodale. Georg Bier, expert en droit canonique à Fribourg, a noté qu'un nouveau pape **pourrait** théoriquement revenir sur les réformes synodales de son prédécesseur, mais il a estimé que cela était peu probable : *"Aucun pape ne viendra abolir directement toutes les réformes synodales de François"*. Léon XIV a confirmé cette attente en annonçant expressément qu'il poursuivrait la voie tracée par François. Le Secrétariat général du Synode des évêques à Rome a rapidement accueilli le nouveau pape par une lettre publique inhabituelle. Le cardinal Mario Grech et ses collègues y expriment leur joie et promettent de faire tout leur possible pour soutenir Léon XIV dans la poursuite du chemin synodal. *"Maintenant que le voyage se poursuit sous votre direction, nous attendons avec confiance les orientations que vous prendrez pour aider l'Église à grandir en tant que communauté"*, ont écrit avec espoir le cardinal Grech, la sœur Becquart et l'évêque Marín de San Martín. Ce faisant, ils ont indiqué qu'ils se concentraient sur la **synodalité missionnaire** - une Église qui rayonne également vers l'extérieur à mesure qu'elle avance ensemble.

Sous Léon XIV, **la synodalité** pourrait être **établie comme une institution permanente** dans l'Église. Par exemple, la création d'un *conseil synodal permanent* au niveau mondial, qui se réunirait entre les grandes assemblées synodales, a été discutée. Cet organe composé de représentants de l'Église mondiale - évêques, religieux et laïcs - pourrait conseiller le pape et prendre certaines décisions de manière décentralisée. Cette **décentralisation** correspond au principe de subsidiarité, que le Concile Vatican II avait déjà appelé de ses vœux. Le synode a même recommandé que les conférences épiscopales et les assemblées continentales se voient accorder davantage d'autorité magistérielle afin qu'elles puissent régler elles-mêmes les questions pastorales au niveau local. Le pape François a suggéré quelque chose de similaire dans *Evangelii Gaudium* et a déjà délégué certaines décisions liturgiques (telles que les traductions) aux églises locales. Léon XIV pourrait aller encore plus loin. Par exemple, le débat porte sur la question de savoir si, dans certaines régions - comme les basses terres d'Amazonie, où il y a une pénurie de prêtres - des solutions spéciales telles que l'ordination de personnes mariées ayant fait leurs preuves (homines probati) devraient être autorisées. Différentes formes de ministère du mariage sont également discutées au niveau régional (par exemple, traitement des divorcés remariés ou cérémonies de mariage pour tous les couples). **Une prise de décision plus décentralisée** tiendrait compte de la diversité de l'Église mondiale et donnerait plus de responsabilités aux évêques locaux. Le Synode a plaidé en ce sens, tout en soulignant des limites claires : l'unité dans la foi et dans l'ordre sacramentel ne doit pas être abandonnée. Léon XIV devra donc sonder jusqu'où il peut aller dans la *mondialisation de la codécision* sans mettre en péril la **catholicité** (ce qui unit le monde).

Il observe attentivement les expériences faites dans les différents pays. En *Allemagne, par* exemple, la Voie synodale s'efforce d'obtenir un Conseil synodal national, qui rencontre des réticences à Rome. Léon XIV connaît bien cette controverse, puisqu'il est en discussion avec l'Église allemande en tant que cardinal de la curie. D'une part, il apprécie le souci de voir les laïcs et les évêques se concerter ; d'autre part, il partage le souci qu'une communion permanente des laïcs et des évêques ne porte pas atteinte à l'autorité des évêques individuels. Sa tâche consistera à trouver des **solutions créatives** qui permettront la consultation synodale sans provoquer de schisme ou d'aberrations nationales. Dans l'ensemble, Léon XIV semble vouloir conserver une position **médiane** : Il rendra les réformes possibles, mais en *communion* avec l'ensemble de l'Église. Le Frankfurter Allgemeine Zeitung commente que Léon *"se présentera comme un pape dans la lignée de tous les papes et trouvera son propre style"* - en d'autres termes, il ne sera pas un sprinter révolutionnaire, mais un marcheur persévérant sur le chemin de la réforme.

Sortir de la crise : baisse des effectifs et nouvelles approches de la foi

L'urgence de toutes ces réformes est particulièrement évidente dans la **perte de membres** dont souffre l'Eglise, surtout en Europe. Chaque année, des dizaines de milliers de croyants dans des pays comme l'Allemagne, la Suisse et la France tournent le dos à l'Église. Les raisons sont multiples : les scandales d'abus et de dissimulation déjà évoqués, mais aussi le sentiment de beaucoup que l'Église **n'est plus en phase avec son temps**, trop hiérarchisée, trop éloignée de la vie quotidienne des gens. Le pape Léon XIV a vu dans le renouveau synodal un moyen essentiel de lutter contre cette érosion. La synodalité, c'est aussi l'**ouverture de nouveaux chemins de foi**, des formes d'Église proches des gens et qui prennent au sérieux leur quête de sens. En Europe, par exemple, certains diocèses expérimentent des *forums de discussion* ouverts, la pastorale urbaine dans les centres commerciaux, la pastorale en ligne ou les célébrations de la parole de Dieu dans les paroisses sans prêtres. Le nouveau pape encourage de telles approches. Il veut une *"Église qui ne tourne pas autour de son clocher"*, comme l'a dit M. Bätzing, mais qui va à la rencontre des gens. Il est également normal que Léon XIV, dans l'esprit de son homonyme Léon XIII, veuille s'attaquer de front aux problèmes sociaux. Il était conscient des **signes des temps** : la pauvreté, la migration, la crise climatique et la numérisation. Dans un de ses premiers discours, il a même mentionné les défis de l'*intelligence artificielle* et les a liés à la *défense de la dignité humaine et du travail*. Cela montre qu'il veut faire dialoguer la foi avec les questions modernes. Une telle pertinence peut aider à regagner la confiance de ceux qui sont aliénés.

En particulier dans les régions sécularisées d'Europe, Léon XIV s'est efforcé de regagner la confiance perdue en faisant preuve **de transparence et d'humilité**. Il savait que des réformes de la structure du pouvoir (comme un contrôle accru des finances, des enquêtes indépendantes sur les abus) étaient une condition préalable à la croissance de la crédibilité. Parallèlement, il s'appuie sur une approche **pastorale** - une Église qui écoute, accompagne et ne condamne pas. La synodalité crée des espaces où, par exemple, les catholiques qui ont quitté l'Église ou les demandeurs d'asile peuvent s'exprimer ouvertement. Dans certains pays européens, il existe déjà des projets synodaux qui cherchent à dialoguer avec ceux qui sont éloignés de l'Église, par exemple via des plateformes de participation en ligne pendant le Synode mondial. Le pape Léon XIV souhaite consolider ces approches : À l'avenir, **des consultations régulières** des fidèles - par exemple, toutes les quelques années, une sorte de "MOT de la foi" mondial dans les paroisses - devraient avoir lieu. De cette manière, les problèmes peuvent être détectés à temps et de nouvelles idées peuvent naître. Il encourage également les *nouveaux réveils spirituels* : les rencontres de jeunes, les communautés œcuméniques de base, les mouvements charismatiques et les nouvelles initiatives d'évangélisation reçoivent son soutien, à condition qu'ils agissent dans un esprit synodal. Le pape mise également sur la communication moderne pour que l'Église puisse ouvrir l'accès à la foi aux jeunes en particulier : il veut être présent sur les médias sociaux avec un *message authentique* et construire des ponts plutôt que de polariser. **Le dialogue plutôt que le dogmatisme** - cette devise devrait caractériser l'atmosphère afin que les personnes éloignées de l'Église deviennent curieuses et trouvent peut-être le chemin du retour.

Attentes globales et zones de tension

Si la synodalité est un principe universel, **les attentes à son égard varient** considérablement **selon les régions du monde.** Le pape Léon XIV, considéré comme un "pape à trois passeports" (États-Unis, Pérou, Vatican) cosmopolite, est conscient de cette diversité. Il réunit biographiquement le Nord et le Sud du monde et a une connaissance directe des préoccupations des différents continents. Cela l'aide à servir de médiateur entre des attentes très différentes - car c'est aussi là que se situent les **zones de tension** potentielles du Synode mondial.

En **Europe, par** exemple, et plus particulièrement en Europe occidentale, de nombreux croyants espèrent que la synodalité apportera des réformes de grande envergure afin d'adapter l'Église à l'avenir. Les demandes vont de l'**égalité totale pour les femmes** (y compris l'ordination des femmes) à une morale sexuelle plus libérale (mariage pour tous les couples, nouvelle évaluation de la contraception) et à des structures plus démocratiques. L'impatience est palpable dans l'Église allemande en particulier : Après des années de débats, les réformateurs attendent maintenant des changements concrets sur le site . Léon XIV était fondamentalement ouvert à ces préoccupations - il *"gardait les portes ouvertes"* et faisait lui-même partie du processus de réforme synodale - mais il devait aussi freiner là où l'unité et la doctrine étaient en jeu. **La synodalité allemande** a parfois provoqué des tensions sous François ; on se souvient des lettres romaines d'admonestation de la voie synodale. Léon XIV est conscient de ce problème et essaiera probablement d'orienter la dynamique émergente dans une direction ordonnée. C'est ce que montre cette évaluation : Le pape veillera à ce que les mesures de réforme restent **communicables** - en particulier pour les parties de l'Église universelle qui ont tendance à être réticentes.

En fait, les priorités en Afrique, en Asie et dans une grande partie de l'Amérique sont souvent différentes de celles de l'Europe. En **Afrique**, l'Église continue de croître et de nombreux évêques mettent l'accent sur l'évangélisation, le développement social et la préservation des valeurs morales traditionnelles. La synodalité est bien accueillie dans la mesure où elle renforce la communion et la responsabilité, mais elle est moins perçue comme une voie vers le changement libéral que comme un **renforcement de l'unité**. Certains responsables d'églises africaines ont même mis en garde contre le zèle occidental pour la réforme : trop occidental, trop fixé sur la morale sexuelle - c'est souvent la critique. Un *évêque africain l'a* dit avec diplomatie : Léon XIV *"ne répondrait pas aux idées de réformes régionales"* qui pourraient diviser l'Église universelle (titre menaçant de son interview). En d'autres termes : depuis l'Afrique, on attend du pape qu'il encourage l'engagement des laïcs et qu'il combatte les griefs, mais pas qu'il assouplisse les **dogmes**. Les conférences épiscopales africaines craignent que des concessions n'adaptent l'enseignement biblique et ne transforment l'unité intérieure. La tâche de Léon XIV sera de transmettre la **synodalité comme un processus spirituel** qui ne se contente pas d'appliquer les souhaits de la majorité, mais qui écoute l'Esprit Saint et aligne toute l'Église sur le Christ.

En **Amérique latine**, la seconde patrie de Leo, les attentes sont accentuées différemment. Nombreux sont ceux qui s'inquiètent de la poursuite des impulsions de *la théologie de la libération de* François : une Église aux côtés des pauvres, résolument engagée en faveur de la justice, de la paix et de l'intégrité de la création. Des voix continentales demandent que la synodalité soit comprise *comme missionnaire* - l'Église devrait avoir un impact **vers l'extérieur, par** exemple en impliquant les peuples indigènes (mot-clé Synode de l'Amazonie) ou en dénonçant la corruption et la violence dans les sociétés. On espère que le pape Léon XIV, qui a lui-même travaillé dans les bidonvilles du Pérou, prendra une position décisive sur les questions sociales. En même temps, les fidèles d'Amérique latine attendent que leur piété et leur culture locales soient respectées dans l'Église universelle. Pour eux, la synodalité signifie aussi l'**inculturation** : être autorisé à donner à l'Église un visage "amazonien" ou "andin". Lors du synode de 2019 en Amazonie, par exemple, des voix se sont élevées pour réclamer un sacerdoce adapté aux besoins locaux (p. ex. ordonner prêtres des diacres mariés) - Léon XIV devra se demander s'il convient d'accorder une place à ces solutions régionales. La décentralisation peut être utile à cet égard : Peut-être que des parents expérimentés seront finalement autorisés à officier en tant que prêtres dans des communautés amazoniennes éloignées si le pape l'autorise au niveau régional. Cependant, Léon XIV sait que de telles mesures seraient mondialement controversées. C'est pourquoi il va probablement peser le pour et le contre et autoriser dans un premier temps des **projets pilotes** visant à mettre l'Église sens dessus dessous et à la remettre sur pied sur le plan du personnel et de la popularité de ses membres.

En **Asie, en** revanche, la synodalité se caractérise par la situation des minorités et le dialogue interreligieux. De nombreuses églises asiatiques - par exemple en Inde, au Pakistan et en Indonésie - sont de petites communautés au milieu d'autres religions importantes. Elles attendent avant tout du pape qu'il **les soutienne et les laisse libres de** vivre leur foi dans des environnements souvent difficiles. La synodalité est considérée ici avant tout comme un renforcement de l'*unité communautaire* : Les prêtres, les religieux et les laïcs s'unissent pour témoigner ensemble. Les catholiques asiatiques espèrent également qu'une Église renouvelée par la synodalité sera **plus ouverte au dialogue** avec les autres religions et cultures. Le pape Léon XIV sera probablement ouvert à leurs préoccupations. En tant que religieux dans les régions multireligieuses du Pérou et en tant qu'Américain cosmopolite, il a déjà appris à construire des ponts. Mais il sait aussi que les restrictions étatiques prévalent en **Chine** ou au Viêt Nam, par exemple - l'unité synodale et une diplomatie intelligente sont nécessaires ici. L'accord avec les dirigeants chinois sur la nomination des évêques reste une question sensible. François a cherché des compromis dans ce domaine ; Léon XIV poursuivra probablement dans cette voie, tout en voulant maintenir l'**unité avec les églises**

clandestines opprimées. Un éminent admoniteur asiatique, le cardinal Joseph Zen de Hong Kong, a même averti que la poursuite du synode mondial était une question de *"vie ou de mort pour l'Église fondée par Jésus"*. Ce ton alarmiste montre la méfiance de certains traditionalistes asiatiques (et aussi américains) à l'égard de la démarche synodale. Léon XIV s'efforcera de dissiper leurs craintes que la synodalité signifie l'abandon de la doctrine. Au contraire, il a souligné qu'une église synodale doit être **missionnaire** - en d'autres termes, elle doit proclamer clairement l'Évangile, mais *ensemble et dans l'unité*.

En **Amérique du Nord**, et plus particulièrement aux États-Unis, le pape est confronté à un environnement ecclésiastique polarisé. Certains groupes conservateurs ont critiqué les réformes du pape François, tandis que d'autres catholiques progressistes appellent à de nouveaux changements. Il est intéressant de noter que l'élection de Léon XIV aux États-Unis semble avoir initialement suscité *une réaction positive de la part des deux camps*. Il était considéré comme capable d'unir l'Église divisée en Amérique. Un observateur espérait que Léon XIV serait capable d'unir la société **et** l'Église. Ses origines américaines et sa longue expérience à l'étranger font de lui un *bâtisseur de ponts*. Bien sûr, il y a le défi particulier de s'affirmer contre l'instrumentalisation politique. Le président Donald Trump - lui-même non catholique - a salué patriotiquement l'élection papale comme un *"grand honneur pour notre pays"*. Cependant, Léon XIV a déjà fait savoir qu'il **ne** voulait **pas** être une **marionnette politique**. Au contraire, il voit l'Église du côté des *faibles* et non des *puissants*. Contre les tendances nationalistes (comme celles de JD Vance, le vice-président américain, qui utilise la religion pour des messages anti-migrants), il oppose le message universel de la charité : *"La charité ne connaît pas de catégories"*, a contredit Prévost. En Amérique du Nord, on attend donc du Pape qu'il trouve des **mots** clairs **d'unité et d'humanité** et qu'il surmonte la polarisation. La synodalité pourrait y contribuer en *rassemblant toutes les voix* - progressistes et conservatrices - autour de la table. Léon XIV a fait savoir qu'il écouterait, mais en fin de compte, il veut aussi **diriger de manière décisive**, guidé par l'Évangile et non par la politique des partis.

Différentes **priorités** émergent : L'*Europe* insiste sur les réformes internes de l'Église, l'*Afrique* sur l'authenticité et la croissance spirituelles, l'*Amérique latine* sur la justice et les solutions pastorales, l'*Asie* sur le dialogue et la protection des fidèles, l'*Amérique du Nord* sur la réconciliation d'une Église divisée. Cette diversité recèle un potentiel de conflit - il suffit de penser à la question de l'**égalité des droits pour les femmes** : Alors que les catholiques allemands, comme Sœur Philippa Rath, espèrent beaucoup de l'ordination des femmes, les évêques africains la rejettent toujours : Les membres européens du synode, comme Mara Klein, appellent à un pontificat *qui "se tient sans compromis aux côtés"* des personnes LGBTQIA+, alors que les églises africaines et asiatiques, par exemple , ne sont toujours pas familiarisées avec cette question et préfèrent renforcer la *famille de manière traditionnelle*. De telles tensions sont apparues clairement lors du **Synode mondial** 2023/24 : certains délégués ont appelé à des ouvertures courageuses, tandis que d'autres ont mis en garde contre les lignes de fracture. Léon XIV se trouve maintenant au centre de ces forces. Son avantage est qu'il est perçu comme un *médiateur entre les deux mondes*, n'appartenant clairement à aucun camp. Il est perçu comme un *"homme du milieu et un médiateur"* qui n'écrase pas les catholiques conservateurs, mais facilite prudemment les réformes. Sous son pontificat, le **processus synodal** devrait donc se poursuivre à un rythme équilibré : **suffisamment rapide** pour ne pas décevoir les attentes de changement, mais **suffisamment prudent** pour ne pas diviser l'Église universelle.

Le pape Léon XIV lui-même a formulé un *credo* à cet égard : Il voulait une Église "en mouvement", c'est-à-dire ni immobile, ni pressée. Pour lui, la synodalité est synonyme de *compagnonnage* dans la diversité. Sa tâche consiste désormais à maintenir la cohésion de cette communauté afin que chacun ne prenne pas une direction différente. Les mois et les années à venir montreront comment Léon XIV réussira cet exploit. Les attentes sont énormes - presque *surhumaines*, comme l'a souligné un commentaire. Mais le nouveau pape peut s'appuyer sur une riche expérience : la spiritualité d'un religieux, les talents de négociateur d'un ancien général d'un ordre religieux, la pratique pastorale d'un évêque de la *périphérie*, l'expérience administrative d'un cardinal de la curie. Tout cela lui permet d'inscrire la synodalité dans des **structures** viables et de permettre à l'Église de prendre un nouveau départ. Avec Léon XIV à sa tête, l'Église se trouve à un tournant historique, où l'on décidera si elle peut se **renouveler de** manière crédible sans devenir infidèle à elle-même. La synodalité et les réformes structurelles en sont les clés. Si Léon XIV réussit à mettre sur la même voie les différents continents, cultures et positions dans l'Église, il pourrait en effet aider son Église à un nouvel *aggiornamento* (réveil accéléré). Les premiers signes - de la Parole de Loggia aux appels à la paix et à la poursuite décisive du Synode mondial - donnent de l'espoir à beaucoup. Cependant, la synodalité reste un **risque** : elle exige patience, humilité et confiance dans l'Esprit Saint. Léon XIV a choisi cette voie. L'Église universelle avance maintenant avec lui - *ensemble sur le chemin*, dans la tension entre tradition et réforme, portée par la promesse que l'Esprit de Dieu la conduira vers un présent renouvelé.

🐾 Chapitre 14 :
Compétence académique et canonique

Lorsque Léon XIV a souri aux fidèles pour la première fois, les observateurs experts ont immédiatement su qu'un pontife doté d'une expertise académique et juridique exceptionnelle entrait en fonction. Le pape Léon XIV a réuni en sa personne l'érudition d'un théologien et d'un juriste canoniste et l'expérience d'un missionnaire au sein de l'Église mondiale. Cette combinaison inhabituelle a caractérisé son style de leadership dès le début - stratégiquement bien pensé, théologiquement solide et en même temps pratique.

Sa formation témoigne déjà de cette double compétence. Il a d'abord étudié les mathématiques et la théologie à Chicago, sa ville natale, avant de poursuivre des études de droit canonique à Rome. À l'Université pontificale Saint-Thomas d'Aquin (Angelicum) de Rome, il a obtenu un doctorat en droit canonique en 1985/87 - avec une thèse sur *"Le rôle du prieur local dans l'ordre augustinien"*. Ce domaine de recherche spécifique - l'autorité et les structures administratives au sein d'un ordre - montre déjà l'intérêt précoce de Prévost pour la **gouvernance ecclésiastique**. En d'autres termes, il a étudié de première main comment le leadership fonctionne et peut être organisé efficacement au niveau local. Cette étude académique des structures organisationnelles de l'Église a constitué une base solide pour le rôle de leadership qu'il a joué plus tard au Vatican. En plus de son diplôme officiel en droit canonique, Léon XIV a naturellement reçu la solide formation théologique d'un prêtre religieux : après avoir obtenu une maîtrise en théologie (M.Div.) à Chicago et avoir été ordonné prêtre en 1982, il était idéalement équipé tant sur le plan théologique que pastoral. Très tôt, il a allié l'étude à la pratique : après ses études, il a été envoyé au Pérou comme formateur de jeunes religieux et comme missionnaire. Il y travailla pendant de nombreuses années non seulement comme pasteur, mais aussi comme conférencier et professeur de droit canonique dans des séminaires et des universités catholiques. Léon XIV n'était donc pas seulement un théoricien avec des titres sur sa carte de visite, mais un homme qui transmettait des connaissances et les appliquait dans différentes cultures. Son ancien condisciple, le prêtre Edward Beck, décrit Prévost comme un homme modeste et discret, doté d'une "grande intelligence et d'une véritable vision pour l'Église catholique". Cette combinaison rare d'humilité et de brio intellectuel ( ) a donné à Léon XIV une grande réputation dans les cercles intellectuels et a suscité la confiance de ses confrères.

Droit ecclésiastique et expertise administrative

L'expertise de Léon XIV en matière de droit canonique est inestimable pour la direction de l'Église universelle. En tant que docteur en droit canonique, il connaissait le système juridique catholique dans ses moindres détails, du contexte théologique des canons aux subtilités des règlements administratifs. Il a mis ces connaissances à l'épreuve dans diverses fonctions de direction : Le père Prévost avait déjà la quarantaine lorsqu'il a dirigé l'Ordre des Augustins en tant que prieur général (2001-2007), faisant preuve de compétences organisationnelles et d'une expertise juridique au cours de ses deux mandats. En tant que supérieur provincial au Pérou à la fin des années 1990, puis en tant qu'évêque du diocèse de Chiclayo, dans le nord du Pérou (depuis 2015), il a dû constamment concilier les normes canoniques avec la réalité pastorale. Sa Règle de l'Ordre et le Code de droit canonique (CIC) n'étaient pas pour lui des textes abstraits, mais des lignes directrices vivantes qu'il fallait appliquer avec sagesse. À Chiclayo, où il a été évêque pendant près de dix ans, il a appris à connaître l'administration d'un diocèse avec tous ses défis juridiques, personnels et structurels. Cette période l'a façonné en tant que *gestionnaire de la vigne du Seigneur* et en tant que pasteur.

L'expertise administrative et juridique de M. Prévost est devenue particulièrement visible au sein de la Curie romaine. Au début de l'année 2023, le pape François l'a nommé préfet à la tête du puissant dicastère pour les évêques. À ce titre, il a examiné pendant deux ans les candidats à l'épiscopat dans le monde entier et a joué un rôle clé dans leur nomination. En même temps, il était responsable des visites ad limina des évêques au Vatican - les rapports réguliers des diocèses au Pape - ce qui lui a donné une connaissance approfondie de la situation des églises locales sur tous les continents. Il n'est donc pas étonnant que Prévost soit rapidement devenu l'un des visages les plus connus du Collège des cardinaux. Considéré comme *diplomate* et *pragmatique*, il est apprécié tant par les représentants progressistes que par les représentants conservateurs de l'Église. Cette appréciation, relayée par l'agence de presse catholique KNA, souligne le fait qu'il est capable d'évaluer équitablement les questions controversées et qu'il jouit de la confiance des différentes ailes de l'Église.

Son expertise juridique a également été mise à profit de manière très concrète à Rome : Le pape François a confié à M. Prévost la mise en œuvre de l'une de ses réformes "révolutionnaires" les plus , à savoir la participation des femmes à la sélection des nouveaux évêques. En tant que préfet, M. Prévost a nommé trois femmes au comité consultatif qui soumet les propositions du pape concernant les candidats aux fonctions d'évêque. Il ne s'agissait pas seulement d'un acte symbolique, mais d'un changement structurel juridiquement bien établi dans le processus de prise de décision jusqu'alors dominé par les hommes. Léon XIV (encore cardinal) se montre alors capable de mettre en œuvre des idées de réforme de manière stratégique et dans le respect du droit canonique. Son dicastère est également chargé de surveiller les directives contre les abus sexuels, un domaine qui exige une expertise en droit canonique et une action décisive. Le fait que Prévost ait poursuivi cette tâche dans l'esprit de François témoigne de sa capacité à faire respecter efficacement la loi et la justice dans l'Église. En bref, Léon XIV disposait de toutes les conditions nécessaires non seulement pour comprendre les questions administratives et juridiques complexes de l'Église, mais aussi pour les façonner activement.

Importance pour son bureau

Quel a été l'impact de ces qualifications sur le travail de Léon XIV en tant que pape ? Tout d'abord, elles lui ont donné une vision stratégique particulière. Grâce à sa formation de professeur, il avait tendance à analyser les défis en profondeur et à concevoir des solutions à long terme. Les observateurs soulignent que M. Prévost apporte un large éventail de qualités dont l'Église mondiale a besoin en ces temps de fracture. Il a l'expérience du Nord et du Sud, connaît la base de l'Église aussi bien que le siège romain - et c'est précisément cette vaste connaissance qui est demandée dans une Église qui doit trouver sa voie entre les réformateurs et les traditionalistes, entre un Sud dynamique et un Nord en recherche. Sa formation académique lui permet d'aborder de manière fondée des sujets complexes, tels que les questions éthiques de la biomédecine, le système fiscal de l'Église ou les débats théologiques sur la doctrine des sacrements. Il est capable de lire des textes originaux de membres de l'Église dans leur contexte et de comprendre les dernières études en sciences sociales. Cette capacité fait de lui un partenaire de discussion sur un pied d'égalité avec les théologiens, les scientifiques et les experts ecclésiastiques du monde entier. Lorsque Léon XIV s'exprime sur des questions controversées, on sent qu'il a approfondi le sujet, que ce soit dans des lettres magistérielles ou dans des discours prononcés devant des auditoires spécialisés. Ses déclarations sont donc susceptibles d'être entendues à la fois dans la théologie académique et à la base ecclésiastique, parce qu'elles allient clarté et langage compréhensible (dans le sens d'un ton scientifique populaire , qu'il maîtrise, tout comme le pape Benoît XVI).

En même temps, l'expertise de Léon XIV en matière de droit canonique et de droit administratif a eu un impact direct sur son style de gouvernement : il savait quels ajustements pouvaient être apportés à la structure de l'Église sans la mettre en péril. Dans le cas de réformes structurelles planifiées - telles que de nouvelles modifications du système de la curie ou le renforcement des conférences épiscopales locales - il peut évaluer lui-même les mesures qui sont compatibles avec le droit en vigueur et celles qui nécessitent une modification de la législation. Cette connaissance intime du pape accélère les processus décisionnels, car il n'a pas besoin d'obtenir l'avis d'experts dans tous les cas, mais peut évaluer de nombreuses implications juridiques à partir de sa propre expérience. Par exemple, il sera en mesure d'évaluer avec compétence les questions d'administration diocésaine, de juridiction ecclésiastique ou de supervision financière. Certains canonistes y voient un grand avantage : *enfin un pape canoniste de formation !* On attend avec impatience de voir si Léon XIV va encore simplifier les procédures d'annulation de mariage ou étendre la juridiction administrative de l'Église - des domaines dans lesquels ses prédécesseurs ont lancé des réformes qui pourraient maintenant être poursuivies. Quoi qu'il en soit, Léon XIV était quelqu'un qui considérait les *instruments du* droit canonique non pas comme un ensemble de paragraphes arides, mais comme un outil de direction pastorale.

Style synodal participatif ou décisions claires ?

Une question passionnante est de savoir comment le pape Léon XIV équilibre son expertise en théologie et en droit dans son style de direction : s'appuie-t-il davantage sur des processus participatifs et synodaux pour les réformes ou a-t-il tendance à prendre des décisions claires basées sur sa propre expertise ? Jusqu'à présent, tout porte à croire qu'il s'agit d'un **mélange équilibré**. Immédiatement après son élection, Léon XIV a clairement indiqué qu'il souhaitait poursuivre sur la voie synodale tracée par le pape François. Les observateurs du Vatican ont souligné que Léon XIV *savait ce que* signifiait la *synodalité* - en d'autres termes, il comprenait l'importance de la consultation et du travail en commun pour trouver des solutions dans l'Église d'aujourd'hui. En fait, il avait déjà acquis une expérience synodale en Amérique latine, par exemple lors de réunions sur la coopération synodale dans l'Église du continent. En tant que bâtisseur de ponts entre les cultures et les régions ecclésiastiques - comme son ancien condisciple Edward Beck l'a décrit de manière élogieuse - il est probablement prédestiné à rassembler les différentes voix dans l'Église. Les médias qualifient déjà Léon XIV de "pape du milieu et de la coopération". Cette étiquette convient à un homme qui ne polarise pas et ne veut pas régner de manière autoritaire, mais qui encourage plutôt un réveil communautaire. Dans son premier discours au Collège des cardinaux, Léon XIV a utilisé des tons synodaux frappants : "Je sais que je peux compter sur **chacun d'entre** vous, que vous marcherez avec moi", assure-t-il aux cardinaux. Ces paroles résonnent comme une grande confiance dans la coopération de ses conseillers les plus proches - une indication claire que ce pape prend la collégialité au sérieux.

Le style synodal n'est cependant pas synonyme d'arbitraire, et Léon XIV sait aussi quand il doit fixer des lignes directrices claires en tant que pape. C'est précisément parce qu'il était très versé dans la théologie et le droit canon qu'il a pu prendre des décisions claires sur des questions de doctrine et de droit lorsque cela était important. Sur les questions "noires et blanches", c'est-à-dire les questions fondamentales qui ont été clairement tranchées par la doctrine catholique, il défend sans hésitation la position actuelle de l'Église. En même temps, sa position jusqu'à présent suggère qu'il laissera une place à la discussion et à la participation sur les questions de réforme ouvertes - telles que le renforcement des laïcs dans les postes de direction, l'égalité des droits pour les femmes dans l'Église ou le processus synodal dans son ensemble. Sa réputation de **personnalité centriste** lui sera très utile : Léon XIV n'est pas l'homme des grandes coupes, mais cherche plutôt des solutions intégratives. Cet équilibre devrait s'avérer un grand avantage pour préserver l'unité de l'Église tout en s'attaquant courageusement aux réformes nécessaires.

Dans l'ensemble, le pape Léon XIV est un leader théologiquement compétent en matière de droit canonique, capable de donner un nouvel élan à l'Église du XXIe siècle. Ses vastes connaissances lui confèrent de l'autorité - non pas dans le sens d'une sévérité consciente du pouvoir, mais comme une expertise crédible qui inspire le respect. Il peut débattre avec des professeurs tout en expliquant des questions de foi complexes aux "petites gens". Cette capacité à jeter des ponts entre la théorie et la pratique fait de lui un *pape qui allie l'esprit et le cœur*. Les observateurs de l'Église y voient une grande opportunité : un pape intellectuellement à jour **et** connaissant parfaitement les lois de l'Église peut résoudre des questions urgentes de manière à la fois visionnaire et juridiquement solide. Léon XIV lui-même était probablement conscient que ses qualifications impliquaient des responsabilités. Il considère sa fonction comme un service dans lequel il met en œuvre toutes ses compétences, que ce soit lors de consultations synodales ou sur le site pour prendre des décisions solitaires sur le bureau du pape. L'art consistera à combiner les deux de manière fructueuse. Étant donné l'équilibre reconnaissable de Léon XIV entre l'écoute et la direction, nous pouvons être sûrs qu'il est à la hauteur du défi. Sa brillance académique et son expertise en droit canonique ne sont pas des fins en soi, mais des outils pour diriger l'Église d'une manière stratégiquement sage, juste et durable. Ou, pour reprendre les mots d'un compagnon : Léon XIV apporte avec lui une "grande intelligence" et une vision claire - exactement ce dont l'Église catholique a besoin en ces temps de changement.

🕊 *Chapitre 15 :*
Défis et potentiels de son pontificat : Perspective globale et défis régionaux

Au cours de son pontificat, le pape Léon XIV a été confronté à des attentes diverses. Des voix critiques s'élèvent de toutes parts pour commenter son administration et, dans certains cas, engager des débats passionnés. Les catholiques réformateurs louent son style ouvert et son espoir de changement, tandis que les milieux conservateurs se méfient de certaines des innovations prévues. Comme pour son prédécesseur, des fronts se dessinent : Certains traditionalistes craignent un abandon de la doctrine et ont même porté des accusations contre des papes réformateurs dans le passé. Dans le même temps, des forces progressistes se plaignent que le programme de réforme est trop hésitant et font pression pour des changements plus rapides. Cette tension a caractérisé les controverses internes de l'Église sous Léon XIV.

Voix critiques et controverses au sein de l'église

L'un des points centraux des différends concerne les questions de réforme qui sont débattues au sein de l'Église mondiale. Les questions relatives au rôle des femmes dans les ministères de l'Église, au traitement des personnes LGBTQIA+ ou à l'assouplissement du célibat obligatoire divisent l'opinion. **Les conférences** épiscopales des différents pays se retrouvent souvent sous les feux de la rampe. Par exemple, la Conférence des évêques allemands a demandé de manière proactive une plus grande **marge de manœuvre décisionnelle pour les églises nationales et une plus grande égalité pour les femmes** dans les postes de direction. Ces avancées sont saluées par les partisans de la réforme, qui considèrent qu'elles n'ont que trop tardé, alors qu'elles se heurtent à la réticence ou à la résistance de la chambre d'écho du Vatican, à Rome. Léon XIV a dû jouer un rôle de médiateur dans ces débats : Il s'est trouvé entre les représentants progressistes de l'Église, qui appelaient à des mesures audacieuses, et les forces conservatrices, qui mettaient en garde contre une transformation et un développement plus poussé de la tradition.

Une opposition conservatrice se forme au sein de l'Église, en particulier lorsque les réformes sont considérées comme une menace pour l'identité de l'Église. Certains prélats de haut rang expriment publiquement leur mécontentement à l'égard des changements et appellent à la préservation de la "pure doctrine". Sous François, par exemple, quatre cardinaux avaient déjà exprimé des doutes sur les réformes papales dans les fameuses lettres "Dubia", et des critiques similaires accompagnent désormais Léon XIV lorsqu'il envisage des innovations. La résistance locale est également venue de diocèses ou d'églises régionales entières dans lesquels la piété traditionnelle était fortement ancrée. Il y a ici **une divergence régionale** : alors que beaucoup en Europe occidentale ou en Amérique du Nord, par exemple, poussent à un nouveau départ, les représentants de l'Église dans certaines parties de l'Afrique, de l'Asie ou de l'Europe de l'Est ont tendance à suivre une voie plus conservatrice. Les **controverses internes à l'**Église sous Léon XIV ont donc souvent porté sur la question de savoir jusqu'à quel point l'Église pouvait se permettre des changements sans mettre en péril son unité. Ces controverses constituent des défis pour le pape, mais elles offrent aussi l'occasion d'un dialogue entre les différents camps, à condition que Léon XIV sache écouter toutes les voix et les prendre au sérieux.

Demandes de réforme et attentes sociales

L'appel à la réforme n'émane pas seulement de groupes au sein de l'Église, mais aussi de la société dans son ensemble. **Les catholiques réformateurs** - qu'il s'agisse de mouvements populaires ou d'experts en théologie - ont formulé des demandes claires à Léon XIV et aux dirigeants de l'Église. Ils ont notamment demandé plus de **justice entre les sexes** dans l'Église, une révision des structures de pouvoir et des réponses contemporaines aux questions morales et théologiques. Des mouvements tels que *Maria 2.0* ou *We are Church* s'engagent à **admettre les femmes dans tous les ministères** et à **abolir le célibat obligatoire** afin de rendre l'Église plus durable. Des initiatives similaires voient le jour dans d'autres pays. Elles sont souvent soutenues par des catholiques de longue date qui aiment leur église, mais ressentent le besoin de la réformer.

Les attentes sociales en matière de changement sont particulièrement axées sur les questions d'égalité et de moralité sexuelle. À l'heure où l'égalité des sexes et l'acceptation des personnes LGBTQIA+ font partie du consensus social dans de nombreux pays, l'Église catholique, dont les positions sont traditionnellement restrictives, fait l'objet d'un examen minutieux. Les croyants et les non-catholiques se demandent si et comment l'Église s'adaptera à ces réalités. Les catholiques américains, par exemple, critiquent l'inégalité de traitement dont continuent de faire l'objet les femmes sur le site et ont demandé à ce qu'il y ait davantage de femmes à la tête de vastes consultations - y compris des discussions sur les diacres, les prêtres et les papes de sexe féminin. Ils considèrent qu'il ne s'agit pas seulement d'une question de personnel, mais aussi d'une question de justice. Le traitement réservé par l'Église aux personnes homosexuelles est également dénoncé : de nombreux croyants se plaignent que l'Église place des enseignements et des interdictions abstraits au-dessus de la réalité vécue par les personnes. Selon les enquêtes, les familles dont les membres sont LGBTQIA+ se sentent souvent déchirées entre leur appartenance à l'Église et l'amour et le soutien inconditionnels de leurs proches. Ces voix, que ce soit lors des synodes, dans les pétitions ou les lettres ouvertes, reflètent une **évolution des valeurs sociales** que Léon XIV doit prendre en compte dans son programme de réforme si l'Église ne veut pas perdre davantage de terrain.

Outre les questions de moralité sexuelle et de droits des femmes, il existe d'autres attentes : **La transparence et la responsabilité** des structures de pouvoir sont des priorités, surtout après les révélations de scandales d'abus dans l'Église. De nombreux croyants réclament une enquête indépendante et une **culture de la responsabilité** dans laquelle les responsables de l'Église sont tenus de rendre compte de leurs fautes. Cela montre une alliance étroite entre les voix critiques de l'Église et les forces réformatrices au sein de l'Église : les deux parties demandent des changements dans la hiérarchie - par exemple, une plus grande implication des laïcs dans les processus de prise de décision afin de réduire le cléricalisme. Des développements tels que ceux qui ont eu lieu en Allemagne, où l'on a cherché à établir un **conseil**

synodal - un organe dans lequel les évêques et les laïcs se consultent de manière contraignante - montrent qu'il ne s'agit pas d'une question marginale. Bien que le Vatican ait tenté dans un premier temps de freiner ce projet de réforme, la pression des fidèles pour la mise en œuvre de telles formes de participation est restée forte.

Les acteurs sociaux extérieurs à l'Église, qu'il s'agisse d'hommes politiques ou de militants des droits de l'homme, suivaient également de près le parcours de Léon XIV. Ils attendaient de l'Église catholique qu'elle soit à la hauteur de son autorité morale et qu'elle donne le bon exemple sur des questions telles que les **droits de l'homme, la justice sociale et l'égalité**. Dans de nombreux pays, l'Église influence les débats sur des questions telles que l'avortement, le mariage pour tous et l'euthanasie par ses déclarations. La société - en particulier dans les démocraties libérales - exige souvent une oreille attentive et de la pitié. Léon XIV a donc été confronté à la tâche de modérer la **tension entre la doctrine de l'Église et les valeurs contemporaines**. S'il parvient à concilier les préoccupations légitimes des catholiques réformateurs et de la société sans trahir le cœur de la foi, son pontificat recèle un énorme potentiel : il pourrait repositionner l'Église en tant que force morale crédible au XXIe siècle.

Perspectives sur les différences régionales

L'Église catholique est une **Église mondiale** et Léon XIV doit toujours envisager les réformes et les décisions dans un contexte mondial. Ce qui est perçu comme un renouveau urgent dans une partie du monde peut se heurter à l'incompréhension ou au rejet ailleurs. Des influences culturelles, des expériences historiques et des réalités sociales différentes conduisent à des **perspectives** parfois divergentes **sur l'Église mondiale**. Cette tension entre l'unité mondiale et la diversité régionale caractérise les défis de son pontificat.

En Europe et en Amérique du Nord, par exemple, l'Église et le pape doivent convaincre une société de plus en plus sécularisée. Ici, les bancs se sont vidés en de nombreux endroits, les scandales ont entamé la confiance et les demandes de réforme sont particulièrement fortes. De nombreux croyants tournent le dos à l'Église : Rien qu'en Allemagne, plus d'un demi-million de personnes ont quitté l'Église catholique en

2022 - plus que jamais auparavant. Les évêques de ce pays ont qualifié cette évolution d'"alarmante" et l'inscrivent dans le contexte des espoirs de réforme déçus et du scandale des abus. Le président du Comité des catholiques a même déclaré que l'Église avait massivement gaspillé la confiance et n'était "actuellement pas assez déterminée pour mettre en œuvre les visions de l'avenir du christianisme". Dans ce contexte, les Églises européennes font pression pour que des changements soient apportés afin de regagner leur crédibilité. Les demandes de **déresponsabilisation des structures trop centralisées**, de **participation** accrue **des laïcs** et d'**ouverture pastorale** (par exemple dans le cas des divorcés remariés ou dans la gestion des sensibilités homosexuelles) sont au cœur de ces préoccupations. Léon XIV devait prendre ces préoccupations au sérieux s'il voulait ralentir l'érosion de l'Église dans le monde occidental.

La diversité régionale des défis signifie que le pape doit agir de manière très sensible et différenciée. Ce qui est un pas en avant audacieux dans un pays peut être perçu comme un affront dans un autre. Heureusement, Léon XIV a lui-même une grande **expérience internationale.** Il est le premier pape originaire des États-Unis et, en même temps, connaît de près la culture du Sud grâce à ses nombreuses années de travail en Amérique latine. Cette expérience interculturelle, associée au multilinguisme et au travail en réseau dans le monde entier, lui confère la sensibilité nécessaire pour comprendre les différentes composantes de l'Église universelle. En écoutant attentivement les **conférences épiscopales régionales** et en les prenant au sérieux, il envoie le signal qu'aucune perspective ne sera ignorée. Le potentiel de son pontificat réside ici dans l'**unité dans la diversité réconciliée** : si Léon XIV réussit à faire dialoguer les perspectives de l'Église mondiale, les différences régionales pourraient devenir une force. L'Église catholique pourrait se distinguer comme une communauté véritablement mondiale qui admettrait et valoriserait les différentes expressions culturelles de l'unique foi.

Stratégies pour des réformes courageuses et crédibles

Face aux nombreuses demandes de réforme et aux débats controversés, Léon XIV est appelé à développer des **stratégies de changement qui soient à la** fois courageuses et crédibles - et qui, avant tout, restent **communicables à l'Église mondiale.** Les étapes de la réforme doivent être conçues de manière à être comprises et acceptées au sein de l'Église mondiale. Cela nécessite une communication intelligente, une solidité théologique et un sens du timing et des priorités.

Une stratégie centrale consiste à **soutenir largement les** réformes et à ne pas les présenter comme de simples décisions imposées d'en haut. Léon XIV a poursuivi le style synodal de son prédécesseur : Il a mis davantage l'accent sur les consultations synodales et le dialogue avec les fidèles à la base. Par le biais de consultations mondiales - par exemple dans le cadre du **Synode mondial** - il a permis aux voix de tous les continents de s'exprimer dans le processus de prise de décision. Les innovations éventuelles sont ainsi mieux acceptées, car les fidèles se sentent impliqués et les préoccupations régionales sont prises en compte.

Pour que les réformes soient crédibles, il faut aussi que le pape donne le bon exemple. Léon XIV a utilisé le pouvoir symbolique de sa fonction pour faire preuve d'humilité et de repentir. Par exemple, il a adopté une position décisive dans l'enquête sur les scandales d'abus : Il a démis les dissimulateurs de leurs fonctions, renforcé les organes de contrôle indépendants et demandé publiquement pardon pour les manquements de l'Église. De telles actions étayent ses paroles et créent la confiance dans sa volonté de renouveau. Il a également montré des signes personnels d'ouverture, par exemple en nommant des femmes et des laïcs à des postes de responsabilité au sein de la Curie, ce qui est désormais possible d'un point de vue canonique. En permettant une plus grande **diversité dans les postes de direction**, Léon XIV a donné de l'intérieur de la crédibilité à ses intentions de réforme.

Un autre élément de sa stratégie doit être la **communication sur les réformes**. Les mesures audacieuses se heurtent naturellement à l'incertitude ou à la résistance dans un premier temps. Léon XIV mise donc sur la transparence et explique ouvertement ses motivations au public mondial et à la communauté ecclésiastique. Dans ses discours, ses lettres pastorales et ses apparitions dans les médias, il a souligné à plusieurs reprises que la réforme n'était pas une fin en soi, mais qu'elle devait servir à approfondir l'Évangile. Il décrit des cas spécifiques où des règles rigides ont entravé les soins pastoraux et montre comment l'adaptation peut permettre à davantage de personnes de faire l'expérience de l'amour de Dieu. Grâce à cette communication narrative - sur un ton de vulgarisation scientifique, bien entendu - il parvient à transformer des sujets de réforme abstraits en **histoires vivantes** qui trouvent un écho auprès des croyants du monde entier. Par exemple, lorsque le mariage des couples de même sexe est débattu, il fait référence à des couples aimants dans des congrégations dont la fidélité et la croyance montrent clairement pourquoi l'Église devrait trouver une voie pastorale de reconnaissance dans ce domaine. De cette manière, il apaise les craintes de changement en plaçant au premier plan la préoccupation centrale des chrétiens : l'amour du prochain.

Enfin, Léon XIV a pris soin de former des **coalitions pour les réformes.** Il n'a pas eu à prendre seul des décisions audacieuses : Il implique très tôt le clergé et les conseillers théologiques afin d'élaborer des solutions communes. Il réunit les responsables ecclésiastiques particulièrement réformateurs des différentes régions du monde - que ce soit en Allemagne, en Inde, aux États-Unis ou au Brésil - lors de réunions informelles, afin qu'ils puissent apprendre les uns des autres et travailler ensemble à des **compromis durables pour l'Église mondiale.** Par exemple, les évêques africains et européens pourraient se consulter sur l'inculturation de la liturgie afin de rendre justice à la fois à la dignité de la célébration universelle de l'Eucharistie et aux formes d'expression locales. Ce type d'échange favorise la compréhension mutuelle et permet de désamorcer les propositions de réforme avant qu'elles ne soient officiellement adoptées. Léon XIV a agi ici comme un modérateur et comme un **pape qui regardait strictement vers l'avenir**, mais qui entraînait tout le monde avec lui.

S'il réussit cet exercice d'équilibre, les réformes de son pontificat pourront être non seulement courageuses, mais aussi durablement efficaces, parce qu'elles seront soutenues par un large consensus et une véritable conviction.

Scénarios hypothétiques pour un nouveau concile du Vatican

Un projet particulier qui serait envisageable sous le pontificat de Léon XIV est la **convocation d'un nouveau concile du Vatican** - en d'autres termes, un grand concile mondial de laïcs et d'évêques, comme celui qui s'est tenu pour la dernière fois dans les années 1960 avec le concile Vatican II. Une telle entreprise serait extrêmement ambitieuse et historiquement significative. Mais que devrait faire concrètement le pape Léon XIV s'il voulait préparer un *troisième concile du Vatican* ? Dans ce qui suit, plusieurs scénarios hypothétiques sont esquissés quant à la manière dont un nouveau concile pourrait être initié, aux conditions préalables dont il aurait besoin, aux personnes qui y participeraient, au calendrier dans lequel il pourrait se dérouler et aux sujets qui seraient à l'ordre du jour.

1. **Scénario 1 : Préparation minutieuse à long terme et large consensus** - Dans ce scénario, Léon XIV ne décide de convoquer un nouveau concile qu'après un travail préparatoire approfondi. Pour ce faire, le pape devrait d'abord sonder l'opinion des évêques du monde entier. Il pourrait créer un **comité préparatoire** composé de représentants de tous les continents afin d'identifier les questions les plus urgentes. Les acteurs possibles seraient des cardinaux connus, mais aussi des théologiens et même des laïcs en tant que conseillers. Ce comité travaillerait pendant plusieurs mois, consulterait les églises locales et créerait un cadre de base pour le concile. **Le calendrier** : Il serait concevable que Léon XIV annonce le concile trois ans à l'avance, par exemple. Ces années seraient mises à profit pour élaborer des documents de travail (appelés *schémas*), former des commissions et clarifier les questions d'organisation (lieu - vraisemblablement le Vatican, mais

peut-être aussi des lieux différents -, ordre des sessions, traductions, etc.) Sur le plan de l'organisation, on pourrait s'inspirer du concile Vatican II : plusieurs sessions par an, étalées sur deux ou trois ans, de manière à ce que les participants puissent retourner dans leur diocèse entre les sessions. **Les thèmes d'**un tel concile seraient très variés, par exemple : l'égalité des femmes dans l'Église, la synodalité et la répartition du pouvoir, la morale sexuelle de l'Église (par exemple, le traitement des divorcés remariés, la contraception, les questions LGBTQIA+), le célibat, les relations œcuméniques avec les autres chrétiens, le dialogue interreligieux, la crise climatique et la justice sociale du point de vue de l'Église, et enfin, mais non des moindres, les mesures contre les abus et en faveur de la transparence. Tous ces sujets seraient formulés dans des étapes préparatoires de manière à être *négociables pour l'Église mondiale* - sans surcharger les uns ni sous-charger les autres. Léon XIV ferait preuve d'une grande habileté diplomatique dans ce scénario : En parvenant soigneusement à un accord à l'avance, il pourrait s'assurer qu'un consensus raisonnablement viable puisse être atteint au cours du Conseil lui-même. Les acteurs concernés - tous les évêques catholiques du monde entier, ainsi que des experts et des auditeurs (éventuellement des femmes et des jeunes en tant qu'auditeurs, comme ce fut le cas à Vatican II) - se réuniraient en étant conscients que ce Concile doit **être un départ historique.** L'avantage de ce scénario est qu'il y a de bonnes chances que les décisions soient finalement soutenues par une large majorité, car personne n'a été pris par surprise. Inconvénient : cela prendrait beaucoup de temps et d'énergie, et certaines réformes urgentes seraient entre-temps reportées.

2. **Scénario 2 : Convocation rapide en réponse à une crise** - Dans ce cas, Léon XIV annoncerait un nouveau concile relativement soudainement, poussé par une crise aiguë qui ne pourrait tolérer un délai plus long. Une telle crise

pourrait, par exemple, être une **perte dramatique de crédibilité de l'Église** dans de grandes parties du monde - causée, par exemple, par un scandale mondial, des démissions massives de l'Église ou de graves tensions qui menacent de diviser l'Église. Face à cette situation, le pape pourrait convoquer les évêques à un concile dans un délai d'un à deux ans pour trouver ensemble des solutions face à *l'urgence*. Les principales **conditions** seraient le courage et la détermination du Pape, ainsi que la volonté fondamentale des évêques d'écouter l'appel. Les acteurs impliqués seraient tous des évêques, mais en raison du court délai, moins d'observateurs externes ou de théologiens seraient probablement impliqués dans les préparatifs. **Cadre organisationnel** : Un concile un peu plus compact ( ) serait concevable, peut-être sur une seule période de réunion plus longue de quelques mois, au cours de laquelle les délibérations se dérouleraient au jour le jour (plus comparable au concile de Trente au XVIe siècle, qui s'est déroulé en quelques phases intensives, bien qu'étendues sur plusieurs années à l'époque). **Les thèmes abordés** se concentreraient sur les questions les plus urgentes, par exemple des mesures concrètes contre la perte de membres dans certains pays, la réforme de la Curie, le traitement des conflits doctrinaux et la clarification des questions controversées qui mettent en danger l'unité de l'Église (telles que : "Les Églises nationales peuvent-elles faire cavalier seul ? Les églises nationales sont-elles autorisées à suivre leur propre voie ? Dans quelle mesure les décisions synodales locales sont-elles contraignantes ? etc.) Dans un tel scénario, Léon XIV ne pourrait vraisemblablement pas laisser de côté les questions dogmatiques difficiles si elles sont au cœur de la crise - comme l'attitude à l'égard des femmes dans le ministère ordonné ou la moralité sexuelle - parce que les éviter prolongerait la crise. L'avantage de cette approche est que l'Église fait preuve de capacité d'action et de courage ; un concile ferait sensation dans le monde entier et susciterait peut-être un nouvel enthousiasme. De plus, des résolutions pourraient être mises en œuvre rapidement pour contrer la crise. Inconvénient : une préparation hâtive comporte des risques ; sans une coordination préalable approfondie, des conflits pourraient éclater ouvertement lors du concile lui-même et conduire à la formation de camps, voire à des scissions. Un concile mal préparé peut se terminer sans résultat ou être boycotté par certains groupes. Dans ce scénario, Léon XIV devra donc faire preuve d'une grande modération et, le cas échéant, prendre des décisions difficiles pour maintenir le cap du concile.

3. **Scénario 3 : chemin progressif via les synodes jusqu'à un concile** - Ce modèle combine les deux approches ci-dessus : Léon XIV pourrait emprunter **une voie procédurale** qui aboutirait finalement à un concile par le biais de plusieurs synodes. La condition préalable à cette démarche serait la volonté d'adopter une vision à long terme. Le pape convoquerait d'abord des **synodes spéciaux** sur des sujets spécifiques - par exemple, un synode mondial des évêques sur le thème de "l'égalité des droits pour les femmes dans l'Église", puis un synode séparé sur "l'Église et la société moderne" (qui pourrait traiter de la moralité sexuelle, du célibat et de la famille), et un autre sur "la synodalité et la structure de l'Église". Ces synodes pourraient se dérouler sur une période de 2 à 4 ans. Leurs résultats - chacun sous la forme de documents de recommandation - seraient rassemblés et pourraient alors constituer la **base d'un grand conseil final.** En fait, un tel concile constituerait la clé de voûte d'un long processus synodal qui a déjà accompli un travail préparatoire considérable. Outre les évêques, de nombreux experts et même des partenaires œcuméniques, dont certains participent aux synodes en tant qu'observateurs, seraient également **impliqués.** **L'horizon temporel** s'étend ici sur près d'une décennie, voire plus : il s'agirait d'un projet générationnel que Léon XIV pourrait même devoir remettre à son successeur si son

mandat ne durait pas aussi longtemps. **Sur le plan organisationnel**, cela présenterait l'avantage que l'Église se rapprocherait pas à pas et que chaque région, chaque conférence épiscopale serait déjà impliquée dans le processus. Ce troisième concile du Vatican se tiendrait alors peut-être à la fin des années 2020, avec le plus haut niveau de participation et préparé par des piles de rapports synodaux. **Les sujets** seraient traités dans l'ordre et l'un après l'autre, pour aboutir à un document d'ensemble. Ce conseil pourrait alors adopter solennellement toutes les réformes et orientations élaborées en cours de route - comme un nouveau cadre constitutionnel pour l'Église qui établit la synodalité comme contraignante, ou des déclarations doctrinales actualisées sur le mariage et la famille basées sur un large consensus. L'avantage de ce scénario est qu'il combine la profondeur et l'exhaustivité avec l'autorité d'un conseil ; il est moins conflictuel, car beaucoup de choses sont clarifiées à l'avance. Inconvénient : il exige une grande patience et comporte un risque de lassitude - le monde pourrait perdre le fil si les processus s'éternisaient, et les opposants à la réforme auraient tout le temps d'attendre. En outre, Léon XIV devra veiller à ce que **les résultats des synodes** aboutissent **effectivement à des résolutions du concile** et ne restent pas bloqués à mi-chemin.

Quel que soit le scénario, un nouveau concile du Vatican sous Léon XIV devrait être *bien fondé*. L'Église ne convoque pas un concile à la légère - elle a besoin de sentir que *"le moment est venu"* et que l'Esprit Saint pousse l'Église vers un grand départ commun. Si Léon XIV reconnaît ce moment et crée les conditions nécessaires - implication des évêques, prière des fidèles, clarification des objectifs - alors un tel concile pourrait déployer le plus grand potentiel de son pontificat : rendre l'Église catholique crédible, unie et durable pour les années à venir.

Quitter l'église et la sécularisation : le défi de la perte de crédibilité

Le pape Léon XIV a été confronté non seulement à des questions de réforme au sein de l'Église, mais aussi aux **changements constants de la société extérieure**. Dans de nombreux pays traditionnellement chrétiens, l'Église catholique connaît depuis des années une baisse du nombre de ses membres et une perte d'importance dans la vie publique. **Les démissions** sont devenues un indicateur de l'érosion de la confiance et de l'engagement envers l'Église. Les raisons de ces vagues de démissions sont multiples : la **sécularisation** croissante et l'indifférence à l'égard de la religion jouent un rôle, mais les déceptions concrètes à l'égard de l'Église poussent également les croyants à partir.

Comme nous l'avons déjà mentionné, le nombre de démissions en Allemagne, par exemple, a atteint des sommets historiques - plus de 500 000 catholiques ont quitté le pays en 2022. Les diocèses d'autres pays d'Europe occidentale, du Canada et de l'Australie font également état de pertes alarmantes. Les personnes qui quittent l'Église invoquent souvent la réticence de celle-ci à se réformer, sa gestion des scandales moraux et le sentiment que l'institution n'est plus à la page. Léon XIV a réagi à ce phénomène avec un souci pastoral. Il était conscient que derrière chaque démission se cachaient des destins humains : Des personnes qui ont peut-être lutté pendant longtemps avant de tourner le dos à leur église parce qu'elles n'avaient plus confiance en elle. Les scandales d'abus des dernières décennies, en particulier, ont énormément contribué à la perte de crédibilité. Lorsque les évêques ont protégé les auteurs d'abus et que l'institution s'est placée au-dessus de la protection des enfants, l'Évangile a été trahi aux yeux de beaucoup ( ). C'est pourquoi Léon XIV a fait de la résolution de ces délits une priorité absolue. Il savait qu'**un renouveau crédible** dans ce domaine était une condition préalable essentielle pour regagner la confiance des fidèles.

En même temps, Léon XIV analyse les tendances sous-jacentes de la sécularisation. Dans les sociétés éclairées et riches, de nombreuses personnes ne se considèrent tout simplement plus comme dépendantes de l'Église : les liens sociaux qui renforçaient la vie communautaire se dissolvent ; l'influence morale de l'Église s'affaiblit à mesure que l'État et d'autres institutions reprennent ses fonctions (éducation, santé, protection sociale). La religion devient une affaire privée et le grand récit du christianisme convainc de moins en moins de personnes. Même un pape ne peut à lui seul contrecarrer cette évolution. Mais Léon XIV a essayé de gagner une nouvelle crédibilité par un **témoignage authentique.** Il a mis l'accent sur la simplicité du message chrétien, a placé Jésus-Christ au centre de toute prédication et a tenté de rapprocher l'Église des gens. Concrètement, cela se traduit par exemple par le fait qu'il encourage les paroisses à expérimenter **de nouvelles formes de pastorale :** Mission de rue, projets numériques, possibilités de discussion à bas seuil pour ceux qui ont quitté l'Église. Il invite également les intellectuels et les artistes à dialoguer afin de rendre la foi compréhensible dans un langage moderne. Le pape lui-même cherche à être proche des gens ordinaires - les images de Léon XIV priant dans les points chauds de la société ou discutant avec des jeunes en proie au doute en sont le signe : Cette Église écoute et se préoccupe des autres.

Un problème particulier se pose dans les pays où l'Église était autrefois une Église d'État (comme dans certaines parties de l'Europe) et où elle est aujourd'hui aux prises avec un certain **traumatisme social.** Dans ces pays, Léon XIV a dû beaucoup convaincre que la foi et la liberté n'étaient pas contradictoires et que l'Église avait appris de ses erreurs. Pour ce faire, il prend également au sérieux les **voix critiques à l'égard de l'Église** - par exemple, il rencontre les associations de victimes d'abus, écoute les conseils d'experts externes sur les questions de gouvernance et fait preuve d'humilité à l'égard des autorités séculières lorsque cela s'avère nécessaire. Cette ouverture lui vaut le respect d'une partie de la société. Cependant, il reste à voir si la vague de démissions peut être stoppée. Il est possible que l'Église devienne encore plus petite dans certains pays avant qu'un nouveau départ ne soit possible. Mais Léon XIV y voit aussi un potentiel : un "troupeau plus petit" pourrait aussi être une **communauté plus authentique, plus convaincue,** si la tiédeur diminue. Ce faisant, il fait écho aux pensées de Benoît XVI, qui prédisait une Église réduite mais forte. Quoi qu'il en soit, la gestion de la sécularisation et des personnes qui quittent l'Église est un défi majeur de son pontificat. La réponse qu'il y apportera - un humble renouveau intérieur doublé d'une approche courageuse du monde extérieur - jouera un rôle clé dans la manière dont l'Église sortira de cette crise.

Pluralisme religieux et dialogue interreligieux

La mondialisation et les migrations ont conduit à un **pluralisme religieux** coloré, même dans des régions catholiques autrefois homogènes. Différentes religions et confessions cohabitent, et des mouvements spirituels entièrement nouveaux ou une laïcité explicite font également partie du paysage social. Pour Léon XIV, cela signifiait que l'Église devait se positionner *dans un monde de dialogue*. **Le dialogue interreligieux** est devenu l'une des caractéristiques de son pontificat, en partie parce qu'il avait une grande expérience personnelle dans ce domaine. En tant qu'évêque et cardinal, Léon XIV avait déjà travaillé avec d'autres communautés religieuses dans divers pays et jeté des ponts. Cette expertise lui sera utile sur la scène internationale.

L'un des domaines importants est la relation avec l'**islam**. Dans de nombreux pays d'Afrique et d'Asie, les catholiques vivent en tant que minorité dans des sociétés majoritairement musulmanes. Dans le même temps, la population musulmane augmente en Europe. Léon XIV a poursuivi le travail de ses prédécesseurs - nous nous souvenons du document fraternel de François avec le grand imam d'Al-Azhar ou des prières pour la paix de Jean-Paul II à Assise - et a intensifié les échanges. Il rend visite à des religieux islamiques de premier plan et ne manque jamais une occasion de souligner que les chrétiens et les musulmans croient essentiellement en *un seul* Dieu et partagent des valeurs communes telles que la cohésion familiale, la miséricorde et la justice. Sous son égide, de nouvelles plateformes de coopération islamo-chrétienne ont vu le jour, par exemple dans le domaine de l'aide aux réfugiés ou de la protection de l'environnement, où les deux religions peuvent faire beaucoup. Bien sûr, Léon XIV n'a pas caché ses différences - par exemple sur la question de la liberté religieuse ou de l'égalité des droits - mais il a toujours cherché un terrain d'entente afin de réduire les tensions. Dans des régions comme le Moyen-Orient, où les conflits politiques sont souvent liés à la religion, le pape tente de donner un exemple de paix par la médiation et la prière. Son approche internationale, caractérisée par une **compétence interculturelle** et un respect sincère des traditions étrangères ( ), lui vaut d'être reconnu au-delà des frontières de l'Église.

Léon XIV s'est également engagé à **dialoguer avec les autres confessions chrétiennes** et les religions non chrétiennes. L'œcuménisme, c'est-à-dire l'unité des chrétiens, lui tenait à cœur. Il a entretenu des relations étroites avec les églises orthodoxes, les communautés protestantes et les églises pentecôtistes. En particulier dans les pays où les chrétiens sont minoritaires ou soumis à des pressions, il encourage la coopération plutôt que la concurrence. Par exemple, sous son influence, les Églises lancent des semaines de prière communes et s'engagent ensemble pour les droits des chrétiens persécutés au Moyen-Orient ou en Asie du Sud. Léon XIV fait part aux **patriarches de l'Église orientale de** ses préoccupations concernant les jeunes, qui deviennent de plus en plus séculiers, et ils réfléchissent ensemble à la manière de témoigner du christianisme au XXIe siècle. Cette ouverture œcuménique rayonne également au sein de l'Église catholique : lorsque les croyants constatent que le pape voit plus loin que le bout de son nez, cela favorise une vision moins étriquée et une plus grande tolérance au sein de l'Église.

Dans ses relations avec les religions telles que le **judaïsme**, le **bouddhisme** et les religions naturelles traditionnelles, Léon XIV a donné l'exemple du respect. Il visite les synagogues et les mémoriaux pour exprimer le lien judéo-chrétien et poursuit sans relâche la lutte contre toutes les formes d'antisémitisme. Il discute de méditation et d'éthique mondiale avec des moines bouddhistes afin de trouver un terrain d'entente pour une éthique mondiale. Ces gestes ne sont pas seulement des politiques symboliques - ils reflètent la conviction de Leo qu'il y a un rayon de vérité dans toute religiosité sincère. Il aimait citer la phrase du document conciliaire *Nostra Aetate* selon laquelle l'Église reconnaît tout ce qui est vrai et saint dans les autres religions. Cela montre que Léon XIV ne considérait pas la diversité des religions comme une menace, mais comme un appel au dialogue et à l'action commune pour le bien de l'humanité.

Toutefois, le **pluralisme religieux croissant** est également source de tensions internes. Certains catholiques sont sceptiques quant au zèle interreligieux du pape. Les milieux ultraconservateurs craignent une dilution de la vérité ou refusent de rendre autant hommage aux autres religions. Léon XIV doit là aussi trouver un équilibre : il souligne intérieurement que le dialogue n'est pas synonyme de **relativisme**. Au contraire, explique-t-il, un dialogue authentique renforce l'identité de chacun, car seuls ceux qui connaissent et aiment leur propre foi peuvent rencontrer d'autres religions sans peur ni agressivité. Il tente de transmettre ce message par la catéchèse, en particulier dans la formation et le perfectionnement des candidats à la prêtrise : La prochaine génération de prêtres et de laïcs devrait être habilitée à **témoigner dans un environnement multireligieux**, sans images ennemies, mais avec une conviction claire.

En raison de sa biographie internationale, Léon XIV avait une connaissance approfondie des différences entre les pratiques religieuses des différentes cultures. En tant que pape, il promeut donc une **théologie des cultures** au sein de l'Église qui prend au sérieux les traditions religieuses locales. Par exemple, il soutient les peuples indigènes d'Amazonie ou du Canada dans l'intégration de leurs expressions culturelles dans la liturgie (pour autant qu'elles soient compatibles avec la foi chrétienne). Il s'agit également d'un aspect du pluralisme : la diversité peut exister non seulement entre les religions, mais aussi au sein de l'Église mondiale. Le dialogue interreligieux et l'ouverture aux contextes pluralistes sont donc orientés à la fois vers l'extérieur - vers la paix et la compréhension - et vers l'intérieur, en rendant l'Église elle-même plus diverse et *plus catholique* (dans le sens d'englobante).

Un pape entre défis et nouveaux départs

Léon XIV a été confronté à d'énormes défis durant son pontificat - des conflits internes liés à la réforme de l'Église aux bouleversements sociaux et aux dialogues mondiaux. Pourtant, tous ces défis cachent un potentiel tout aussi important. Son nom rappelle peut-être celui des papes précédents, mais son parcours est tourné vers l'avenir : avec ouverture d'esprit, expérience internationale et profondeur spirituelle, il tente de faire naviguer l'Église catholique à travers les tensions du présent. Les voix critiques l'obligent à faire preuve de clarté et à écouter sincèrement ; les demandes de réforme le poussent à agir avec courage mais sagesse ; les différences régionales lui rappellent qu'il faut toujours garder à l'esprit l'ensemble de l'Église universelle.

Si Léon XIV réussit cet exercice d'équilibre, son pontificat pourrait devenir un tournant : L'Église de demain se forme aujourd'hui - dans la confrontation avec la critique, dans la lutte pour le droit chemin et dans la confiance en l'esprit de Dieu, qui peut donner l'unité dans la diversité. Il est d'ores et déjà clair que Léon XIV ne donne pas de réponses simples, mais encourage le dialogue et ose prendre des mesures en faveur du changement. Sous sa direction, **la perspective mondiale** et les **défis régionaux** se fondent dans un processus global de renouveau. Les années à venir montreront si les réformes et les dialogues qu'il a initiés porteront leurs fruits. Mais une chose est sûre : Léon XIV a osé se lancer - dans le but de conduire au XXIe siècle une **Église courageuse, crédible et mondiale**, capable de résister aux crises et d'être à nouveau un signe d'espérance pour les hommes d'aujourd'hui.

🕊️ Chapitre 16 :
Perspectives - Vision d'une église moderne et inclusive

Un arc-en-ciel au-dessus de la basilique Saint-Pierre de Rome pourrait symboliser la vision du pape Léon XIV : une Église qui inclut toutes les couleurs de l'humanité et qui est crédible et accueillante dans le monde entier au XXIe siècle. Dès le début de son pontificat, Léon XIV s'est caractérisé par une position claire en faveur de l'**inclusion**. Il rêvait d'une Église dans laquelle *personne ne* serait exclu en raison de son origine, de son sexe, de son mode de vie ou de son statut social - une Église qui accueillerait toutes les personnes de bonne volonté **dans le monde entier** et qui témoignerait de **manière crédible** de l'Évangile. Léon XIV voulait retrouver cette crédibilité après les scandales et les crises de confiance qui avaient ébranlé la réputation de l'Église. Son modèle est celui d'une communauté spirituelle proche des gens (*"proche de la foi"*), à l'écoute de leurs préoccupations et qui leur apporte des réponses sans être dogmatique ou sur la défensive. En résumé, Léon XIV esquisse l'image d'une Église catholique renouvelée, reconnaissable dans le monde moderne comme une **maison pour tous**.

Léon XIV se distingue donc nettement de la plupart de ses prédécesseurs sur le trône pontifical. Alors que les pontificats précédents avaient laissé de côté certains sujets tabous et s'étaient abstenus de tout changement, Léon XIV a osé aborder ouvertement des questions sensibles. Par exemple, la Curie s'est longtemps abstenue de discuter des mariages (sacramentels) de couples homosexuels à l'église - jusqu'à récemment, de telles initiatives étaient considérées comme une "demande" inouïe adressée à Rome. Léon XIV, en revanche, a cherché à dialoguer **avec** ces élans réformateurs plutôt que de s'y opposer. Dans l'ensemble, il a agi comme un bâtisseur de ponts : Il s'appuie sur les mesures de réforme prises par le pape François, mais adopte une approche encore plus décisive. Son pontificat est indubitablement caractérisé par le *style de l'écoute* - Léon XIV écoute particulièrement attentivement les voix de la base, des femmes et des jeunes dans l'Église. Par rapport à Benoît XVI ou Jean-Paul II, qui ont fortement mis l'accent sur la doctrine traditionnelle, Léon XIV a mis des accents différents : la miséricorde pastorale avant les règles strictes, la participation avant le centralisme, l'ouverture courageuse avant l'isolement craintif. Cette approche nouvelle a donné à son pontificat un profil unique dans l'histoire récente de l'Église.

Pour concrétiser sa vision, Léon XIV a eu recours à la fois à des décisions personnelles et à des processus de consultation participatifs. Dès les premières années de son pontificat, il utilise les pouvoirs qui lui sont conférés pour donner l'exemple : Par exemple, il nomme des femmes et des non-clercs à des postes de direction au sein de la Curie et de son équipe de conseillers, soulignant ainsi l'égalité de parole de tous les croyants. Il n'hésite pas à prendre des décisions désagréables s'il est convaincu qu'elles sont dans l'intérêt de l'Église, qu'il s'agisse de la révocation de clercs de haut rang en cas de mauvaise administration ou de la nomination de commissions indépendantes sur les questions de réforme. En même temps, Léon XIV était profondément convaincu qu'un changement durable ne pouvait être réalisé qu'avec l'ensemble du peuple de Dieu. Il a donc lancé un vaste processus de consultation mondiale avec le clergé **et les** laïcs. Des forums de dialogue et des assemblées synodales sont organisés dans les diocèses du monde entier, où les mouvements de base et les évêques ont leur mot à dire. Cette approche participative aboutit finalement à une étape historique : Léon XIV prépare la convocation d'un **nouveau concile du Vatican**. Cet éventuel troisième concile du Vatican réunirait, pour la première fois depuis les années 1960, l'Église mondiale à Rome pour discuter des orientations fondamentales du XXIe siècle. Léon XIV s'appuyait ainsi sur l'héritage du concile Vatican II, dont il souhaitait prolonger l'esprit de renouveau dans le siècle en cours. En associant aux préparatifs des évêques de tous les continents, des experts et des citoyens ordinaires, il a veillé à la médiation de l'Église mondiale : les réformes doivent être *catholiques*, c'est-à-dire universelles, et ne pas correspondre uniquement à des régions culturelles particulières.

L'image montre une prise de vue impressionnante de la basilique Saint-Pierre au Vatican. La façade remarquable et le magnifique dôme de la cathédrale sont clairement visibles au premier plan, qui est éclairé par une lumière chaude et dorée. L'arc-en-ciel coloré qui traverse la coupole en un arc parfait est frappant et transmet le caractère symbolique d'une église et d'une théologie inclusives. Le ciel à l'arrière-plan est partiellement nuageux et dramatique, ce qui fait ressortir encore plus l'arc-en-ciel. L'image a un fort pouvoir symbolique et représente métaphoriquement l'espoir, le renouveau et la diversité.

Ce rapprochement stratégique des différentes voix de l'Église universelle démontre la préoccupation fondamentale de Léon XIV : créer l'unité dans la diversité légitime.

Un aspect central de la vision de Léon XIV est l'évolution de l'**image de l'Église** vers une Église synodale, inclusive et populaire. Concrètement, cela signifie que l'on s'éloigne d'un modèle purement hiérarchique et monologique pour aller vers une **culture synodale** dans laquelle *la communauté* et la *participation* sont les principes directeurs. Le pape souligne à plusieurs reprises que *tous les baptisés* partagent une dignité et une mission communes. Les personnes consacrées et non consacrées doivent donc être impliquées dans les décisions à tous les niveaux de l'Église - il doit y avoir "une culture de véritable codécision", et pas seulement de consultation. Léon XIV ne s'est pas contenté de le souligner en paroles, il l'a également soutenu institutionnellement : de la paroisse à l'Église universelle, il a promu des structures permettant une codétermination contraignante. Par exemple, les conseils paroissiaux et diocésains doivent être plus que des organes consultatifs - ils doivent avoir une influence réelle sur la planification pastorale et les décisions financières. Au niveau de l'Église universelle, Léon XIV renforce le synode des évêques en lui donnant un esprit beaucoup plus synodal : les représentants du peuple de Dieu, même sans ordination, ont désormais le droit de voter et de contribuer à l'élaboration des décisions synodales. Il était convaincu qu'une direction responsable dans une Église synodale **exigeait la** transparence, l'écoute et l'égalité de tous les croyants, indépendamment de leur sexe ou de leur origine. Léon XIV a donc créé un cadre dans lequel ces principes pouvaient être mis en pratique, par exemple par le biais d'une responsabilité contraignante et de processus décisionnels transparents dans l'administration de l'Église. Les résultats des synodes mondiaux ont déjà souligné l'importance des structures transparentes et de l'autorégulation. Le pape s'appuie sur ces éléments : il promeut une **culture de la responsabilité**, tant interne qu'externe, dans laquelle les responsables ecclésiastiques rendent régulièrement des comptes et se laissent évaluer.

Bien sûr, il subsiste une certaine *tension entre la participation synodale et la constitution hiérarchique*, mais Léon XIV voit cette tension d'un œil positif. Grâce à de nouvelles formes de collaboration, cette tension peut être rendue fructueuse en amenant la direction charismatique et la participation communautaire à un équilibre constructif.

La vision d'une Église synodale et inclusive vise en fin de compte à ce que les croyants fassent à nouveau l'expérience d'une Église proche de leur vie de foi et de leurs questions - une Église qui écoute et accompagne plutôt que de donner des leçons d'en haut.

Un autre scénario futur que Léon XIV devait envisager concernait l'**égalité sacramentelle** et, en particulier, le traitement des couples de même sexe. L'Église catholique a toujours enseigné que le sacrement du mariage est réservé exclusivement à l'homme et à la femme. Cependant, à la lumière des nouvelles connaissances sur la sexualité et l'amour dans le partenariat, l'Église souhaite de plus en plus développer cet enseignement en termes pastoraux. Léon XIV a appartenu à la génération des dirigeants ecclésiastiques qui étaient prêts à réfléchir ouvertement *à la manière dont* les partenariats fidèles entre personnes du même sexe pouvaient être reconnus sans dévaloriser la profondeur sacramentelle du mariage. Tout d'abord, il soutient sans réserve les dernières étapes vers une plus grande reconnaissance : en décembre 2023, par exemple, le Vatican a permis aux couples homosexuels d'être bénis à l'église pour la première fois. Bien que cette autorisation soit soumise à des conditions - il ne doit pas y avoir de confusion avec une cérémonie liturgique de mariage - elle représente une étape importante. Léon XIV a ensuite élargi les possibilités pastorales. Sous son pontificat, une commission théologique a élaboré des scénarios sur la manière dont l'Église pourrait apporter un soutien encore plus complet aux couples de même sexe. Par exemple, une forme spéciale de service de bénédiction qui fournit des textes liturgiques et des signes valables dans le monde entier pour ces couples est concevable. La question d'un *mariage* religieux pour les couples homosexuels a même été ouvertement soulevée sous Léon XIV - une mesure qui semblait impensable avant lui. Bien sûr, il s'agirait d'une révolution dans l'ordre sacramentel antérieur et cela nécessiterait une réflexion théologique approfondie ainsi qu'un large consensus au sein de l'Église universelle. Mais le fait même que Léon XIV ait autorisé et encouragé ce débat a marqué une différence : alors que les autorités officielles avaient auparavant bloqué toute discussion, il a encouragé un discours respectueux qui prenait au sérieux la réalité vécue par de nombreux croyants. Il a insisté sur le fait que l'Église ne veut pas tenir à l'écart des sacrements quiconque vit dans un amour sincère et responsable. Léon XIV fait donc preuve de courage pour développer davantage les doctrines - tout en sachant que cela prend du temps et doit être communiqué au niveau de l'Église mondiale. Dans certaines parties de l'Église mondiale, l'idée de l'égalité sacramentelle pour les couples de même sexe peut encore se heurter à des résistances, mais dans d'autres, elle est espérée depuis longtemps. Léon XIV a modéré ce processus de tension avec prudence. Il est possible qu'il autorise dans un premier temps des solutions régionales ou qu'il reconnaisse officiellement des *célébrations* afin d'acquérir de l'expérience. À long terme, une ouverture formelle du sacrement du mariage pourrait même être discutée - par exemple lors du concile prévu - s'il ne prend pas de décision indépendante. Une telle décision serait historiquement sans précédent et rendrait le pontificat de Léon XIV incontestable. Quoi qu'il en soit, il est d'ores et déjà clair que ce qui a commencé comme une démarche courageuse d'évêques individuels sur le chemin synodal en Allemagne en 2023 (plus de 80 % du clergé allemand a voté en faveur de la bénédiction des couples de même sexe à l'époque) est en train de se transformer en un mouvement mondial sous Léon XIV qui confronte l'Église à la question de savoir jusqu'où son inclusivité peut aller sans perdre son identité.

Outre l'ouverture en matière de mode de vie, Léon XIV a également encouragé avec énergie la **transformation numérique du travail de l'Église.** Il savait que l'Église devait être présente à l'ère numérique, où les gens communiquent et recherchent la communauté. La pandémie de coronavirus a déjà déclenché une vague d'innovations : les services religieux en ligne, les cercles de prière virtuels et les services pastoraux par chat vidéo sont devenus monnaie courante dans de nombreux endroits. Léon XIV ne veut pas laisser retomber cet élan, mais l'utiliser de manière stratégique. Sa vision est celle d'une *Église en réseau*, dans laquelle la congrégation locale traditionnelle est reliée à des espaces numériques et à des réseaux suprarégionaux. Plus précisément, il promeut des projets visant à mieux connecter les congrégations numériquement - à la fois entre elles et avec les croyants qui partagent leur foi par le biais des médias sociaux et des plateformes en ligne. Léon XIV considère les associations, mouvements et fédérations d'églises, qui sont souvent actifs dans plusieurs paroisses ou au niveau international, comme un enrichissement. Elles ne devraient pas concurrencer la paroisse territoriale, mais plutôt **la compléter**, de sorte que différentes *formes sociales d'église* puissent coexister : De la célébration locale de la messe au groupe international d'étude biblique Zoom. Pour soutenir ce développement de l'église numérique, Léon XIV se développe également en termes de personnel et de structure : Par exemple, des commissaires spéciaux pour la pastorale numérique pourraient être créés dans tous les diocèses ou une plateforme centrale sera créée au Vatican pour regrouper les idées qui ont fait leurs preuves. Il est important pour Léon XIV que les formats numériques ne restent pas de simples copies des formats analogiques. L'Église doit faire un usage créatif des particularités de l'internet pour atteindre les gens à un seuil peu élevé. Les experts insistent sur le fait que nous ne devons pas simplement revenir à "l'ancienne normalité", mais que nous devons *"conserver ce qui est bon et le développer davantage"* à partir de ce qui a été testé et éprouvé dans le domaine de la pastorale en ligne. C'est dans cet esprit que Léon XIV invite les personnes engagées à essayer de nouvelles approches : Qu'il s'agisse de l'utilisation de plateformes de jeux telles que Minecraft pour la pastorale des jeunes, du développement d'applications paroissiales ou de cours interactifs en ligne sur les questions de foi. L'Église numérique de Léon XIV reste toujours centrée sur les personnes : il considère la technologie comme un outil permettant de nouer des relations et de rendre la foi tangible. À l'avenir, une paroisse au sens traditionnel du terme pourrait ne plus être une simple entité géographique, mais une plaque tournante dans un réseau vivant de foi qui s'étend au-delà des frontières. Il en résultera une **église flexible, en réseau**, dans laquelle la communauté peut être vécue à la fois localement et en ligne - une église qui reste à l'écoute de son temps sans se couper de ses racines spirituelles.

Enfin, Léon XIV a mis l'accent sur des **structures de direction participatives et globales** qui empêchent les abus de pouvoir et renforcent la participation des *laïcs*. Les chocs provoqués par le scandale des abus - qu'ils soient de nature sexuelle, spirituelle ou financière - ont fait prendre conscience au pape qu'une véritable réforme ne pouvait aboutir que si le *pouvoir dans l'Église* était *rééquilibré*. Il considérait le "cléricalisme" comme la racine de nombreux maux : si le pouvoir de décision est trop concentré entre les mains de quelques fonctionnaires masculins, le risque d'opacité et d'abus augmente. Léon XIV s'est attaqué à ce problème en renforçant à la fois les **mécanismes de contrôle** et le **partage du pouvoir.** D'une part, comme décrit ci-dessus, il a impliqué beaucoup plus de non-clercs dans les rôles de direction. Des femmes et des hommes compétents et non ordonnés se sont vu confier des postes de direction au sein des autorités du Vatican, par exemple, ce qui n'a été rendu possible que par de récentes modifications du droit canonique. D'autre part, Léon XIV doit créer des organes de contrôle indépendants : Il faut espérer qu'il encouragera les conférences épiscopales du monde entier à mettre en place des commissions externes d'experts en matière d'abus, composées en majorité de laïcs et de professionnels. Ces commissions devraient contrôler les mesures prises par les diocèses et permettre aux personnes concernées de s'exprimer. Un organe consultatif international de laïcs pourrait également être créé au Vatican même sous Léon XIV, qui rendrait compte directement au pape et dénoncerait les abus - qu'il s'agisse de violence sexuelle, d'irrégularités financières ou d'abus de pouvoir. Léon XIV répondait ainsi aux demandes formulées par des parties indépendantes : La commissaire allemande chargée des abus, Kerstin Claus, par exemple, avertit que les *laïcs* doivent "devenir visibles dans le débat sur la réévaluation" et agir avec des attentes claires à l'égard des dirigeants de l'Église. Léon XIV prend ces voix au sérieux et consacre le principe de la **responsabilité partagée** dans l'Église. Le pape François avait déjà posé des jalons avec son motu proprio *"Vos estis lux mundi"* (2019/2023) et décrété, par exemple, que les laïcs exerçant des fonctions de direction seraient également tenus pour responsables de la dissimulation d'abus et seraient obligés de signaler les cas dans le monde entier. Léon XIV s'est appuyé sur ces fondements et les a poussés plus loin : il a soutenu la modification des lois ecclésiastiques afin d'instaurer un droit clair à la réparation des abus et des normes de qualité contraignantes. **La transparence** est devenue une priorité absolue, que ce soit en matière de finances ou de gestion du personnel. Léon XIV peut, par exemple, faire publier les mesures disciplinaires prises à l'encontre des auteurs d'abus dans l'Église ou créer au Vatican un bureau central de signalement auquel les victimes du monde entier peuvent s'adresser. Toutes ces mesures visaient à prévenir les abus de pouvoir de la part des ecclésiastiques masculins - mais aussi des laïcs occupant des postes à responsabilité - et, en cas de doute, à les punir de manière cohérente. En répartissant et en contrôlant le pouvoir, Léon XIV a encouragé une nouvelle culture de la confiance : personne n'était plus au-dessus de la loi de l'Église, et en même temps, davantage de personnes portaient des responsabilités *au sein de l'*Église. Cette réorganisation globale de la direction de l'Église, avec des "freins et contrepoids" intégrés, visait à garantir que l'Évangile soit proclamé de manière crédible, à l'abri des dissimulations et de la méfiance.

En résumé, le pape Léon XIV expose sa vision d'une **Église moderne et inclusive** qui guérit ses anciennes blessures et trouve une nouvelle vitalité. Son programme est ambitieux : de la transformation synodale des structures ecclésiales à l'ouverture de questions morales controversées et à la numérisation des soins pastoraux, en passant par l'établissement d'une culture de leadership participatif. Lorsque Léon XIV initie des changements dans autant de domaines, il suscite à la fois l'admiration et la résistance. Mais la caractéristique indéniable de son pontificat est qu'il a osé prendre un départ que d'autres n'avaient fait qu'annoncer. Léon XIV peut et doit **combiner réalisme et vision - afin d'obtenir des résultats efficaces et des changements nécessaires :** Il connaît les limites du possible et la diversité des mentalités de l'Église mondiale, mais il ne se laisse certainement pas décourager. Pas à pas - personnellement par des décisions courageuses, avec l'Église universelle par la consultation et peut-être un futur Conseil synodal - il façonne une Église qui arrivera dans le présent. Cette Église doit s'appuyer fermement sur les fondements de sa foi et en même temps ouvrir largement ses portes. Léon XIV a certainement la volonté et le potentiel de faire la différence : vers une Église crédible dans laquelle le mot *"catholique"* signifie littéralement "tout compris" - **une Église qui inclut toutes les personnes de bonne volonté et dont le témoignage est entendu dans le monde entier.**

Annexe

La foi, c'est comme la danse - la théologie en mouvement

La foi et la danse - à première vue, deux mondes qui n'ont pas grand-chose en commun. Pourtant, la nouvelle publication d'Eureka Circe *"La foi, c'est comme la danse - La foi pour grandir en tant que chrétien"* montre de manière impressionnante à quel point les deux sont étroitement liés. Dans ce *livre de formation aux compétences religieuses, le* projet théologique de la série de livres *DEUS EX MACHINA* présente une vision dynamique de la vie chrétienne : *"La foi ne signifie pas suivre aveuglément des règles, mais s'engager avec le cœur, la main et l'esprit : avec soi-même, avec d'autres personnes et avec le monde"*.

Illustration : Couverture du livre "Glauben ist wie Tanzen" (Hambourg, 2025).

Cette œuvre vous invite à comprendre, pratiquer et vivre votre foi à travers la danse : "La foi, c'est comme la danse - et c'est vous qui déterminez le chemin et le rythme ! La foi ne signifie pas suivre aveuglément des règles, mais plutôt s'engager avec son cœur, ses mains et son esprit: avec soi-même, avec les autres et avec le monde. Cet ouvrage de formation destiné à développer les compétences religieuses des chrétiens, des enseignants et des apprenants dans le domaine de l'éducation religieuse et des services à l'enfance et à la jeunesse invite à la réflexion: Il encourage et accompagne sur le chemin des compétences personnelles et sociales décisives dont chacun a besoin pour vivre authentiquement la foi et la charité.

Douze champs d'apprentissage concrets montrent : La capacité à dialoguer, l'empathie, la pensée et la réflexion critiques, la sensibilité au genre, l'acceptation de soi, l'action éthique et d'autres encore peuvent et doivent s'apprendre - dans les cours d'éducation religieuse, dans l'auto-apprentissage, dans les stages de théologie, dans la communauté et dans la vie de tous les jours. Un livre pour tous ceux qui ne veulent pas seulement apprendre leur foi, mais qui veulent la vivre : avec souplesse, courage et avec la joie d'aimer les autres. Car celui qui vit vraiment sa foi ne se contente pas de danser selon des règles étrangères et dogmatiques, mais se met au diapason de sa propre vie, en toute confiance : la foi, c'est comme la joie de danser ! - et ce "travail d'accordage" s'apprend.

Ici, la foi est un processus actif et vivant, comparable à une danse dans laquelle chaque personne co-détermine la manière et le rythme de sa vie de foi.

Ce compte rendu théologiquement éclairé reprend les idées centrales du livre et les associe à des voix inspirantes issues de la philosophie, de la Bible et de la pratique ecclésiale ( ). Elle montre pourquoi il est *bon* que les croyants dansent (au sens figuré *et* au sens propre), comment la foi, la théologie et l'expression physique s'entremêlent, et comment même les dirigeants de l'Église - c'est-à-dire *la "Rome d'aujourd'hui"* - devraient redécouvrir la danse en tant qu'expression de la foi.

Parce que : *"La foi est comme la danse"* est une phrase qui transmet l'idée de la foi comme une expérience dynamique, vivante et personnelle. Elle suggère que la foi n'est pas seulement un état statique, mais un processus d'engagement, d'exploration et de découverte, de bonheur - auquel on participe activement. C'est une métaphore qui décrit la foi comme une sorte de danse dans laquelle on trouve son propre rythme et son propre style en s'engageant dans le monde, avec soi-même et avec les autres.

La phrase "La foi, c'est comme la danse" peut être interprétée dans différents contextes :

Contexte religieux : Dans ce contexte, il peut indiquer que la foi n'est pas seulement une acceptation dogmatique de règles, mais une expérience personnelle et une relation dynamique avec une puissance supérieure. La danse symbolise le mouvement, l'engagement et la recherche de sa propre expression dans la foi.

Contexte philosophique : Ici, il peut véhiculer l'idée que la foi est un choix personnel et un processus actif de reconnaissance et de confiance. La danse symbolise le mouvement et l'immersion dans la vie, plutôt que la croyance en un concept statique.

Contexte général : D'une manière générale, la phrase peut signifier que la vie, la foi et l'action sont comme une danse dans laquelle on s'engage avec la musique, le mouvement et le rythme de la vie et où l'on trouve son propre style.

Nietzsche et le dieu dansant - la joie au lieu d'une religion de menace et de mort

Pour commencer, il convient de jeter un coup d'œil philosophique de côté : Friedrich Nietzsche a un jour attiré l'attention sur lui avec des mots qui donnent à réfléchir. *"Je ne croirais qu'en un Dieu qui sait danser"*, écrivait-il à l'époque. Cette phrase célèbre du philosophe du XIXe siècle était bien plus qu'une simple phrase choc. Nietzsche, qui percevait le christianisme de son époque comme une "religion de mort" sans joie, appelait de ses vœux un Dieu plein de vie, de légèreté et d'exubérance - un Dieu "dansant" "qui serait digne de notre foi à tous". Pour Nietzsche, la danse symbolise la joie de vivre, la créativité et la libération d'une morale trop ossifiée. Son roman Zarathoustra proclame un Dieu qui peut même rire pendant les actes sacrés - un affront à l'image d'un dogme sinistre et inébranlable. En conséquence, le mouvement ecclésiastique *"Nous sommes l'Église"* appelle à proclamer *"une bonne nouvelle au lieu d'un message menaçant"*. Au sens figuré, cela implique des gens qui dansent - y compris un Dieu qui danse et une Église qui danse et s'adapte.

Qu'est-ce que cela nous apprend sur le plan théologique ? Tout d'abord, une foi qui perd sa joie devient invraisemblable. Un christianisme sans danse, sans rire, sans légèreté vivante menace de sombrer dans le "nihilisme et le désespoir". D'autre part, il faut prendre au sérieux l'aspiration de Nietzsche : Derrière sa critique de Dieu se cache l'intuition profonde que la foi authentique a besoin d'une liberté ludique - une étincelle d'art de vivre céleste qui fait de nous *des "poètes : à l'intérieur de notre vie"*. C'est précisément cette joie de la foi, ce pas de danse de l'âme, qu'il faut (re)découvrir.

Il est intéressant de noter que les chrétiens modernes reprennent l'impulsion de Nietzsche sans partager son amertume. Le pasteur *Wolf-Dieter Steinmann*, par exemple, a choisi la devise *"La foi, c'est la danse"* pour un service matinal en 2014 et a également placé le Dieu joyeux au centre.

Et en effet, la tradition biblique connaît un tel Dieu en action : en Jésus-Christ, comme le chante l'hymne *"Lord of the Dance"*, Dieu lui-même danse à travers la vie et même à travers la mort. L'auteur-compositeur

Sydney Carter a écrit ce chant en 1961, "à une époque où l'Église était encore rigide et immobile". En réponse à cela, il a imaginé le Christ comme un danseur aimant la vie, que rien ni personne ne peut mettre à terre de façon permanente. *"Ils m'ont mis à terre, mais je me relève... car je suis le Dieu qui danse"*, est-il écrit : *"Je vis en toi, mais vis aussi en moi"*. C'est exactement ce qui manque à Nietzsche : un Dieu qui célèbre la vie et entraîne les croyants dans sa danse. Ceux qui croient en un tel Dieu trouvent plus facilement la joie.

"Danser dans les bras de Dieu" - Madeleine Delbrêls

Des philosophes, mais aussi des chercheurs chrétiens, ont établi une analogie entre la foi et la danse. La Française *Madeleine Delbrêl* (1904-1964) a inventé l'expression : *"La foi, c'est comme la danse"*. Delbrêl, qui est passée de l'athéisme au christianisme engagé, a compris la vie avec Dieu comme une danse exaltante et pleine de dévotion. Dans l'un de ses textes de prière, elle décrit sa relation avec Dieu en utilisant de belles images de danse. On sent l'expérience d'une femme qui a vécu sa foi au milieu de la vie quotidienne et qui en a gardé une immense légèreté. *"Il nous appartient [...] d'être des gens heureux qui dansent leur vie avec vous"*, écrit Delbrêl - pour être un bon danseur, il n'est pas toujours nécessaire de connaître le pas suivant, mais il faut être prêt à suivre : *"Il faut suivre, être heureux, être léger et surtout ne pas être raide"*. Ces mots dépeignent l'image d'un croyant qui se laisse conduire par le rythme de Dieu avec confiance. Ceux qui dansent avec Dieu ne *demandent* pas anxieusement *"où mènent les pas"* après chaque explication, mais *"tournent à gauche et à droite"*, ouverts aux surprises. Comme dans la danse, il s'agit de s'engager dans le moment et avec le partenaire - dans ce cas, la contrepartie divine. Delbrêl résume : Tous nos pas dans la vie n'auraient pas de sens *"si la musique [de Dieu] n'en faisait pas une harmonie"*. En d'autres termes, Dieu lui-même est la musique qui donne un sens à notre vie et qui rassemble les pas de danse épars - les hauts et les bas, les succès et les échecs - pour former un tout significatif.

Cette *métaphore de la danse* exprime une profonde vérité spirituelle : la foi est un événement entre Dieu et l'homme, un engagement constant l'un envers l'autre. Tout comme les danseurs sont attentifs aux mouvements de leurs partenaires, les croyants écoutent les conseils silencieux de Dieu. Delbrêl parle de *"danse dans les bras de ton amour"*, dans laquelle elle se retrouve comme dans une salle de bal, complètement immergée dans la musique et le rythme. Sa foi n'est pas une adhésion sèche à des doctrines, mais une vie en relation rythmée avec Dieu.

Cette perspective visionnaire est reconnue en détail dans le livre *"La foi est comme une danse"* : les pensées citées par Delbrêls sont un exemple de la manière dont la foi capte le cœur et les sens. Il en ressort que ceux qui croient peuvent se savoir portés par Dieu comme un partenaire de danse - sûrs et libres à la fois, guidés et exubérants.

Tout le monde a la danse et la foi dans le sang

La danse et la foi sont-elles vraiment des traits de caractère universels ? C'est ce que pense l'ecclésiastique *Matthias Lüskow*. Dans son sermon de confirmation en 2023 sur le *thème "La foi est comme la danse"*, il a déclaré : "Tout le monde a la *danse dans le sang"* : *"Tout le monde a la danse dans le sang"*. Il explique ainsi ce qui semble donner à réfléchir : même les bébés connaissent leur "première danse" lorsque leurs parents les bercent dans leurs bras - un réconfort ancien et instinctif. *"La danse est innée chez nous, elle fait partie de notre âme"*, explique Lüskow. Plus tard dans la vie, certaines personnes peuvent "désapprendre" la danse ou s'en détourner, mais à l'origine, elle est ancrée en nous. Selon Mme Lüskow, il en va de même pour la foi : *"Comme pour la danse, je dirais aussi pour la foi : chacun a la foi dans le sang.* Dès le départ, nous vivons avec une confiance fondamentale - en tant qu'enfants, nous avons naturellement confiance en quelqu'un qui nous nourrira et nous réconfortera - et *"nous transférons plus tard cette confiance fondamentale à Dieu"*. Lorsque les gens affirment qu'ils n'ont "pas la foi", c'est souvent parce que quelque chose s'est mis en travers de leur chemin et les a éloignés de Dieu. Mais fondamentalement, la graine de la confiance reste dormante en nous. Ce parallèle - danse innée et foi innée - est un grand réconfort : il signifie que personne n'est totalement incapable de croire. De même que chacun a le sens du rythme et l'envie de bouger, chacun porte en lui la capacité de s'engager avec le divin. Et danser en décalé, c'est aussi un art !

Si, dans une petite discothèque, aucun des clients n'ose aller sur la piste de danse, il ne reste souvent que quelques personnes debout au bar, qui s'accrochent à leur boisson. Personne n'ose danser. Tout le monde reste dans la sécurité du groupe. Jusqu'à ce que quelqu'un s'enhardisse, soit regardé, sourit et peut-être secrètement envié par tout le monde.

Ce qu'elle ou il ose faire ! Le nœud est noué. Plus tard dans la soirée, la piste de danse est pleine. Les corps rebondissent, se balancent et se balancent en rythme à gauche et à droite. Danser est en fait assez facile lorsque quelqu'un d'autre ouvre la voie.

Il en va parfois de même dans la foi : nous préférons souvent nous accrocher à un café. Nous parlons du temps qu'il fait ou du sport au lieu d'aborder courageusement ce qui est nécessaire : lorsque les chrétiens se sont opposés au national-socialisme et ont élevé la voix ; lorsque nous avons abordé les choses dans la famille que nous avons dû régler pour le mieux ; lorsque nous avons enfin exigé et voulu mettre en œuvre dans la communauté ce qui était nécessaire et libérateur pour les individus et pour tout le monde.

Oui, nous osons parfois sortir du cadre - avec notre foi. La foi, c'est comme la danse, tout simplement quand d'autres se joignent à nous. Nous avons besoin de danseurs qui croient en nos valeurs. Il est alors agréable de ne pas avoir à rester sur la touche. "*Alors, montez sur la piste de danse et entraînez-vous*", souligne l'ecclésiastique *Sebastian Sievers* dans un podcast.

Cette prise de conscience a des conséquences pratiques : Si la foi, comme la danse, est quelque chose d'humain et de bon à l'origine, nous pouvons la développer.

C'est exactement ce que fait le livre "*Deus Ex Machina - Part III*" en nous invitant à réveiller et à développer des "*compétences religieuses*" dormantes. La foi n'est pas présentée comme un dogme rigide, mais comme quelque chose d'inné chez chaque personne, mais qui a besoin d'être encouragé et formé. Les textes, les exercices et les suggestions nous permettent de passer de notre aspiration spirituelle innée à des compétences concrètes que nous pouvons développer - un peu comme si nous pratiquions les pas de danse.

Pratiquer, lâcher prise, oser - apprendre les pas de danse de la foi

Si vous voulez danser, vous devez *vous entraîner*. Ce truisme s'applique également à la foi. Une danse semble légère et libre, mais derrière cette légèreté se cachent souvent une discipline et un entraînement. Tout comme les ecclésiastiques le soulignent au service de l'évangélisation, la foi nécessite un accompagnement et une pratique commune.

Personne ne naît parfait danseur ; on apprend des pas, on les essaie, on se fait corriger - jusqu'à ce qu'à un moment donné, on *"danse sa propre danse"*. Il en va de même pour la foi : sans conseils et sans enseignement (par exemple de la part des parents, des équipiers, des pasteurs, de l'éducation religieuse), de nombreuses personnes n'auraient plus accès à Dieu. C'est précisément là qu'intervient le manuel de compétences religieuses : Il se considère comme un livre de formation qui utilise des questions de réflexion et des champs d'apprentissage pour guider les lecteurs dans leur pratique de la foi. En douze *"domaines d'apprentissage"* - de la capacité à dialoguer et à faire preuve d'empathie à l'acceptation de soi et à l'action éthique - sont décrites des compétences qui peuvent être développées afin de mieux vivre la foi.

Voici quelques applications possibles :

- *L'éducation religieuse :* Les enseignants peuvent utiliser les domaines d'apprentissage pour encourager les élèves à réfléchir à leur foi et à la vivre activement.
- *Auto-apprentissage :* Les individus peuvent utiliser ce livre comme un guide pour approfondir leur propre culture religieuse.
- *Travail communautaire :* Il peut servir de base à des ateliers ou à des groupes de discussion pour comprendre la foi comme un processus dynamique.

- *Stage en théologie :* Les étudiants en théologie peuvent utiliser le contenu pour développer des approches pratiques de l'enseignement religieux.

Figure : Dieu en tant que DJ.

Une figure féminine spirituellement lumineuse, aux longs cheveux blancs et auréolée, porte de grands écouteurs noirs. Devant elle se trouve un tourne-disque avec une maquette du système solaire : Soleil au centre, planètes disposées en orbites concentriques autour de lui. Elle touche doucement la Terre et les autres planètes avec ses doigts, comme si elle jouait la musique d'un cosmos qui encourage les gens à danser. À l'arrière-plan se trouve un ciel étoilé sombre avec des étoiles brillantes et d'autres planètes. La scène de Dieu en tant que DJ rayonne de calme, de sagesse et d'un lien spirituel avec l'univers.

Associé à d'autres supports pédagogiques, ce volume peut être utilisé comme matériel complémentaire aux manuels traditionnels afin d'ouvrir de nouvelles perspectives et de nouvelles approches.

Et : des citations ou des questions tirées du livre peuvent servir d'impulsion à des discussions ou à des travaux de groupe.

Avec ses diverses suggestions et la métaphore vivante de la danse, *"La foi, c'est comme la danse"* peut apporter une contribution précieuse à l'enseignement religieux contemporain et axé sur les compétences. Il encourage les apprenants à façonner activement et en toute confiance leur propre parcours de foi.

Outre la pratique, il faut du courage pour s'aventurer sur la piste de danse.

Le livre encourage une approche flexible, courageuse et joyeuse de la foi qui va au-delà des règles dogmatiques : la foi, comme la danse, exige engagement et pratique. Mgr Josef Hernoga souligne également dans sa contribution d'un point de vue catholique : *"La foi exige également un engagement, un dévouement personnel et de la créativité. Seuls ceux qui sont enthousiastes à l'égard de Dieu et fascinés par Jésus-Christ ont la 'joie de la foi'"*. L'enthousiasme ("enthousiasme" - littéralement un Dieu en nous) est le moteur qui permet de surmonter la timidité initiale.

La danse et le courage vont toujours de pair : Vous dévoilez quelque chose de vous-même, chaque mouvement vous rend vulnérable. Si vous dansez devant d'autres personnes, vous courez le risque d'être regardé avec étonnement - *"Qu'est-ce qu'il fait là ?* De la même manière, la foi demande du courage. Dans un environnement laïc, il faut souvent du courage civil pour professer sa foi - il est facile de se sentir ridiculisé, *"comme si on avait fait une danse expressive de l'école Waldorf"*. Mais ceux qui *dansent* leur foi gagnent en liberté intérieure par rapport aux opinions des moqueurs. Le message est le suivant : ne laissez pas la peur vous paralyser. *Pratiquez* votre foi et *osez* la montrer au monde extérieur. De même qu'un danseur ne monte sur scène avec assurance qu'après de nombreuses répétitions, un chrétien devient suffisamment courageux pour défendre ses valeurs dans la vie de tous les jours en les pratiquant.

Cela montre l'un des grands avantages de la *foi, qui est comme une danse* : La formation peut combiner la réflexion théologique avec des conseils pratiques sur le développement du caractère. Cela encourage les gens à façonner et à pratiquer activement leur foi - *"pas seulement [danser] selon des règles étrangères et dogmatiques, mais [...] avec confiance en soi, en harmonie avec le rythme de [leur] propre vie"*. Cette autodétermination dans la foi - sans arbitraire, mais avec une conviction personnellement intériorisée - est le but du "tuning work". Dans le contexte du volume précédent de Deus Ex Machina, on pourrait dire : *chacun devrait trouver sa propre danse personnelle de la foi qui soit également en harmonie avec la grande mélodie de Dieu.*

Danse de la joie - croire avec le corps et l'âme

Mais pourquoi danser ? Qu'est-ce que la foi gagne avec la danse ? La réponse est simple : la joie et la plénitude. *"La danse rend heureux"*, s'exclament de nombreux jeunes. Du premier au dernier battement, la danse est une pure émotion et une félicité - quelque chose que même les étrangers peuvent ressentir. Cette expérience est directement transposable à la foi : *"La foi rend également heureux"*, déclare Lüskow. C'est le fait de vivre sa foi qui donne à la vie un sens plus profond, un "fil rouge" dans la danse de la vie. Ceux qui croient se trouvent - métaphoriquement parlant - pris dans une chorégraphie qui mesure toutes les émotions de la vie, mais qui conduit finalement à un but accompli. La foi donne une direction et un espoir à la danse de la vie.

La métaphore de la danse souligne avant tout le caractère physique de la foi. La foi chrétienne ne veut pas seulement prendre place dans la tête, mais imprégner toute la personne - le cœur, l'âme et le corps. Dans la Bible, le roi David danse avec dévotion devant l'arche de Dieu, en dépit de sa dignité royale (2 Sam 6). Sa célèbre confession : *"Je danserai devant l'Éternel"*, malgré le regard de ceux qui l'entourent, est paradigmatique du fait que Dieu mérite l'expression physique de la joie. Là où la foi est vivante, elle inspire les gens à chanter, à faire de la musique et à danser *"avec ferveur"*. C'est ce qu'a fait le peuple d'Israël il y a des milliers d'années, et les gens du monde entier en font encore l'expérience aujourd'hui lors des services religieux et des fêtes religieuses. Dans les églises charismatiques ou africaines, en particulier, la danse fait plus naturellement partie de la louange à Dieu que dans les églises d'Europe centrale. Cependant, on assiste également à une redécouverte de la danse liturgique et méditative dans ce pays. Hildegard Linn, professeur de danse depuis de nombreuses années, a développé ses propres chorégraphies pour la célébration de la messe et de Noël - du Kyrie et Gloria au Sanctus - et se réfère au symbolisme biblique des gestes dans chaque cas. Les danses sur des musiques sacrées, comme la *Misa Criolla* d'Amérique du Sud, montrent que la prière et le mouvement peuvent être combinés : *Les rythmes trépidants sont un défi pour la danse,* et ceux qui s'y engagent prient avec leur corps.

La danse est également appréciée en tant qu'expérience de prière en dehors de la liturgie officielle. Dans une contribution à la série catholique *SWR4 Abendgedanken*, Marianne Krämer-Birsens raconte de manière impressionnante comment un groupe de dames âgées se livrent ensemble à *une danse méditative* au son de la musique. Le titre de l'émission est *"Danser, c'est comme prier"*. Pour ces femmes - dont beaucoup ont plus de 60 ans - le cercle de danse hebdomadaire devient une oasis, un lieu de présence de Dieu ici et maintenant. Pendant 90 minutes, rien d'autre ne compte que l'harmonie avec les autres ; chaque pas dans le cercle devient une concentration sur l'essentiel. *"Se perdre dans la danse peut être comme une prière. Être complètement avec soi-même, être complètement dans l'instant, le faire avec dévotion - c'est la prière pour moi"*, écrit Krämer-Birsens. Cette expérience coïncide avec l'intuition de Delbrêl : il s'agit de dévotion, d'abandon de toutes les pensées perturbatrices et d'une joie profonde. Une telle danse *"supprime toutes les limites temporelles et physiques"* - on se sent jeune et libre. En même temps, les participants y puisent une nouvelle force pour la vie de tous les jours ; les colères et les soucis sont relativisés dans ces moments-là. Apparemment, ce ne sont pas seulement les endorphines qui sont libérées, mais aussi l'énergie spirituelle. Lorsque les gens prient avec leur corps et leur âme - que ce soit par la parole, le silence ou la danse - cela les touche de manière plus holistique que si la foi n'était qu'une question de tête. C'est exactement ce que souligne Mgr Hernoga : La foi implique toujours les sens et les sentiments ; une foi vivante a même un effet curatif sur les gens. La danse peut être une forme de thérapie - à la fois physique et émotionnelle - et la foi authentique a également un effet curatif et significatif. *La foi est comme la danse* souligne donc que des compétences telles que l'empathie, le dialogue et l'acceptation de soi nécessitent que le corps, l'esprit et l'âme travaillent ensemble. La foi doit être vécue *"avec souplesse, courage et joie"*, ce qui correspond davantage à un pas de danse vif qu'à une génuflexion rigide.

L'église en mouvement - la danse comme expression de la foi vécue

Si la foi est comme une danse, la question qui se pose est la suivante : *où l'Église danse-t-elle ?* Depuis trop longtemps, il existe une règle non écrite d'immobilité dans certaines parties de l'église - les corps pieux doivent être silencieux, les mains croisées et les visages sérieux. Mais cette attitude est en train de changer. Le pape François, par exemple, nous rappelle inlassablement la *joie de l'Évangile* et que les chrétiens ne doivent pas être *"aigris"*. Bien que François n'ait pas littéralement parlé de danse, sa vision d'une église débordante de joie s'en rapproche. En fait, la "Rome d'aujourd'hui", c'est-à-dire les dirigeants de l'Église, ferait bien de promouvoir plus consciemment la danse en tant qu'expression de la foi. La liturgie peut être solennelle et respectueuse, mais le respect n'exclut pas la joie. Pensez au roi David : sa procession extatique devant l'arche était tout autant un service d'adoration que le culte des sacrifices du temple, mais en plus spontané. Alors pourquoi ne pas faire une place à la danse liturgique lorsqu'elle est adaptée à la culture ? Dans de nombreuses communautés africaines et océaniennes, il va de soi de danser pendant l'offertoire ou le Gloria. L'Église romaine pourrait s'inspirer de ces "jeunes églises" et autoriser la joie du mouvement dans les services européens sans craindre de perdre le contrôle. Bien sûr, il faut faire preuve de tact - la danse dans le chœur n'est pas comprise partout - mais les processions, les chants rythmés accompagnés de mouvements corporels ou les danses méditatives en cercle pendant la prière pourraient être un enrichissement plutôt qu'une menace.

Une ouverture au corps serait également souhaitable dans la formation des pasteurs et des théologiens. Ceux qui deviennent prêtres ou pasteurs apprennent beaucoup de choses sur la dogmatique et la liturgie, mais peu sur les formes corporelles de la prière. Un atelier *sur "la prière et le mouvement"* au séminaire des prêtres, un séminaire sur "la danse comme prière" dans les études de théologie - de telles impulsions pourraient aider les futurs clercs à surmonter leur peur d'innover avec leurs congrégations. La religieuse française Geneviève Médevielle a dit un jour : *"Quand l'esprit souffle, le corps doit aussi pouvoir résonner.* C'est là que la pneumatologie (la doctrine de l'Esprit Saint) et la kinésiologie se combinent pour former une spiritualité holistique. L'Eglise doit comprendre que les jeunes d'aujourd'hui recherchent d'autres approches - ceux qui proposent une danse de Taizé ou une soirée de prière avec des mouvements hip-hop dans le cadre de leur travail de jeunesse peuvent toucher les cœurs plus directement qu'en s'asseyant et en écoutant.

Il y a déjà des débuts encourageants dans la pratique de l'église. Des groupes de danse, des réunions de danse méditative (comme l'a rapporté Krämer-Birsens) ou même de simples chants de mouvement dans les cultes familiaux détendent l'atmosphère et font sentir que l'on peut être *heureux* ici. La disposition rigide des bancs d'église devient une scène sur laquelle chacun est invité à s'impliquer. Là où les croyants *apprennent à danser,* au sens propre comme au sens figuré, la congrégation s'anime. Un sentiment de communauté se crée - les gens bougent au même rythme, rient et perdent la peur qu'ils ont les uns des autres. De nombreux préjugés selon lesquels la foi est ennuyeuse pourraient être démentis si l'on voyait de l'extérieur à quel point les chrétiens peuvent être animés.

La théologienne et danseuse Hildegard Don Bosco a fait remarquer un jour, avec un clin d'œil, que le premier acte officiel de Jésus après la résurrection avait dû être une danse de joie - mais aucun des évangélistes n'a osé l'écrire. Même si cela reste du domaine de la légende, l'essentiel est vrai : la *joie de la résurrection* veut s'exprimer par le mouvement. Alors pourquoi ne pas célébrer Pâques par une danse liturgique au lieu de simplement chanter "Christ est ressuscité" ? L'Église de demain peut devenir plus audacieuse et oser *de nouveaux pas (de danse).*

Dansez votre foi !

En fin de compte, il nous reste l'invitation que le livre de formation susmentionné et toutes les voix citées ont déjà lancée : Venez sur la piste de danse de la foi ! Quiconque s'engage dans cette comparaison découvrira que la foi est vraiment comme la danse - un jeu de direction et de suivi, de rythme et d'improvisation, de sérieux et de joie. La critique de *"La foi, c'est comme la danse"* en témoigne : Ce livre combine des idées théologiques inspirantes avec une aide très pratique pour faire *bouger la* foi. Il souligne que nous ne pouvons vivre notre foi de manière authentique que si nous nous retrouvons en elle - en harmonie avec le rythme de notre vie et pourtant ouverts au rythme que Dieu impose.

La foi gagne lorsque les croyants *dansent* et apprennent à danser : symboliquement, en laissant leur foi se "balancer" avec confiance et joie, mais aussi pratiquement, en comprenant leur corps comme un don de Dieu. Un croyant qui danse est à l'opposé d'un fanatique obstiné - il rayonne alors de légèreté, d'amour et de courage pour affronter la vie. C'est exactement le genre de témoignage dont le monde a besoin. Lorsque la mélodie de Dieu résonne dans nos cœurs, nous ne devons pas avoir peur d'y répondre avec nos pieds. Les psalmistes étaient déjà convaincus que Dieu danse avec nous : *"Louez-le avec le tambourin et la danse en rond !* (Psaume 150, 4). *"Parce que Dieu danse, nous dansons aussi"*, disent de nombreux ecclésiastiques. Oui, le *"Dieu qui danse"* est à nos côtés - à nous maintenant de participer à la musique céleste. C'est dans cet esprit que nous devons "Dansez *votre vie, dansez votre foi !* Car celui qui croit peut se réjouir comme celui qui danse devant Dieu et dans la lumière du Saint (GN - W/D/M). Devant l'amour de Dieu qui nous soutient, ayons le courage d'exprimer cette joie - dans nos congrégations, nos prières, notre vie entière. La foi est comme la danse : un risque, un don et une joie céleste. **Amen** - ou devrions-nous dire : *Àmen* (à 3/4 temps).

Ressources complémentaires en ligne

- **ABC News** - abcnews.go.com - Portail d'information de la chaîne de télévision américaine ABC avec des actualités et des reportages.

- **Aleteia** - aleteia.org - Portail catholique international en ligne couvrant l'actualité, la spiritualité, la foi et les questions de vie d'un point de vue catholique.

- **ARD Tagesschau** - tagesschau.de - Le portail d'information public de l'ARD avec des nouvelles et des informations de fond sur l'Allemagne et le monde.

- **Berliner Morgenpost** - morgenpost.de - Quotidien national axé sur l'actualité de Berlin, de l'Allemagne et du monde.

- **Bertelsmann Religion Monitor** - bertelsmann-stiftung.de - Étude régulière de la Bertelsmann Stiftung sur les attitudes et pratiques religieuses et les changements sociaux.

- **Catholic Answers** - catholic.com - Portail catholique apologétique expliquant et défendant les questions de foi et de doctrine de l'Eglise.

- **Catholic News Agency (CNA)** - catholicnewsagency.com - Agence de presse catholique anglophone spécialisée dans les reportages sur le Vatican et l'Église mondiale.

- **CBS News** - cbsnews.com - Site d'information américain du réseau de télévision CBS, avec des informations d'actualité sur les événements internationaux.

- **CIDSE** - cidse.org - Alliance internationale d'organisations catholiques de développement engagées en faveur de la justice sociale, de la durabilité et de la réduction de la pauvreté.

- **CNA** German - de.catholicnewsagency.com - Portail en langue allemande de CNA pour les nouvelles catholiques dans les pays germanophones.

- **Crux** - cruxnow.com - Portail d'information catholique indépendant des États-Unis, axé sur les événements mondiaux de l'Église et le Vatican.

- **Conférence épiscopale allemande (DBK)** - dbk.de - Site officiel des évêques catholiques d'Allemagne, avec documents, déclarations et actualités.

- **Die Presse** - diepresse.com - Quotidien autrichien proposant des reportages et des commentaires détaillés sur la politique, la société et l'Église.

- **Domradio** - domradio.de - Portail et station de radio catholiques de Cologne, offrant des informations complètes sur l'Église catholique.

- **FAZ (Frankfurter Allgemeine Zeitung)** - faz.net - Principal quotidien allemand couvrant la politique, les affaires, la société et la religion.

- **Famvin** - famvin.org - Réseau international de la famille vincentienne, offre des informations sur les projets et les nouvelles de la communauté vincentienne.

- **Frankfurter Rundschau** - fr.de - Quotidien national allemand avec des articles socialement critiques et des nouvelles sur des sujets d'actualité.

- **Greenpeace** - greenpeace.de - Organisation internationale de défense de l'environnement engagée dans la protection du climat mondial, la protection de l'environnement et le développement durable.

- **Heute** - heute.at - Portail d'information autrichien proposant des reportages d'actualité sur la politique, la société et l'environnement.

- **Kath-Kirche Kärnten** - kath-kirche-kaernten.at - Portail d'information catholique officiel du diocèse de Gurk-Klagenfurt avec des nouvelles de l'église régionale et mondiale.

- **Katholisch.de** - katholisch.de - Portail d'information officiel de l'Église catholique en Allemagne, proposant des nouvelles, des informations de fond et des débats.

- **Kathpress (Katholische Presseagentur Österreich)** - kathpress.at - Agence de presse catholique autrichienne proposant des reportages complets sur l'église et la religion.

- **Kirche+Leben** - kirche-und-leben.de - Portail catholique en ligne de l'hebdomadaire du diocèse de Münster avec des nouvelles, des rapports et des commentaires sur l'église et la société.

- **Misereor** - misereor.de - Organisation catholique d'aide au développement, engagée dans la lutte contre la pauvreté et l'injustice sociale dans le monde entier.

- **National Catholic Reporter** - ncronline.org - Portail d'information catholique américain critique et indépendant sur l'Église et les questions sociales.

- **n-tv** - n-tv.de - Chaîne d'information privée allemande, traitant de l'actualité nationale et internationale.

- **ORF Religion** - religion.orf.at - Portail d'information autrichien sur les sujets religieux, les nouvelles des églises et les dialogues interreligieux.

- **PBS News** - pbs.org - Chaîne d'information publique américaine proposant des informations de fond et des reportages sur des questions internationales.

- **Sonntagsblatt** - sonntagsblatt.de - Portail d'information protestant, fournit des informations complètes sur l'église, la religion et la société.

- **Süddeutsche Zeitung (SZ)** - sueddeutsche.de - Quotidien allemand de premier plan proposant des reportages détaillés sur des sujets nationaux et internationaux, la politique et la société.

- **Vatican News** - vaticannews.va - Portail d'information officiel du Vatican, rapports sur le Pape, le Vatican et les questions catholiques mondiales.

- **Watson** - watson.de - Portail d'information en ligne destiné à un public jeune et traitant de questions politiques et sociales dans un langage contemporain.

- **Wikipédia** - wikipedia.org - Encyclopédie gratuite en ligne, proposant des articles complets sur presque tous les domaines de la connaissance, y compris les sujets religieux et ecclésiastiques.

- **Zeit Online** - zeit.de - Portail en ligne de l'hebdomadaire allemand DIE ZEIT, qui propose des articles détaillés et des analyses sur des sujets sociaux, politiques et culturels.

Autres portails catholiques et ecclésiastiques en ligne plus spécifiques :

- **Herder Korrespondenz** - herder.de/hk - Un magazine catholique mensuel qui examine de manière critique les développements ecclésiastiques, politiques et culturels.

- **Katholische Nachrichten-Agentur (KNA)** - kna.de - Agence de presse catholique allemande, fournit des rapports actualisés et indépendants sur des sujets relatifs à l'Église, à la religion et à la société.

- **The Tablet** - thetablet.co.uk - Hebdomadaire catholique britannique proposant des reportages et des analyses approfondies sur l'Église et les événements internationaux.

- **Zenit** - zenit.org - Agence de presse catholique internationale axée sur les événements liés au Vatican et à l'Église mondiale.

Liste des illustrations

Ce volume est une *œuvre d'art réalisée par des algorithmes d'*intelligence artificielle : les illustrations sont entièrement générées par l'IA. L'image du conservateur dans l'impressum a été traitée à l'aide de filtres et d'algorithmes d'IA.

Mission de travail dans le cadre du stage annuel avec glossaire

Tâche de travail dans le cadre du stage annuel :
Réflexion quotidienne sur un terme du glossaire

Dans le cadre d'un stage annuel, vous recevrez chaque jour un nouveau **terme de glossaire** que vous traiterez de manière intensive. Votre tâche consiste à réaliser les étapes suivantes de manière autonome ou en dialogue avec d'autres personnes :

1. **Compréhension et contextualisation** : Réfléchir au contenu du terme, rechercher des informations et des sources supplémentaires si nécessaire, et clarifier la signification centrale du terme dans le contexte de l'Église catholique.

2. **Réflexion personnelle et évaluation** : Analysez le sens, les questions et les impulsions que le terme suscite en vous. Examinez d'un œil critique les pensées et les impulsions intérieures que ce terme déclenche en vous.

3. **Considération critique par rapport à l'Église catholique** : Évaluer comment ce terme peut être catégorisé par rapport aux défis actuels, aux développements et aux réformes nécessaires au sein de l'Église catholique. Identifier les approches claires de la réforme et les besoins éventuels de changement.

4. **Faisabilité locale et développement de mesures** : Réfléchissez concrètement aux mesures, actions ou initiatives que vous pouvez dériver, discuter et mettre en œuvre concrètement au niveau local (par exemple dans une paroisse, dans des groupes ecclésiaux ou des réseaux locaux) à partir de ce concept. Décrivez les premières étapes ou suggestions pour la mise en œuvre locale ou la thématisation.

Le traitement quotidien doit être documenté par écrit afin d'obtenir une collection complète de vos conclusions, suggestions et impulsions de réforme à la fin du stage annuel.

(1) **#OutInChurch :** Une initiative d'employés queers (LGBTQIA+) de l'Église catholique qui ont publiquement reconnu leur identité et dénoncé la discrimination afin d'initier les changements nécessaires.

(2) **Abus de pouvoir :** le mauvais usage d'une position de pouvoir ou de supériorité hiérarchique, qui, dans le contexte de l'Église, est identifié comme un facteur clé permettant la violence sexuelle et sa dissimulation.

(3) **Adelphopoiesis (lien fraternel) :** Rituels du haut Moyen Âge pour la bénédiction liturgique de relations émotionnelles étroites entre personnes du même sexe, connus sous le nom de "brother bonding" (lien fraternel).

(4) **Alfred Delp SJ :** Jésuite allemand et résistant au régime nazi, dont la citation "Un chrétien ne peut jamais être un nationaliste" est citée dans le texte comme une expression de l'incompatibilité entre le nationalisme radical et la foi chrétienne.

(5) **Appauvrissement théologique :** L'état dans lequel le discours théologique et le développement des doctrines au sein de l'église stagnent ou s'étiolent, souvent en évitant les sujets controversés.

(6) **Appel à la désobéissance :** Déclaration publique de l'Initiative des pasteurs appelant à la désobéissance civile contre certaines règles de l'Eglise.

(7) **Assemblée générale :** La plus haute autorité de la voie synodale, où les décisions sont prises.

(8) **Association des diocèses allemands (VDD) :** Un organisme qui représente les intérêts communs des diocèses allemands et qui dispose d'un budget propre.

(9) **Attitude ascétique / frugalité :** Mode de vie qui vise au renoncement volontaire, à la modération et à la réduction de la consommation au profit du partage et de la responsabilité de la création.

(10) **Autodéfense :** Le droit d'un individu ou d'un État de se défendre par des moyens appropriés contre une attaque illégale.

(11) **Autodétermination (sexuelle) :** Le droit et la capacité des individus à prendre des décisions libres et responsables concernant leur sexualité.

(12) **Autodétermination des femmes :** Le droit des femmes à prendre des décisions indépendantes concernant leur corps et leur vie, un point que les voix progressistes apportent au débat sur l'avortement.

(13) **Avec une inquiétude brûlante :** Une encyclique du pape Pie XI datant de 1937, rédigée en allemand et critiquant le national-socialisme et son idéologie raciale.

(14) **Avortement :** L'interruption de grossesse. Est fondamentalement rejeté par l'Église catholique.

(15) **Baptisés éloignés :** Personnes qui ont été baptisées mais qui se sont éloignées de l'Église par la suite, bien qu'elles appartiennent toujours formellement à l'Église.

(16) **Bénédiction :** Acte ecclésiastique par lequel la bénédiction de Dieu est invoquée sur des personnes, des choses ou des situations ; se réfère souvent à la bénédiction des couples.

(17) **Bien commun :** Le bien de tous les membres d'une société, qui est placé au-dessus des intérêts individuels. L'Église s'engage en faveur du bien commun.

(18) **Bien-être holistique :** Développement qui englobe non seulement la croissance économique, mais aussi les aspects sociaux, environnementaux et culturels de la vie humaine et communautaire.

(19) **Bilan du bien commun :** Un instrument permettant de mesurer la contribution d'une entreprise au bien commun au-delà des indicateurs purement financiers.

(20) **Bonne nouvelle :** Un terme pour l'évangile qui souligne que le message central de la foi chrétienne est un message de joie.

(21) **Brebis orientées vers la communauté et chiens de garde du troupeau :** Une métaphore pour les laïcs actifs, confiants et coopératifs qui ne sont pas des "moutons" passifs, mais qui protègent et façonnent la communauté ecclésiale sous leur propre responsabilité et travaillent en collaboration avec le clergé.

(22) **Bundesarbeitsgemeinschaft Kirche und Rechtsextremismus (BAG K+R) :** Réseau œcuménique qui fait campagne contre le populisme de droite, l'extrémisme de droite et l'hostilité centrée sur les groupes, et qui conseille et soutient les acteurs ecclésiastiques.

(23) **Caritas :** Association internationale d'organisations humanitaires catholiques qui est un employeur important dans de nombreux pays et qui est soumise au droit du travail de l'Église.

(24) **Catéchisme de l'Église catholique :** Le résumé officiel des enseignements de l'Eglise catholique.

(25) **Catholiques queers / Catholiques LGBTIQIA+ :** Personnes dont l'orientation sexuelle ou l'identité de genre est non hétérosexuelle ou non cisgenre et qui font partie de l'Église catholique.

(26) **Causes systémiques :** Problèmes qui ne se limitent pas à des personnes individuelles, mais qui sont enracinés dans les structures, les règles, les cultures et les relations de pouvoir d'une institution (ici : l'Église) et qui favorisent les comportements répréhensibles.

(27) **CEAMA (Conferencia Eclesial de la Amazonía) :** Une conférence ecclésiale pour la région de l'Amazonie qui rassemble le clergé et les laïcs et qui est considérée comme un modèle pour la direction synodale.

(28) **Cécité opérationnelle :** L'incapacité à reconnaître ses propres erreurs, problèmes ou structures obsolètes parce qu'on est trop impliqué dans la routine quotidienne.

(29) **Célibat :** Célibat volontaire en vue du royaume des cieux, qui reste obligatoire pour les prêtres de rite latin de l'Église catholique romaine.

(30) **Célibat obligatoire :** L'obligation canonique pour les prêtres de l'Église latine de vivre sans se marier.

(31) **Centralisme :** Principe d'organisation selon lequel les décisions et le pouvoir sont principalement concentrés au sein d'un organe ou d'une autorité centrale, dans ce contexte à Rome/Vatican.

(32) **Centre de compétence pour la démocratie et la dignité humaine :** Une institution créée par l'Eglise catholique pour soutenir la demande que les extrémistes de droite soient tenus à l'écart des postes laïcs dans l'Eglise.

(33) **Cérémonie de mariage :** Le mariage sacramentel dans l'Église catholique.

(34) **Chaire épiscopale** : biens particuliers des évêques gérés séparément des finances générales du diocèse.

(35) **Chance** : sens du mot allemand "Glück", qui fait référence à des événements aléatoires et indisponibles tels qu'une victoire ou l'évitement d'un danger.

(36) **Changement climatique** : Le changement global et à long terme du climat de la Terre, notamment en raison de l'augmentation de la température moyenne due à l'activité humaine.

(37) **Changement de paradigme** : Un changement fondamental dans la façon de penser ou dans un système (ici : la morale sexuelle catholique) qui conduit à une nouvelle perspective et à des pratiques différentes.

(38) **Chapitre cathédral** : Un corps de prêtres qui conseille les évêques et accomplit certaines tâches au sein du diocèse, souvent avec ses propres finances.

(39) **Charismes** : Dons et capacités donnés par l'Esprit Saint à des croyants individuels pour le service de la communauté.

(40) **Charité** : Un commandement central du christianisme qui appelle à l'amour et à la solidarité avec toutes les personnes, indépendamment de leur origine ou de leur appartenance. Elle est mentionnée comme le contraire de la haine et de l'exclusion.

(41) **Christologie queer** : Une approche théologique qui réinterprète Jésus-Christ du point de vue des personnes LGBTQIA+ - entendues comme queer ou homosexuelles, entre autres - et qui s'interroge de manière critique sur la signification qu'une telle image de Jésus peut avoir pour la foi et l'identité spirituelle des personnes queer.

(42) **CIC (Code de droit canonique)** : L'ensemble des lois et des normes régissant l'Eglise catholique.

(43) **Clercs** : Clergé de l'Église (par exemple, prêtres, évêques).

(44) **Clergé créatif** : Un membre du clergé qui est désireux et capable de développer activement l'église et sa communauté, caractérisé par l'ouverture, l'esprit d'innovation, le leadership participatif et le courage.

(45) **Cléricalisme** : Une attitude ou une structure qui place le clergé au-dessus des laïcs et qui accorde une importance excessive à son rôle et à son autorité.

(46) **Collectif Borg** : Espèce fictive de Star Trek, décrite comme une conscience collective cybernétique dans laquelle les individus perdent leur indépendance et sont contrôlés par un "esprit de ruche" central. Utilisé dans le texte comme métaphore de l'adaptation souhaitée des participants au séminaire à une structure idéologique monolithique.

(47) **Collégialité** : Le principe selon lequel les évêques (ou, dans un sens plus large, d'autres groupes de l'Église) assument des responsabilités et prennent des décisions ensemble en tant que collège.

(48) **Coming out** : Le processus consistant à reconnaître sa propre orientation sexuelle ou identité de genre et à la communiquer aux autres.

(49) **Comité central des catholiques allemands (ZdK)** : La représentation officielle des laïcs catholiques en Allemagne.

(50) **Commandement du respect de la vie ("Tu ne tueras point")** : Commandement biblique fondamental qui souligne le caractère sacré de la

vie humaine et sert de base éthique à la protection de la vie humaine dans la circulation routière.

(51) **Commissaire aux abus de la DBK** : commissaire nommé par la Conférence épiscopale allemande, qui traite des thèmes des abus et de leur traitement.

(52) **Commissaire indépendant pour les abus du gouvernement fédéral :** Agence gouvernementale allemande qui défend les intérêts des personnes touchées par la maltraitance et accompagne de manière critique le processus de réévaluation dans diverses institutions.

(53) **Commission de vérité de l'État :** Commission indépendante mise en place par l'État pour mener des enquêtes approfondies sur les cas d'abus dans les institutions (ici : l'Église) afin de faire éclater la vérité et de formuler des recommandations pour l'avenir.

(54) **Communauté queer :** Terme générique désignant les personnes qui ne sont pas hétérosexuelles et/ou cisgenres (LGBTQIA+).

(55) **Communio :** La communauté est un concept central dans la compréhension de l'Église en tant que communauté de croyants.

(56) **Communion ecclésiale :** La pleine communion entre les Eglises, fondée sur l'accord en matière de foi, de sacrements et de structure ecclésiale.

(57) **Compétence relationnelle :** La capacité d'entrer dans des relations interpersonnelles saines, durables et réfléchies et de les façonner. Considérée comme essentielle pour une pastorale efficace, en particulier pour les questions relationnelles.

(58) **Compétences religieuses :** Les capacités et les dispositions des personnes qui rendent la foi possible et peuvent être encouragées et entraînées, tout comme on s'entraîne à faire des pas de danse.

(59) **Comprendre le mariage :** La définition théologique et juridique du mariage par l'Eglise.

(60) **Comunidades Eclesiales de Base (CEB) :** Communautés de base en Amérique latine, petites communautés de croyants qui se réunissent pour la prière, l'étude de la Bible et l'engagement social.

(61) **Comunidades Eclesiales de Base (communautés de base) :** Petites communautés chrétiennes, souvent enracinées en Amérique latine, dans lesquelles les croyants se rencontrent au niveau des yeux et façonnent ensemble l'église locale.

(62) **Concept de ministère :** La compréhension théologique du ministère de l'Église (par exemple, prêtres, pasteurs, évêques) et sa légitimité.

(63) **Concept de protection du climat :** Un plan contenant des mesures visant à réduire les émissions de gaz à effet de serre et à s'adapter aux conséquences du changement climatique.

(64) **Concile Vatican II :** Concile majeur de l'Église catholique (1962-1965), dont les documents (tels que Gaudium et Spes) sont souvent cités, par exemple en ce qui concerne l'Église en tant que "signe et instrument" de la joie et de l'espérance.

(65) **Concile Vatican II :** Un important concile de l'Église catholique (1962-1965) qui a conduit à des réformes significatives et à une réorientation de l'Église.

(66) **Conditions-cadres sociales :** Facteurs sociaux et économiques qui influencent les conditions de vie des familles et des femmes enceintes et qui sont considérés par des voix progressistes comme pertinents pour la protection de la vie.

(67) **Conférence des évêques allemands (DBK) :** L'association des évêques catholiques en Allemagne.

(68) **Conflit générationnel :** Tension et conflit entre différents groupes d'âge ayant des valeurs, des attitudes et des attentes différentes.

(69) **Conformité juridique :** Respect des normes et procédures juridiques.

(70) **Congrégation pour la doctrine de la foi :** L'une des plus anciennes congrégations de la Curie romaine, chargée de sauvegarder et de défendre la doctrine catholique en matière de foi et de morale.

(71) **Conseil diocésain :** Organisme consultatif au niveau d'un diocèse, souvent avec la participation de laïcs.

(72) **Conseil en cas de grossesse conflictuelle :** Conseils légaux en Allemagne pour les femmes qui souhaitent interrompre leur grossesse. Des voix progressistes s'élèvent pour demander que ce conseil soit illimité dans le temps.

(73) **Conseil en matière de conflits et médiation :** Soutien professionnel pour clarifier et résoudre les conflits entre individus ou groupes, en particulier entre évêques ou différents camps au sein de l'Église.

(74) **Conseil fiscal de l'Église :** Un organe au sein d'un diocèse qui conseille l'évêque sur les questions financières et examine et approuve le budget.

(75) **Conseil synodal :** Le Conseil synodal est un organe consultatif et de direction commun aux évêques et aux laïcs au niveau national, dont la création a été stoppée par le Vatican.

(76) **Conseils pastoraux :** organes consultatifs au sein des paroisses, des doyennés ou des diocèses qui traitent des questions pastorales.

(77) **Consommation éthique :** décisions des consommateurs qui tiennent compte des facteurs sociaux, écologiques et éthiques, par exemple en achetant des produits issus du commerce équitable.

(78) **Conversion écologique :** Un changement d'état d'esprit et d'actions qui conduit à une approche plus responsable de l'environnement.

(79) **Conversion et réforme authentiques :** Un changement et un renouveau profonds et sincères au sein de l'Église, affectant à la fois les attitudes personnelles et les aspects structurels.

(80) **Coresponsabilité (responsabilité commune) :** Principe théologique selon lequel tous les baptisés sont conjointement responsables de l'existence et de l'action de l'Église.

(81) **Couloir étroit :** Un champ d'action limité dans lequel les forces progressistes au sein de l'Église doivent opérer.

(82) **Couverture :** La dissimulation ou le déguisement délibéré de cas d'abus par des responsables ecclésiastiques afin de protéger l'institution ou des individus au lieu de soutenir les victimes et d'élucider les crimes.

(83) **Crédibilité :** La capacité de l'Église à être authentique et digne de confiance dans ses enseignements et ses pratiques, en particulier en ce qui concerne sa

cohérence avec les principes fondamentaux de l'Évangile et les valeurs sociales.

(84) **Crise de confiance :** Situation dans laquelle la confiance des fidèles et du public dans l'institution de l'Église a été massivement ébranlée à la suite du scandale des abus et de la manière dont il a été traité.

(85) **Critique du capitalisme :** Examen critique des principes de base et des effets du capitalisme, souvent dans une perspective éthique, sociale ou écologique.

(86) **Culture cléricale du silence :** La tendance au sein de l'Église à ne pas parler ouvertement des sujets difficiles ou désagréables, en particulier la sexualité et l'inconduite, mais à les rendre tabous, à les réprimer ou à les dissimuler.

(87) **Culture de la honte et de la culpabilité :** Culture dans laquelle les sentiments, besoins ou expériences naturels de l'homme (tels que le désir, l'envie, la sexualité) sont considérés comme suspects, pécheurs ou honteux, ce qui peut conduire à la répression et à un manque d'intégration.

(88) **Culture de leadership :** La manière dont le leadership et la prise de décision sont pratiqués dans l'Église, y compris la répartition du pouvoir et des responsabilités.

(89) **Culture de l'erreur :** Une attitude qui permet aux gens de faire des erreurs et d'en tirer des leçons sans craindre de sanctions excessives.

(90) **Curie (Curie romaine) :** L'autorité administrative centrale du Saint-Siège, qui assiste le chef de l'Église dans le gouvernement de l'Église universelle.

(91) **Danse liturgique et méditative :** formes de danse utilisées consciemment dans les services religieux ou comme expérience de prière pour combiner la foi et le mouvement.

(92) **Danser dans les bras de Dieu :** Une métaphore de Madeleine Delbrêl qui décrit la relation avec Dieu comme une danse exaltante et pleine de dévotion, où l'on se laisse conduire par le rythme de Dieu.

(93) **Démocratisation (dans l'Eglise) :** Non pas le transfert de la démocratie politique, mais l'expansion d'une véritable co-détermination et d'une participation à la responsabilité de tous les baptisés dans les processus de prise de décision de l'Église.

(94) **Dé-pathologisation :** Le processus par lequel certains comportements, conditions ou identités (comme l'orientation sexuelle) ne sont plus considérés comme pathologiques ou nécessitant un traitement.

(95) **Des espaces sûrs pour l'innovation :** Des contextes protégés (lieux, projets, initiatives) dans lesquels de nouvelles approches pastorales, formes liturgiques ou modèles de participation peuvent être expérimentés sans crainte immédiate de sanctions.

(96) **Des évêques désireux d'influer sur le cours des choses :** Le clergé au niveau épiscopal qui est ouvert au changement et à la réforme au sein de l'Église catholique et qui souhaite jouer un rôle actif dans ce domaine.

(97) **Des loyautés déchirées :** Le conflit intérieur que vivent les responsables d'églises progressistes lorsqu'ils doivent arbitrer entre les normes officielles et la réalité pastorale sur le terrain.

(98) **Désinvestissement :** La décision de retirer des investissements ou de l'argent de certaines entreprises, de certains secteurs ou de certains fonds, souvent

pour des raisons éthiques ou morales (par exemple, des entreprises qui investissent dans les combustibles fossiles).

(99)   **Deux poids, deux mesures :** La coexistence d'un enseignement moral public (par exemple sur la sexualité) et d'un comportement secret et déviant (par exemple des relations secrètes, des liaisons). Citée comme un problème dans le contexte de la culture du célibat.

(100) **Développement authentique :** Un développement qui ne vise pas uniquement la croissance économique, mais qui prend également en compte le bien-être holistique des personnes et l'inclusion de tous.

(101) **Diaconat :** Le premier niveau de ministère ordonné dans l'Église catholique. Les diacres assistent les prêtres et les évêques et peuvent accomplir certains services liturgiques.

(102) **Diacres permanents :** Un niveau de ministère ordonné qui est également ouvert aux hommes mariés. Egalement : l'éventuelle ordination de femmes comme diacres permanents.

(103) **Dialogue interreligieux :** L'échange et la rencontre entre des personnes de religions différentes.

(104) **Dialogue pastoral :** Une approche de la pastorale qui vise à rester en conversation avec les gens, même s'ils ont des opinions politiques qui diffèrent de la doctrine de l'Eglise. L'objectif est souvent d'encourager la réflexion et de faciliter un éventuel retour à la ligne de l'Église.

(105) **Dicastères :** Les autorités ou ministères les plus importants du Vatican qui assistent le pape dans la gouvernance de l'Église universelle (par exemple, la Congrégation pour la doctrine de la foi, le Dicastère pour les évêques).

(106) **Dignité humaine :** L'idée, centrale dans l'enseignement social et l'éthique catholiques, de la valeur intrinsèque et inaliénable de chaque être humain.

(107) **Diocèse :** Autre terme pour désigner le diocèse.

(108) **Diocèse :** Une circonscription administrative de l'Église catholique sous la direction d'évêques.

(109) **Directeur spirituel :** Une personne qui accompagne les séminaristes ou les croyants dans leur cheminement spirituel, souvent à travers des conversations sur des questions de foi, de conflits intérieurs et de conscience.

(110) **Dissuasion nucléaire :** Stratégie de politique de sécurité qui consiste à dissuader un agresseur potentiel de lancer une attaque par crainte d'une contre-attaque nucléaire dévastatrice.

(111) **Diversité réconciliée :** Concept œcuménique qui considère que l'unité des chrétiens ne réside pas dans l'uniformité, mais dans la reconnaissance et l'appréciation des différentes traditions.

(112) **Divulgation des dossiers :** La mise à disposition des archives de l'église et des documents relatifs aux cas d'abus et à leur traitement pour des enquêtes indépendantes et pour les personnes concernées.

(113) **Droit canonique :** Le système juridique interne de l'Église catholique, qui régit la structure, l'organisation et les règles relatives aux fonctions ecclésiastiques, à l'appartenance, etc.

(114) **Droit diocésain :** dispositions de droit ecclésiastique qui s'appliquent à un diocèse spécifique (diocèse).

(115) **Droit du travail ecclésiastique :** Les réglementations et normes spécifiques en matière de droit du travail qui s'appliquent aux employés de l'Église catholique.

(116) **Droits fondamentaux des salariés :** Les droits fondamentaux des employés qui sont protégés par le droit national (par exemple, la protection contre la discrimination, la protection contre le licenciement).

(117) **Durabilité :** Principe selon lequel les ressources sont utilisées de manière à répondre aux besoins du présent sans compromettre les possibilités des générations futures. Dans l'Église catholique, souvent dans le sens de la préservation de la création.

(118) **Ecclesia semper reformanda :** Expression latine signifiant "l'Église toujours renouvelée", qui met l'accent sur la nécessité d'une réforme continue de l'Église.

(119) **Écologie intégrale :** Concept qui met l'accent sur le lien indissociable entre les problèmes environnementaux et les problèmes sociaux et qui exige une vision holistique des deux.

(120) **Économie sociale de marché :** Modèle économique qui combine une économie de marché avec un système de sécurité sociale solide et une régulation par l'État.

(121) **Efforts de réforme :** Efforts déployés au sein d'une institution pour modifier les règles, doctrines ou pratiques existantes.

(122) **Égalité et non-discrimination :** Principes qui exigent que toutes les personnes soient traitées sur un pied d'égalité et ne soient pas désavantagées, indépendamment de leur sexe, de leur orientation sexuelle ou de leur mode de vie.

(123) **Église catholique romaine mondiale :** L'ensemble de l'Église catholique dans le monde, avec Rome comme siège central de la direction.

(124) **Église de confiance :** une atmosphère d'église caractérisée par l'appréciation, la responsabilité partagée et le courage d'explorer de nouvelles voies.

(125) **Église de la peur :** une atmosphère d'église caractérisée par la méfiance, le contrôle et la peur de la déviation.

(126) **Église inclusive :** Une église qui accueille et inclut toutes les personnes, quelles que soient leurs caractéristiques ou leurs origines.

(127) **Église mondiale :** L'Église catholique en tant que communauté mondiale.

(128) **Églises locales :** Les parties locales ou régionales de l'Église catholique, généralement les diocèses.

(129) **Électricité verte :** Électricité produite à partir de sources d'énergie renouvelables telles que le vent, le soleil ou l'eau.

(130) **Employés queers :** Employés de l'Église qui s'identifient comme lesbiennes, gays, bisexuels, transgenres, intersexués ou queers.

(131) **Encyclique Laudato si' :** Une circulaire publiée par le pape François en 2015 qui traite en profondeur des questions environnementales et climatiques ainsi que de la justice sociale.

(132) **Enseignement social catholique** : l'ensemble des documents doctrinaux de l'Église catholique sur les questions sociales, économiques et politiques, à commencer par Rerum Novarum (1891).

(133) **Enseignement social chrétien** : l'ensemble des principes et des enseignements de l'Église catholique sur les questions sociales, économiques et politiques, fondés sur l'Évangile et la tradition de l'Église.

(134) **Épiscopat :** La fonction des évêques.

(135) **Espace de sécurité collectif :** Un espace sûr créé par l'attitude et les actions communes d'un groupe (par exemple, une conférence d'évêques).

(136) **Essais pastoraux :** Expériences limitées dans le temps ou au niveau local de nouvelles approches pastorales qui font l'objet d'un suivi et d'une évaluation.

(137) **État de droit** : L'application de principes tels que la transparence, la consultation, des règles claires et un contrôle indépendant, également dans le cadre des procédures et des décisions de l'Église.

(138) **Éthique de la paix :** Réflexion théologique et morale sur la guerre et la paix, la violence et la non-violence, basée sur des principes chrétiens.

(139) **Éthique de la responsabilité** : Approche éthique qui met l'accent sur la responsabilité de l'individu face aux conséquences de ses actes et au bien-être d'autrui, par opposition à des règles ou des commandements rigides.

(140) **Éthique sexuelle :** L'enseignement de l'Église sur la sexualité humaine et les relations sexuelles.

(141) **Éthique sociale chrétienne** : Un domaine de la théologie qui traite de l'application des valeurs et des principes chrétiens aux questions sociales, économiques et politiques.

(142) **Étude MHG :** Une étude scientifique de 2018 sur les abus sexuels commis sur des mineurs par le clergé catholique. Le texte fait référence à ses conclusions concernant les profils des auteurs et les facteurs systémiques.

(143) **Eucharistie / Cène :** Le sacrement de la Cène dans l'Église protestante et l'Eucharistie dans l'Église catholique ; la participation conjointe à ce sacrement en signe de communion ecclésiale.

(144) **Evangelii Gaudium :** Une lettre d'enseignement du pape François qui commence par la "joie de l'Évangile" et la décrit comme une source de joie pour ceux qui rencontrent Jésus.

(145) **Exclusion structurelle :** Barrières systémiques et pratiques discriminatoires au sein d'une institution qui désavantagent certains groupes.

(146) **Expertise externe :** Une enquête, par exemple sur des cas d'abus ou leur traitement, menée par un organisme non ecclésiastique et indépendant (par exemple un cabinet d'avocats) afin de permettre une évaluation plus objective.

(147) **Exploitation des matières premières :** L'utilisation excessive ou déloyale des ressources naturelles, qui a souvent des conséquences sociales et environnementales négatives.

(148) **Feuille de vigne :** Quelque chose qui ne sert que de couverture ou d'alibi, mais qui n'a pas de substance ou d'effet réel.

(149) **Formation de la conscience** : Le processus de développement et d'affinement de son propre jugement moral, souvent en comparaison avec les enseignements, les traditions et les expériences personnelles.

(150) **Forum économique mondial de Davos** : Réunion annuelle de dirigeants du monde des affaires, de la politique, de la science et d'autres domaines pour discuter des problèmes mondiaux.

(151) **Fratelli tutti** : encyclique sociale du pape François de 2020 sur la fraternité et l'amitié sociale, qui traite notamment de la mondialisation, du populisme et du nationalisme, et oppose la "culture de la rencontre" à la "culture des murs".

(152) **Frontières dogmatiques** : Croyances et dispositions doctrinales considérées comme contraignantes et pouvant constituer la base théologique des démarcations entre les dénominations.

(153) **Gaudium et Spes** : Document du Concile Vatican II, qui traite de la dignité de l'homme et de son rôle dans le monde moderne et décrit la conscience comme le "centre caché de l'homme".

(154) **Génération Z (Génération Z)** : Groupe d'âge né en gros entre le milieu des années 1990 et le milieu des années 2010.

(155) **Gestion financière** : La manière dont les ressources financières sont gérées et utilisées.

(156) **Glücklichsein** : Le sens profond du mot allemand "Glück", qui décrit un état de plénitude intérieure, d'harmonie et de satisfaction.

(157) **Guerre juste (Ius ad bellum/Ius in bello)** : Concept traditionnel de l'éthique chrétienne qui formule les conditions dans lesquelles la guerre peut être moralement autorisée (Ius ad bellum) et établit des règles de comportement pendant la guerre (Ius in bello).

(158) **Homines Probati** : Les personnes éprouvées, en tant que groupe de personnes en général, sans distinction de sexe, qui peuvent travailler pratiquement en tant que prêtres.

(159) **Homophobie institutionnelle** : discrimination et préjugés à l'encontre des personnes homosexuelles ancrés dans les structures, les règles et les pratiques d'une institution.

(160) **Homosexualité** : Orientation sexuelle dans laquelle une personne est émotionnellement, romantiquement et/ou sexuellement attirée par des personnes du même sexe.

(161) **HuK (groupe de travail œcuménique "Homosexuels et Eglise")** : Groupe de travail qui jette un regard critique sur la morale sexuelle de l'Église et plaide pour la reconnaissance des relations entre personnes de même sexe.

(162) **Idolâtrie (ou idolâtrie)** : L'adoration ou la déification de quelque chose d'autre que Dieu. Dans le contexte, le nationalisme excessif est désigné comme l'idolâtrie de sa propre nation ou de son propre peuple.

(163) **Immaturité psychosexuelle** : L'absence de développement sain, intégré et mature dans la gestion de sa propre sexualité, de ses relations et de ses émotions. Citée comme un facteur de risque associé au célibat et aux abus.

(164) **in persona Christi** : terme théologique signifiant qu'un ministre ordonné agit en la personne du Christ lorsqu'il célèbre certains sacrements (en particulier l'Eucharistie).

(165) **Inclusion LGBTQIA+ :** L'inclusion et l'acceptation des personnes lesbiennes, gays, bisexuelles, transgenres, queer, intersexuées, asexuelles ou ayant d'autres orientations sexuelles et identités de genre.

(166) **Inculturation :** L'adaptation de la doctrine et de la pratique de l'Église à la culture d'un lieu ou d'un groupe particulier.

(167) **Indisponibilité de la vie :** Le point de vue théologique selon lequel la vie humaine est un don de Dieu et n'est pas soumise au libre arbitre ou au contrôle de l'individu.

(168) **Intégrité de la création :** Un terme théologique qui décrit la protection et le soin de l'environnement naturel comme un devoir de l'homme envers Dieu et le monde.

(169) **Intelligence artificielle (IA) :** Systèmes informatiques capables d'effectuer des tâches qui requièrent normalement l'intelligence humaine, telles que l'apprentissage, la résolution de problèmes et la prise de décision.

(170) **Intercélébration :** La célébration conjointe d'une célébration liturgique (par exemple l'eucharistie ou la sainte communion) par des membres du clergé de différentes confessions.

(171) **Justice climatique :** Un concept qui affirme que le changement climatique a un impact disproportionné sur les pays et les populations les plus pauvres, et qui appelle à une action mondiale pour remédier à cette injustice.

(172) **La conversion humaniste et écologique :** une demande de se détourner de l'"idolâtrie de l'argent" et de se concentrer sur la vie humaine, la dignité et l'environnement.

(173) **La danse de la joie :** L'idée que la danse (et donc aussi la foi vécue) transmet la joie et le bonheur et fait de la foi une expérience holistique.

(174) **La diversité :** Décrite dans le texte comme une richesse au sein de l'Église et de la société qui apporte des perspectives différentes sur le bonheur.

(175) **La foi, c'est comme la danse :** La métaphore centrale qui décrit la foi comme un processus dynamique, vivant et actif, comparable à une danse qui exige engagement, pratique et dévouement.

(176) **La joie au lieu d'une religion de la mort :** une implication théologique du point de vue de Nietzsche selon laquelle une foi sans joie devient invraisemblable et peut sombrer dans le nihilisme.

(177) **La paix dans cette maison :** Le titre du nouveau texte fondamental de l'éthique de la paix de la Conférence épiscopale allemande à partir de 2024.

(178) **La réalité pastorale sur le terrain :** les besoins concrets, les défis et les réalités de la vie des gens dans les paroisses et les diocèses.

(179) **La solidarité au lieu de la solitude :** Un thème pour surmonter l'isolement grâce à la communauté et au soutien mutuel entre les évêques.

(180) **Laici Probati :** Laïcs éprouvés, laïcs (femmes et hommes) qui sont ordonnés sur la base de leur expérience et peuvent être assimilés au clergé pour leur niveau d'activité respectif sur le terrain, y compris pour l'accomplissement liturgique des sacrements.

(181) **Laïcs :** Membres baptisés de l'Église qui ne font pas partie du clergé.

(182) **L'aspect physique de la foi :** L'accent est mis sur le fait que la foi chrétienne n'a pas seulement lieu dans la tête, mais qu'elle doit imprégner toute la personne - le cœur, l'âme et le corps.

(183) **Laudato Si' (2015) :** Une encyclique du pape François qui traite des questions environnementales et sociales et introduit le concept d'écologie intégrale.

(184) **L'aversion au risque :** Une attitude qui vise à éviter à tout prix d'éventuelles conséquences négatives, même si cela bloque les changements ou les innovations nécessaires.

(185) **Le cirque du conflit de loyauté :** une situation dans laquelle les acteurs de l'église sont pris dans un conflit constant en raison d'attentes contradictoires (par exemple, entre Rome et l'église locale).

(186) **Leadership participatif :** Un style de gestion dans lequel les employés ou les membres sont impliqués dans les processus de prise de décision.

(187) **L'économie pour le bien commun :** Un modèle économique alternatif qui n'est pas basé sur la maximisation du profit, mais sur des valeurs telles que la dignité humaine, la solidarité, la justice et la durabilité.

(188) **L'égalité entre les hommes et les femmes :** Le principe selon lequel les hommes et les femmes doivent être traités sur un pied d'égalité et avoir les mêmes chances et les mêmes droits.

(189) **L'Église de la multitude :** Un objectif du renouveau synodal dans lequel les prêtres, les évêques et les laïcs travaillent ensemble à tous les niveaux.

(190) **L'église en mouvement :** La vision d'une église plus ouverte aux expressions physiques de la foi et qui permet à la danse de faire partie de la liturgie et de la spiritualité.

(191) **L'endoctrinement :** L'inculcation systématique d'une vision du monde unilatérale ou de certains dogmes, souvent en utilisant des techniques de manipulation et de pression pour supprimer la pensée critique.

(192) **Les disciples d'Emmaüs (Luc 24) :** L'histoire biblique de deux disciples qui, déçus, s'éloignent de Jérusalem, sont accompagnés par Jésus sans être reconnus et finissent par le reconnaître, ce qui leur donne un nouvel espoir et une nouvelle joie. Cette histoire sert d'image à la recherche commune du bonheur.

(193) **Les divorcés remariés :** Les catholiques qui se sont remariés civilement après un divorce.

(194) **Les loups solitaires :** Les évêques qui tentent de mettre en œuvre des réformes ou des changements de leur propre chef, sans bénéficier d'un large soutien ou d'un réseau au sein du collège.

(195) **Les personnes éloignées :** les personnes qui ont peu ou pas de contact avec l'église ou qui appartiennent à d'autres religions ou visions du monde.

(196) **Les représentants des victimes :** Organisations et groupes de personnes qui ont subi des violences sexuelles dans l'Église catholique et qui font campagne pour les droits, le soutien et le traitement approprié des cas. Ils exigent souvent un rôle central dans le traitement de ces affaires.

(197) **Les sortants : les** personnes qui ont officiellement quitté l'église, souvent par protestation ou déception.

(198) **LGBTQIA+ :** Abréviation de lesbiennes, gays, bisexuels, transgenres, queers, intersexuels, asexuels et autres identités de genre et orientations sexuelles.

(199) **Liberté de conscience :** Le droit et l'obligation morale de l'individu de suivre sa propre conscience soigneusement formée, même si elle peut contredire l'enseignement officiel (basé sur le Concile Vatican II).

(200) **Liberté ludique :** La qualité nécessaire de la vraie foi qui permet une certaine légèreté, créativité et courage d'expression, semblable à la liberté dans la danse.

(201) **L'image de Dieu :** La doctrine chrétienne selon laquelle les êtres humains sont créés à l'image de Dieu, qui constitue la base de la dignité inviolable de chaque être humain.

(202) **Limite de vitesse 130 :** Limite de vitesse maximale de 130 kilomètres par heure sur les autoroutes.

(203) **L'isolement :** Le sentiment ou l'état d'une personne coupée de tout lien social ou affectif. Le texte mentionne l'isolement en lien avec le célibat comme un facteur de risque pouvant conduire à la solitude et à une recherche problématique de proximité.

(204) **Liturgie :** L'ensemble des actes et des formes de culte dans l'église.

(205) **Livre d'entraînement aux compétences religieuses :** Un cahier d'exercices qui vous guide dans la pratique et le développement de la foi à travers des questions de réflexion et des domaines d'apprentissage (tels que le dialogue, l'empathie, l'acceptation de soi).

(206) **Loi européenne sur la chaîne d'approvisionnement :** Cette loi oblige les entreprises à identifier, prévenir et atténuer les risques liés aux droits de l'homme et à l'environnement dans leurs chaînes d'approvisionnement mondiales.

(207) **Lumen Gentium :** Constitution dogmatique sur l'Église du concile Vatican II, qui a notamment renforcé le concept de "peuple de Dieu".

(208) **Magistère :** L'autorité de l'Église catholique pour proclamer et interpréter les enseignements.

(209) **Magistère ecclésiastique :** L'autorité officielle d'enseignement et de doctrine de l'Église catholique, en particulier du pape et des évêques.

(210) **Maria 2.0 :** Un mouvement de réforme catholique qui a vu le jour en 2019 et qui s'engage en faveur de la pleine égalité des femmes dans l'Église, y compris l'accès à tous les ministères.

(211) **Mariage :** Union à vie et indissoluble entre un homme et une femme, reconnue par l'Église comme un sacrement (dans l'enseignement traditionnel de l'Église catholique).

(212) **Mariage sacramentel :** Le mariage entre un homme et une femme reconnu par l'Église catholique et confirmé par un sacrement.

(213) **Mentorat :** Un processus dans lequel une personne plus expérimentée (mentor) conseille et soutient une personne moins expérimentée (mentoré).

(214) **Ministère sacerdotal :** Le deuxième niveau du ministère ordonné, qui autorise la célébration de l'Eucharistie et l'administration des autres sacrements.

(215) **Ministères ordonnés :** Les fonctions dans l'Eglise qui sont conférées par les sacrements d'ordination (diacre, prêtre, évêque).

(216) **Ministres :** Les personnes qui exercent une fonction ecclésiastique (par exemple, les évêques, les pasteurs).

(217) **Mise en œuvre de la politique d'égalité :** La mise en œuvre pratique des mesures visant à garantir l'égalité de traitement et la non-discrimination d'un groupe.

(218) **Monocratique :** Administration ou règle dans laquelle une seule personne détient le pouvoir de décision.

(219) **Morale sexuelle :** l'enseignement de l'Église sur la sexualité et les relations sexuelles.

(220) **Mouvement des Focolari :** Mouvement international de l'Église catholique qui vise la communion et le dialogue entre les chrétiens de différentes dénominations et les personnes de différentes confessions.

(221) **Mouvement du peuple de l'Église "Nous sommes l'Église" :** Mouvement de réforme catholique qui fait campagne pour plus de démocratie et d'égalité des droits dans l'Église.

(222) **Natif du numérique :** Une personne qui a grandi dans l'ère numérique et qui est familiarisée avec la technologie et l'internet depuis son enfance.

(223) **Nationalisme ethnique :** Forme de nationalisme qui repose sur l'idée d'une nation ethniquement ou culturellement homogène et qui va souvent de pair avec la dévalorisation ou l'exclusion d'autres groupes.

(224) **Nécessité de façonner :** Le besoin urgent de changer et de développer activement les structures, les pratiques ou les enseignements de l'Église afin de rester pertinent et dynamique.

(225) **Nécessité d'une réforme :** La nécessité de changements fondamentaux dans les structures, les règles et la culture de l'Église en réponse au scandale des abus.

(226) **Néolibéralisme :** Système économique fondé sur une logique de marché débridée, la maximisation des profits et une ingérence minimale de l'État.

(227) **Nietzsche et le Dieu dansant :** référence à la déclaration de Friedrich Nietzsche selon laquelle nous ne pouvons croire qu'en un Dieu qui sait danser, interprétée comme une aspiration à un Dieu joyeux et expressif par opposition à une religion sans joie.

(228) **Normes romaines :** Règles, instructions et déclarations doctrinales émises par le Vatican ou le chef de l'Église.

(229) **Œcuménisme :** Le mouvement et la recherche de l'unité entre les différentes confessions chrétiennes.

(230) **Opportunités de discrimination :** Pratiques du droit du travail qui discriminent ou excluent certains groupes de personnes (par exemple, les employés homosexuels, les personnes remariées) sur la base de leur mode de vie.

(231) **Option pour les pauvres :** Principe central de l'enseignement social chrétien, qui stipule que les chrétiens ont l'obligation particulière de prendre soin des pauvres et des personnes vulnérables et de défendre leurs droits.

(232) **Option prioritaire pour les pauvres :** Un principe central de l'enseignement social catholique, qui stipule que les besoins des pauvres et des marginalisés doivent être prioritaires dans les décisions politiques et économiques.

(233) **Ordinariats** : unités administratives de l'Église catholique dirigées par un ordinarius (par exemple, un évêque).

(234) **Ordination des femmes** : L'admission des femmes aux fonctions ecclésiastiques, en particulier à la prêtrise ou à l'épiscopat.

(235) **Organisation apprenante** : Une organisation qui s'adapte en permanence, expérimente et tire les leçons de ses expériences.

(236) **Organisation liturgique** : La manière dont les services et les rituels sont conduits dans l'église.

(237) **Pacem in terris** : Encyclique du pape Jean XXIII de 1963 sur la paix sur terre, considérée comme un point de référence important pour la doctrine catholique de la paix.

(238) **Paix juste** : Un concept d'éthique chrétienne de la paix qui comprend la paix non seulement comme l'absence de guerre, mais aussi comme un état de justice, de réconciliation et de bien-être pour tous.

(239) **Palabre** : Formes traditionnelles de consultation dans les cultures africaines, basées sur un dialogue intensif et la recherche d'un consensus.

(240) **Paragraphe 218** : Le paragraphe du code pénal allemand qui réglemente l'avortement.

(241) **Paralysie institutionnelle** : Un état dans lequel les réformes ou les changements nécessaires au sein d'une institution (dans ce cas l'église) sont bloqués et ne progressent pas.

(242) **Parrhesía (audace)** : Terme qui désigne une parole courageuse et ouverte qui permet d'exprimer tout ce que l'on ressent.

(243) **Partenariat/mariage entre personnes de même sexe** : Une relation basée sur l'amour, la fidélité et la responsabilité entre deux personnes du même sexe, reconnue par l'État ou l'Église (dans certains contextes).

(244) **Participation** : L'implication active des personnes dans les processus de prise de décision.

(245) **Participation équitable** : La possibilité pour tous les membres de la société de participer à la vie économique, sociale et culturelle et de bénéficier de ses fruits.

(246) **Passages de condamnation** : terme utilisé dans la théologie queer pour désigner les passages bibliques qui sont souvent cités isolément et sans contexte historique pour condamner l'homosexualité.

(247) **Patriotisme** : amour de son propre pays, qui, selon l'enseignement de l'Église, inclut le respect des autres nations et cultures et se distingue d'un nationalisme excessif.

(248) **Pax Christi Allemagne** : La section allemande du mouvement catholique international pour la paix Pax Christi.

(249) **Péché** : dans la théologie chrétienne, une action ou une attitude qui est considérée comme une séparation d'avec Dieu ou une violation des commandements de Dieu.

(250) **Personnel à temps plein / bénévoles** : Les personnes qui travaillent professionnellement (à temps plein) ou bénévolement (à titre honorifique) dans l'église et qui sont appelées "esprits tutélaires" de l'église.

(251) **Perte de crédibilité :** La perte de confiance et de réputation aux yeux du public, en l'occurrence par rapport à l'église, si elle ne s'attaque pas aux problèmes évidents.

(252) **Peuple de Dieu :** L'ensemble des fidèles de l'Église catholique, tel que décrit par le Concile Vatican II comme un ensemble pèlerin.

(253) **Pfarrer:innen-Initiative :** Association de prêtres et de croyants en Autriche qui fait campagne pour des réformes dans l'Église catholique.

(254) **Pneumatologie et kinésiologie :** La combinaison de la doctrine de l'Esprit Saint (pneumatologie) avec la doctrine du mouvement (kinésiologie) pour décrire une spiritualité holistique dans laquelle le corps suit le mouvement de l'esprit.

(255) **Politique d'armement :** Mesures et décisions politiques relatives à la fabrication, au commerce et à l'utilisation d'armes et d'équipements militaires.

(256) **Populisme de droite :** Position ou stratégie politique souvent caractérisée par l'accent mis sur les "gens ordinaires" par opposition aux "élites", le nationalisme, la critique de l'immigration et des tendances souvent antidémocratiques.

(257) **Praedicate Evangelium :** Constitution apostolique du pape François sur la réforme de la Curie romaine, qui permet une plus grande participation des laïcs, en particulier des femmes, aux fonctions de direction.

(258) **Pratique de la communion ouverte :** Pratique qui permet aux non-catholiques ou aux divorcés remariés de recevoir l'Eucharistie dans certaines circonstances.

(259) **Pratiquer, lâcher prise, oser : des** étapes de la foi que l'on compare à l'apprentissage de la danse : La foi demande de la pratique (instruction, enseignement), du lâcher-prise (des peurs, de la rigidité) et de l'audace (le courage de montrer et de vivre sa foi).

(260) **Prédication doctrinale :** communication et interprétation officielles de la doctrine de l'Église.

(261) **Prévention de la violence sexuelle :** Mesures à différents niveaux (prévention primaire, secondaire et tertiaire) pour prévenir les abus, par exemple par la formation, les règles de conduite, l'évaluation des risques et l'intervention.

(262) **Prévention primaire :** Mesures visant à prévenir les abus dès le départ, par exemple en créant des environnements sûrs, en formant le personnel et en instaurant une culture de la pleine conscience.

(263) **Prévention secondaire :** Mesures visant à identifier le comportement borderline à un stade précoce et à intervenir pour éviter qu'il ne s'aggrave.

(264) **Prévention tertiaire :** Mesures prises après qu'une infraction a été portée à la connaissance du public et qui visent à traiter les cas de manière professionnelle, à empêcher l'auteur de l'infraction de commettre d'autres infractions et à soutenir les victimes.

(265) **Primauté de la conscience :** Doctrine théologique selon laquelle la conscience de l'individu joue un rôle primordial dans la prise de décision morale.

(266) **Primum non nocere :** Principe latin signifiant "d'abord ne pas nuire", particulièrement pertinent dans un contexte médical et éthique.

(267) **Principes du droit commercial :** Principes de comptabilité et d'information financière usuels dans l'économie (par exemple, selon le HGB en Allemagne).

(268) **Profondeur spirituelle :** Un ancrage dans la foi et la spiritualité qui sert de source de force et d'inspiration pour façonner la vie de l'église.

(269) **Projets pilotes :** Initiatives expérimentales ou essais de réforme menés à une échelle limitée pour tester leur efficacité.

(270) **Prophétique :** dans le contexte de l'Église, il s'agit de dénoncer l'injustice et de proclamer la vision d'un monde plus juste.

(271) **Protection de la vie :** Principe fondamental de l'Église catholique qui souligne la valeur et le caractère sacré de la vie humaine, de la conception à la mort naturelle.

(272) **Protection du climat :** Mesures visant à réduire les émissions de gaz à effet de serre et à limiter le réchauffement de la planète, souvent considérées comme faisant partie de la responsabilité de la création.

(273) **Queer :** terme collectif désignant les personnes dont l'orientation sexuelle, l'identité de genre ou l'expression de genre s'écarte des normes sociales ; dans un sens plus large, ce terme désigne également les personnes LGBTQIA+.

(274) **Rapport John Jay :** Plusieurs études menées au début des années 2000 aux États-Unis pour la Conférence des évêques catholiques des États-Unis par le John Jay College of Criminal Justice sur les abus sexuels commis sur des mineurs par des membres du clergé catholique.

(275) **Réalisme pastoral :** La capacité des responsables d'église à reconnaître et à répondre aux besoins concrets et aux circonstances des fidèles et de la société.

(276) **Réévaluation :** processus consistant à enquêter de manière approfondie, à documenter et à comprendre les cas passés d'abus sexuels dans l'Église catholique et leur contexte, y compris les défaillances institutionnelles, afin d'en tirer des leçons pour le présent et l'avenir.

(277) **Réévaluation doctrinale :** L'examen et, si nécessaire, la modification des enseignements existants de l'Église.

(278) **Réforme de la morale sexuelle catholique :** Le processus et les efforts visant à renouveler l'enseignement et la pratique traditionnels de l'Église catholique en matière de sexualité, de partenariat et de famille et à les adapter aux connaissances actuelles et à la réalité de la vie des gens.

(279) **Regens :** La direction d'un séminaire.

(280) **Règle d'or :** Principe éthique présent dans de nombreuses religions et cultures ("Traite les autres comme tu aimerais être traité") et cité comme dénominateur commun dans le dialogue interreligieux.

(281) **Règlement de base du service ecclésiastique :** Le règlement de base régissant les conditions de travail et les obligations de loyauté des employés de l'Église catholique.

(282) **Règlements disciplinaires pour le clergé :** Une disposition du droit canonique qui prévoit des sanctions claires à l'encontre du clergé masculin

en cas de mauvaise conduite, notamment en ce qui concerne les abus ou la dissimulation d'abus.

(283) **Règles de base du service ecclésiastique :** L'ensemble des règles de base qui définissent les conditions d'emploi et les obligations de loyauté des employés de l'Église catholique et qui ont été réformées.

(284) **Relateur général :** Un poste important lors d'un synode, chargé de résumer les discussions.

(285) **Renversement de la politique d'égalité entre les hommes et les femmes :** Un changement fondamental dans la politique et la pratique en faveur de l'égalité de traitement de toutes les personnes, quelle que soit leur orientation sexuelle.

(286) **Répression :** Suppression ou punition de personnes ou d'initiatives qui s'écartent de la ligne officielle.

(287) **Rerum Novarum (1891) :** La première grande encyclique de l'enseignement social catholique à aborder les conditions de la classe ouvrière.

(288) **Réseaux interdiocésains de pairs :** Associations informelles d'évêques de différents diocèses ou pays qui se réunissent régulièrement pour échanger des idées et se soutenir mutuellement.

(289) **Résilience :** La résistance psychologique ou la capacité à survivre à des situations de vie difficiles et à des revers sans subir de dommages durables.

(290) **Résonance :** La capacité à établir un lien et à être compris ; dans le contexte du texte, la capacité à établir un lien avec le monde dans lequel les jeunes vivent.

(291) **Responsabilité :** L'obligation pour les parties responsables de rendre compte de leurs actions (ou inactions), en particulier dans le contexte d'abus et de dissimulations.

(292) **Responsabilité à l'égard de la création : le** devoir théologique ou la mission de l'homme de protéger et de préserver le monde créé par Dieu.

(293) **Responsabilité institutionnelle :** La responsabilité de l'église en tant qu'organisation de reconnaître les problèmes systémiques, d'y travailler, de faire amende honorable et de changer les structures de manière à prévenir de futurs abus, au-delà de la culpabilité individuelle des auteurs.

(294) **Responsabilité sociale :** L'obligation pour les entreprises et les hommes politiques d'assumer la responsabilité du bien-être de la société et de l'environnement au-delà de la simple génération de profits.

(295) **Retard dans les réformes :** Situation dans laquelle les changements structurels ou substantiels nécessaires ne sont pas mis en œuvre, ce qui entraîne une stagnation ou un déclin.

(296) **Retraites avec échanges collégiaux :** Des temps d'arrêt ou des retraites planifiés qui offrent un espace ciblé pour un dialogue ouvert, une réflexion spirituelle et un renforcement mutuel.

(297) **Rome/Vatican :** Désigne le Saint-Siège et l'administration centrale de l'Église catholique, souvent synonyme de la fonction de pape.

(298) **Royaume de Dieu :** Thème central du Nouveau Testament qui décrit l'état du monde dans lequel le règne de Dieu est réalisé et où règnent la justice et la paix.

(299) **Sacrement** : Signes et actes sacrés dans l'Église chrétienne par lesquels la grâce est transmise selon les enseignements de l'Église (par exemple, le baptême, le mariage, l'eucharistie).

(300) **Sacrement du mariage** : Le sacrement du mariage, qui est compris comme un lien sacré entre un homme et une femme.

(301) **Sacrements** : Les actes sacrés de l'Église qui sont considérés comme un signe de la grâce de Dieu (par exemple, le baptême, l'eucharistie, le mariage).

(302) **Salaire universel de base (revenu de base)** : Un revenu régulier et inconditionnel versé à chaque citoyen ou résident d'un pays.

(303) **Sciences humaines** : Disciplines qui étudient le comportement humain et les sociétés humaines (psychologie, sociologie, etc.).

(304) **Se cacher (dans un contexte ecclésial)** : Métaphore ironique du comportement réflexif, passif ou défensif du clergé face à des problèmes de crise ou de réforme, évitant les conflits ou les discussions inconfortables.

(305) **Secteur informel** : La partie de l'économie qui n'est pas réglementée ou taxée par le gouvernement et qui est souvent caractérisée par des conditions de travail précaires.

(306) **Seigneur de la danse** : Un hymne de Sydney Carter qui chante Jésus-Christ comme le Dieu danseur qui danse à travers la vie et la mort et qui invite les fidèles à entrer dans sa danse.

(307) **Séminariste** : Personne en formation pour devenir prêtre dans un séminaire.

(308) **Sensation homosexuelle** : Orientation sexuelle dirigée vers les personnes du même sexe.

(309) **Sensible au genre** : Prise en compte de l'égalité des sexes dans les structures et les pratiques de l'Église.

(310) **Séparation des pouvoirs (dans le contexte ecclésial)** : Le principe de l'introduction de mécanismes de contrôle et de responsabilités partagées au sein des structures ecclésiales (freins et contrepoids) afin de limiter la concentration du pouvoir entre les mains d'individus et de garantir la responsabilité.

(311) **Sermon sur la montagne** : Discours central de Jésus dans le Nouveau Testament qui contient des enseignements éthiques, notamment les commandements sur la non-violence et l'amour des ennemis.

(312) **Shalom** : Un mot hébreu qui ne signifie pas seulement la paix, mais aussi la plénitude, le bien-être et la paix intérieure.

(313) **Société publique** : Forme juridique qui confère à certaines organisations des droits et obligations particuliers dans le secteur public, comme c'est le cas pour les grandes églises en Allemagne.

(314) **Soins pastoraux** : désigne les soins pastoraux et le travail pratique de l'Église avec les fidèles.

(315) **Soins pastoraux** : Les soins et le soutien apportés aux croyants par le clergé ou d'autres employés de l'Église dans les domaines de la foi et de la vie.

(316) **Soins pastoraux sensibles aux personnes homosexuelles** : Soins pastoraux et attitudes dans l'Église qui reconnaissent, valorisent et incluent les besoins, les identités et les expériences des personnes homosexuelles.

(317) **Solution temporaire permanente :** Une situation qui existe mais qui n'est pas sécurisée de manière permanente ou officiellement réglementée.

(318) **Solutions pastorales :** Réponses pastorales pratiques aux besoins des personnes qui s'écartent parfois des règles officielles.

(319) **Stress des minorités :** Stress chronique causé par la stigmatisation et la discrimination à l'encontre des membres de groupes minoritaires.

(320) **Structures de l'Eglise :** La hiérarchie organisationnelle et la manière dont les décisions sont prises dans l'église.

(321) **Subsidiarité :** Principe de doctrine sociale selon lequel les tâches et les décisions doivent être prises au niveau le plus bas, le plus petit ou le plus local qui en est capable.

(322) **Suicide assisté :** Le suicide assisté. Est fondamentalement rejetée par l'Église catholique.

(323) **Synode de l'Amazonie :** Un rassemblement spécial d'évêques au Vatican (2019) qui a abordé les défis et les besoins pastoraux de la région de l'Amazonie.

(324) **Théologie de la grâce :** Du point de vue de la doctrine de la grâce de Dieu.

(325) **Théologie de la libération :** Une orientation théologique qui reflète la foi du point de vue des pauvres et des opprimés et qui met l'accent sur la justice sociale.

(326) **Théologie féministe :** Approche théologique qui examine de manière critique et réinterprète la Bible, la tradition et l'enseignement de l'Église dans une perspective féministe afin de lutter contre les inégalités et la discrimination à l'égard des femmes dans l'Église.

(327) **Théologie morale :** Un domaine de la théologie qui traite de la moralité du comportement humain et développe des critères pour un comportement moralement bon ou mauvais.

(328) **Théologie queer :** Approche théologique qui réinterprète et remet en question la Bible et les traditions théologiques du point de vue des personnes LGBTQIA+.

(329) **Théologiens :** Scientifiques et spécialistes de la théologie (la doctrine de Dieu et de la religion) qui sont mentionnés dans le texte comme des voix importantes pour la réforme et l'examen critique des problèmes systémiques de l'Église.

(330) **Théologiens progressistes :** Les théologiens qui s'engagent à poursuivre le développement de la doctrine et de la pratique catholiques, en prenant souvent davantage en compte les changements sociaux et les réalités individuelles de la vie.

(331) **Thomas d'Aquin :** Un important docteur de l'Église qui a reconnu la recherche naturelle du bonheur par l'homme.

(332) **Traité sur l'interdiction des armes nucléaires (TIAN) :** Traité de droit international qui interdit la possession, le développement, la production, le déploiement, le transfert et l'utilisation d'armes nucléaires.

(333) **Transhumanisme :** Mouvement qui vise à améliorer et à transcender l'existence humaine par l'utilisation de la technologie.

(334) **Transparence :** L'ouverture et l'accessibilité des informations sur les cas d'abus, les processus de traitement des abus et les décisions institutionnelles pour les personnes concernées, le public et les auditeurs externes.

(335) **Travail d'harmonisation :** Le processus qui consiste à trouver sa propre foi en harmonie avec le rythme de sa propre vie et en même temps en harmonie avec la grande mélodie de Dieu.

(336) **Ultima Ratio :** Le dernier recours ; un moyen qui n'est utilisé que lorsque toutes les autres options ont été épuisées.

(337) **Une conception inclusive de l'Église :** Une vision de l'Église qui considère la diversité comme un enrichissement et qui inclut tous les baptisés, quelle que soit leur appartenance confessionnelle ou leur orientation sexuelle.

(338) **Une culture de débat ouverte :** Une culture de discussion dans laquelle les différentes positions peuvent être discutées de manière transparente, même si elles sont controversées.

(339) **Une vision dynamique de la vie chrétienne :** Une idée de la vie chrétienne qui va au-delà du simple respect des règles et met l'accent sur un engagement actif avec soi-même, les autres et le monde, avec le cœur, les mains et l'esprit.

(340) **Unité dans la diversité réconciliée (communion) :** Idéal de l'Église dans lequel l'unité n'est pas renforcée par l'uniformité, mais par l'acceptation et l'intégration des différences dans une atmosphère de réconciliation et de communion.

(341) **Vendredi saint et Pâques :** Journées chrétiennes de commémoration de la mort de Jésus (Vendredi saint) et de sa résurrection (Pâques), qui symbolisent la transformation de la souffrance en espoir et en vie nouvelle.

(342) **Vendredi sans viande :** Pratique catholique traditionnelle consistant à s'abstenir de viande le vendredi, souvent à titre de pénitence ou pour rappeler la souffrance du Christ. Réinterprétée ici comme une contribution possible à la protection du climat.

(343) **Vicaire général :** principal représentant des évêques dans l'administration du diocèse.

(344) **Victimes d'abus :** Personnes ayant subi des violences et des abus sexuels dans l'Église de la part de responsables ecclésiastiques.

(345) **Violence sexualisée :** Actes d'abus de nature sexuelle commis au sein de l'Église catholique par des membres du clergé ou d'autres employés de l'Église, souvent en profitant d'une position de pouvoir.

(346) **Violence structurelle :** La violence qui ne provient pas directement des individus, mais qui est ancrée dans les structures de la société, de l'économie ou de la politique et qui provoque des injustices, des souffrances ou des désavantages (par exemple, des conditions commerciales injustes, des exportations d'armes vers des zones de conflit).

(347) **Viri Probati :** Hommes ayant fait leurs preuves, généralement des hommes mariés, qui peuvent être nommés prêtres (paradigme plus ancien).

(348) **Vision chrétienne de l'humanité :** La conviction théologique que tout être humain est créé à l'image de Dieu et possède donc une dignité inviolable,

indépendamment de son origine, de sa religion, de son orientation sexuelle, etc.

(349) **Visite ad limina :** La visite obligatoire des évêques d'une conférence épiscopale au pape à Rome, qui a lieu normalement tous les cinq ans.

(350) **Visite apostolique :** Examen officiel d'un diocèse, d'une communauté religieuse ou d'une autre institution ecclésiastique au nom du pape.

(351) **Voie synodale :** Processus de discussion et de réforme de l'Église catholique en Allemagne sur plusieurs années, auquel participent des évêques et des laïcs.

(352) **Zones grises :** Zones au sein de l'Église où certaines pratiques ou approches sont tolérées mais non reconnues officiellement.

(353) **Zones pastorales :** Unités pastorales plus importantes créées par la fusion de structures paroissiales plus petites, souvent dans le cadre de réformes structurelles.